# 六爻預測900問

陳澤眞／著

## 自序

《六爻預測900問》的出版是新的一種嘗試，把艱澀的傳統術數文化，用問答的方式來呈現。擔任傳統術數文化，如八字命理、風水地理、六爻占卜等教學，已超過三十年，一直認爲，學習傳統術數可以幫助我們認識人生，進而來改變人生、昇華人生。這幾年發現學習的人變少了，或許是大環境不利於傳統文化的傳承，這究竟又是一個怎樣的大環境呢?人們在現代化忙茫盲的生活中，眞的已找到自己人生的方向與意義了？

徐肇宏先生學習八字與占卜班已多年，拿上課的筆記來給我看，幾年來上課回答同學六爻占卜提問，竟然有數百條之多。以此爲本，增減補充內容後，成了《六爻預測900問》一書。希望這本書能對傳統術數文化仍有興趣者，帶來些微幫助。

# 目錄

## 第一篇
## 六爻預測概論


【1問】五術中的預測系統有哪些？ 48
【2問】「六爻占卜」與「古代卜筮」有一樣嗎？ 48
【3問】「龜卜」是如何推斷吉凶的？ 49
【4問】一定要用龜殼才會準嗎？ 49
【5問】「蓍草」是如何推斷吉凶的？ 49
【6問】六爻預測的步驟爲何？ 50
【7問】「銅錢搖卦法」是如何操作的？ 50
【8問】人爲何要去求神問卜？ 51
【9問】何謂「時間起卦法」？ 51
【10問】六爻預測，靈驗的原理是什麼？ 52
【11問】除了心誠則靈之外，如何才能增加占卜靈驗度？ 53
【12問】占卦每一次都會準嗎？ 54
【13問】占卦若不能每次都準，爲何還要信？ 55

【14問】六爻預測，只是一種機率嗎？ 56
【15問】若不是機率，真有神明在決定卦象？ 57
【16問】我是無神論者，為何占卦也會準？ 58
【17問】能否純粹用科學來說明，占卦靈驗的原因？ 59
【18問】「初筮告，再三瀆，瀆則不告」，是何意思？ 60
【19問】六爻可預測前世與來生嗎？ 61
【20問】「預言」與「預測」有一樣嗎？ 62
【21問】六爻卦很少用太歲，原因為何？ 62
【22問】占卜求問，最好是當事人自己占嗎？ 63
【23問】代占時，如何取用神？ 63
【24問】六爻預測學中，「吉凶」概念是如何說的？ 64
【25問】何謂「卦象」？ 65
【26問】「卦名」可以斷吉凶嗎？ 66
【27問】何謂「吉凶悔吝」？ 67
【28問】吉凶都有徵兆的嗎？ 68
【29問】六爻卦的「卦」字如何解釋？ 69
【30問】何謂「太極」？與六爻有何關係？ 69
【31問】孔子對占卦的態度是怎麼的？ 70
【32問】如何理解「卜筮者尚其占」？ 71
【33問】學習六爻卦，不一定要先學《周易》，對嗎？ 72
【34問】何謂「極數知來之謂占」？ 73
【35問】何謂「八卦」？ 74
【36問】何謂「先天八卦」，與占卜有何關係？ 74
【37問】何謂「後天八卦」，與占卜有何關係？ 76
【38問】何謂「六十四卦」？ 77
【39問】何謂「象數學派」？ 77
【40問】何謂「義理學派」？ 78
【41問】何謂「卦位」？ 78

【42問】何謂「卦變」？ 79
【43問】何謂「互卦」？ 79
【44問】何謂「錯卦與綜卦」？ 80
【45問】何謂「卦象預測法」？ 80
【46問】「卦象預測法」是如何起卦與占斷的？ 81
【47問】一件事情分別用六爻與卦象預測法來測，結果會一樣嗎？ 83
【48問】六爻可以占卜人的形貌與性情嗎？ 83
【49問】「水山蹇」卦兄弟爻重疊在三四爻，代表什麼含義？ 84
【50問】占卜可以一卦多斷嗎？ 84
【51問】占卦時，有所謂「占戒十忌」，是哪十忌？ 85
【52問】占卦時，占得的「爻象」代表什麼？ 85
【53問】「年命爻」是什麼？ 85
【54問】「河圖之數」在占卦中有何用途？ 86
【55問】六爻中「羊刃」有何作用？ 86
【56問】六爻中「驛馬」有何作用？ 87
【57問】六爻中「桃花」有何作用？ 88
【58問】六爻如何「安貴人」？ 88
【59問】何謂「卦身」？ 89
【60問】占卦時，內心的態度應如何？ 90
【61問】占卜的吉凶結果，如何才算是積極面對？ 91
【62問】六爻中何謂「外因與內因」？ 91
【63問】六爻中除了內外因之外，還有其它重要因素嗎？ 92
【64問】占問工作，初爻與上爻都是官爻，是何含義？ 93
【65問】如何占卜一個人的性格？ 93
【66問】何謂「陰陽」？ 94

【67問】如何解釋「數往者順，知來者逆」？ 95
【68問】何謂「人算不如天算」？ 95
【69問】《斷易鬼靈經》是一本怎樣的書？ 96
【70問】《火珠林》主要內容在說什麼？ 96
【71問】《黃金策》是誰寫的？ 96
【72問】《斷易天機》，適合六爻初學者來看嗎？ 97
【73問】《易林補遺》是一本怎樣的書？ 98
【74問】《易冒》由誰所著？ 98
【75問】《增刪卜易》的價值在何處？ 99
【76問】《卜筮全書》主要內容爲何？ 99
【77問】《卜筮正宗》的內容爲何？ 100
【78問】《易隱》是怎樣的一本書？ 100
【79問】《筮府珠林》初學者是否值得一讀？ 101

## 第二篇 爻的動靜衰旺

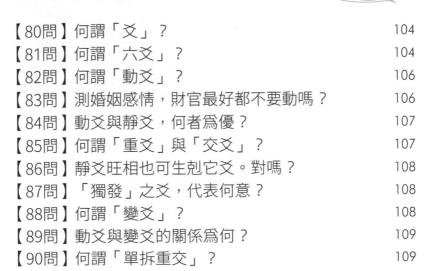

【80問】何謂「爻」？ 104
【81問】何謂「六爻」？ 104
【82問】何謂「動爻」？ 106
【83問】測婚姻感情，財官最好都不要動嗎？ 106
【84問】動爻與靜爻，何者爲優？ 107
【85問】何謂「重爻」與「交爻」？ 107
【86問】靜爻旺相也可生剋它爻。對嗎？ 108
【87問】「獨發」之爻，代表何意？ 108
【88問】何謂「變爻」？ 108
【89問】動爻與變爻的關係爲何？ 109
【90問】何謂「單拆重交」？ 109

【91問】動化回頭剋，如何化解？ 110
【92問】動化回頭沖，如何化解？ 110
【93問】用神動而化空，如何斷？ 110
【94問】動爻化絕，如何化解？ 111
【95問】動爻化墓，如何化解？ 111
【96問】動爻化退，如何化解？ 112
【97問】何謂「無用動爻」？ 112
【98問】動爻沖靜爻會如何？ 112
【99問】動爻沖動爻會如何？ 113
【100問】占卦得「靜卦」，有何含義？ 113
【101問】影響爻之衰旺的因素是什麼？ 113
【102問】月令如何來影響爻之衰旺？ 114
【103問】何謂「月先日後」？ 115
【104問】月破之爻，一定是變成無用之爻嗎？ 115
【105問】何謂「月建入卦」？ 116
【106問】日月建入卦，代表什麼現象？ 116
【107問】日辰如何來影響爻之衰旺？ 116
【108問】何謂「月短日長」？ 117
【109問】何謂「四值」？ 117
【110問】靜卦如何斷？ 118
【111問】靜卦與動卦在斷卦上有何區別？ 118
【112問】何謂「暗動」？代表什麼現象？ 119
【113問】卦中父母爻發動，會造成何種吉凶結果？ 119
【114問】卦中子孫爻發動，會造成何種吉凶結果？ 120
【115問】卦中官鬼爻發動，會造成何種吉凶結果？ 120
【116問】卦中妻財爻發動，會造成何種吉凶結果？ 121
【117問】卦中兄弟爻發動，會造成何種吉凶結果？ 121
【118問】何謂「沖散」？出自何處？ 122

【119問】何謂「沖脫」？出自何處？ 123
【120問】「神兆機於動」這句話，是何意思？ 123
【121問】官鬼動剋原神、用神或世爻，如何看？ 124
【122問】爻動就表示此爻是旺相嗎？ 124
【123問】卦中有動爻，就一定對卦有影響嗎？ 124
【124問】卦中動爻多與動爻少，對斷卦有何影響？ 125
【125問】何謂「六爻安靜訣」？ 125
【126問】何謂「六爻亂動訣」？ 126
【127問】何謂「獨發易取，亂動難尋」？ 126
【128問】何謂「日月動變」？ 126
【129問】「日月動變」如何影響用神吉凶？ 127

## 第三篇
## 爻位與世應

【130問】「爻位」代表何種爻象？ 130
【131問】何謂「間爻」？間爻有何作用？ 130
【132問】世應在六爻中的作用爲何？如何定世應？ 131
【133問】想要移民，從世應關係如何看？ 131
【134問】自占運勢都是以世爻爲用神？ 132
【135問】「世是平生之本，應爲百歲之妻」，是何意思？ 132
【136問】占卜感情卦，世應相生，就可以吉斷？ 133
【137問】占卜感情卦，世應衰旺與生剋沖合表示什麼？ 133
【138問】占卜合夥做生意，世應皆動如何斷？ 134
【139問】《易傳》：「二多譽，四多懼，三多凶，五多功」。是何意思？ 134

【140問】何謂「諸爻持世訣」？ 135
【141問】父母持世，對於吉凶有何影響？ 135
【142問】子孫持世，對於吉凶有何影響？ 135
【143問】官鬼持世，對於吉凶有何影響？ 136
【144問】妻財持世，對於吉凶有何影響？ 136
【145問】兄弟持世，對於吉凶有何影響？ 137
【146問】除六親外，世應可以當成用神嗎？ 137
【147問】何謂「世爻訣」？ 138
【148問】官鬼動剋世，世空如何斷？ 138
【149問】占壽元時，世爻有何重要性？ 138

## 第四篇
## 用神與諸神

【150問】何謂「用神」？ 140
【151問】用神的衰旺要如何看？ 140
【152問】何謂「用神兩現」？ 141
【153問】用神兩現時，如何取用神？ 141
【154問】父母占兒子的婚姻，以何者爲用神？ 141
【155問】何謂「有用用神」？ 142
【156問】何謂「無用用神」？ 142
【157問】用神無生剋也不旺相，所占之事會成嗎？ 142
【158問】「用鬼互化」，如何斷卦？ 143
【159問】占何事物以父母爻爲用神？ 143
【160問】占何事物以官鬼爻爲用神？ 143
【161問】占何事物以兄弟爻爲用神？ 144
【162問】占何事物以妻財爻爲用神？ 144
【163問】占何事物以子孫爻爲用神？ 145

【164問】可取世應爲用神嗎？ 145
【165問】原神的衰旺吉凶，如何看？ 145
【166問】何謂「有用原神」？ 146
【167問】何謂「無用原神」？ 146
【168問】何謂「忌神」？ 147
【169問】何謂「仇神」？ 147
【170問】「用神化吉」是何意？ 148
【171問】「用神化凶」是何意？ 148
【172問】占何事一定要看原神？ 149
【173問】通常原神喜動，何時最好原神不動？ 149
【174問】何謂用神之「絕生之法」？ 150
【175問】用神逢墓絕，就一定是無用用神嗎？ 150
【176問】忌神如何才能不忌？ 150
【177問】用神與世爻有何關係？ 151
【178問】何種情況稱之「用神無根」？ 151
【179問】原神空亡表示什麼？ 152
【180問】可以不看用神，只憑「何親持世」來斷卦嗎？ 152
【181問】何謂「獨發易取，亂動難尋」？ 152

## 第五篇
## 六親與六神

【182問】六親只有五位，爲何稱六親？ 156
【183問】關於六親只有五位，聽說《火珠林》有不同說法？ 156
【184問】六親中，官鬼是何含義？ 156
【185問】六親中，兄弟是何含義？ 157

【186問】六親中，子孫是何含義？ 157
【187問】六親中，妻財是何含義？ 158
【188問】六親中，父母是何含義？ 159
【189問】何謂「六親發動訣」？ 159
【190問】父母爻發動，會發生什麼事？ 159
【191問】子孫爻發動，會發生什麼事？ 160
【192問】官鬼爻發動，會發生什麼事？ 160
【193問】妻財爻發動，會發生什麼事？ 161
【194問】兄弟爻發動，會發生什麼事？ 161
【195問】占卦，無官鬼表示什麼？ 162
【196問】何謂「無鬼無氣」？ 162
【197問】何謂「助鬼傷身」？ 163
【198問】占卦，爲何說官鬼最好「不動不空」？ 163
【199問】何謂「六親變化歌」？ 163
【200問】父母爻動化之後的結果有幾種？ 164
【201問】子孫爻動化之後的結果有幾種？ 164
【202問】官鬼爻動化之後的結果有幾種？ 165
【203問】妻財爻動化之後的結果有幾種？ 165
【204問】兄弟爻動化之後的結果有幾種？ 165
【205問】何謂「子孫獨發」？ 166
【206問】何謂「兄弟獨發」？ 166
【207問】何謂六神？如何安六神？ 166
【208問】六神在六爻卦中有何作用？ 167
【209問】六神中之青龍，含義爲何？ 167
【210問】六神中之朱雀，含義爲何？ 167
【211問】六神中之勾陳，含義爲何？ 168
【212問】六神中之螣蛇，含義爲何？ 168
【213問】六神中之白虎，含義爲何？ 169

【214問】六神中之玄武，含義爲何？ 169
【215問】何知章中，有提到白虎的有哪些？ 169
【216問】「何知人家墓有風，白虎空亡巽巳攻。」如何解釋？ 170
【217問】「何知人家墓有水，白虎空亡臨亥子。」如何解釋？ 170
【218問】五爻臨官鬼發動，會發生何事？ 170
【219問】青龍臨不同六親，代表何義？ 171
【220問】朱雀臨不同六親，代表何義？ 171
【221問】勾陳臨不同六親，代表何義？ 172
【222問】螣蛇臨不同六親，代表何義？ 172
【223問】白虎臨不同六親，代表何義？ 172
【224問】玄武臨不同六親，代表何義？ 173
【225問】青龍發動，會發生哪些事？ 173
【226問】朱雀發動，會發生哪些事？ 174
【227問】勾陳發動，會發生哪些事？ 174
【228問】螣蛇發動，會發生哪些事？ 174
【229問】白虎發動，會發生哪些事？ 174
【230問】玄武發動，會發生哪些事？ 175
【231問】六神吉凶與五行有關嗎？ 175
【232問】何知章中，有提到螣蛇的有哪些？ 176
【233問】「何知人家雞亂啼，螣蛇入酉不須疑。」如何解釋？ 176
【234問】「何知人家出鬼怪，螣蛇白虎臨門在。」如何解釋？ 176
【235問】官鬼動占何事吉，何事不吉？ 177
【236問】官鬼不動或動而不剋世，就不會有災禍發生？ 177

【237問】占鬼怪之事，以螣蛇爲用神對嗎？ 177
【238問】占陰宅風水，有所謂「虎不能抬頭」，是何意思？ 178
【239問】占卦時六親多與六親缺，表示什麼？ 178
【240問】父母爻被剋時，要注意何事？ 179
【241問】占陽宅風水，六親中以何者爲重？ 179
【242問】占何事會喜「官鬼旺相」？ 180
【243問】逢玄武，就一定有被騙的意思嗎？ 180
【244問】螣蛇，在六爻中非凶方面有哪些？ 180
【245問】白虎，在六爻中非凶方面有哪些？ 181
【246問】玄武，在六爻中非凶方面有哪些？ 181
【247問】爲何子孫在古書上稱爲福神？ 181
【248問】女命子孫持世有何缺點？ 182
【249問】第五爻出現白虎動來沖剋，會有什麼現象？ 182
【250問】男占世持螣蛇子孫，受太歲官沖，表示什麼？ 182
【251問】何知章中，有提到玄武的有哪些？ 182
【252問】「何知人家人投水，玄武入水煞臨鬼。」如何解釋？ 183
【253問】「何知人家遇賊徒，玄武臨財鬼旺扶。」如何解釋？ 183
【254問】如何解釋「財臨虎動必丁憂」？ 183
【255問】何謂「六神空亡」？ 184
【256問】財爻臨玄武剋世爻，表示什麼？ 184

## 第六篇
## 生剋沖合刑

【257問】何謂「爻之間的相生」？ 186
【258問】爻之間的相生可分成幾類？ 186
【259問】用神「日生月剋」或「日剋月生」，吉凶結果一樣嗎？ 186
【260問】爻之間的相生的原則有哪些？ 187
【261問】當月建或日辰來生用爻時，會發生何事象？ 187
【262問】當用爻去生日月建時，會發生何種事象？ 188
【263問】爻與爻相生，會發生何種事象？ 188
【264問】占災難卦，官鬼動但生世爻，主平安無事？ 189
【265問】五行相生中，金生水如何解釋？ 189
【266問】何謂「爻之間的相剋」？ 190
【267問】何謂「主剋」與「受剋」？ 190
【268問】用神化回頭生剋的力量，有多大？ 190
【269問】主剋的規則是什麼？ 191
【270問】受剋的規則是什麼？ 191
【271問】當日月來剋用爻時，會發生何事象？ 192
【272問】何謂「六爻的相沖」？ 192
【273問】何謂「主沖」與「被沖」？ 192
【274問】爻之六沖具體內容有哪些？ 193
【275問】「沖帶剋」與「沖不剋」，如何區分？ 193
【276問】何謂「六沖卦」？ 194
【277問】占父母病，逢六沖卦要如何判斷吉凶？ 194
【278問】何謂「六合卦變六沖卦」 194
【279問】何謂「爻之間的相合」？ 195
【280問】何謂「合起」？ 195

【281問】何謂「合絆」？ 196
【282問】日月與爻相合，會發生何種事象？ 196
【283問】動爻與月相合，也會合絆嗎？ 197
【284問】何謂「合處逢沖」？ 197
【285問】何謂「沖中逢合」？ 197
【286問】占問感情婚姻或工作運時，若逢合處逢沖是何事象？ 198
【287問】占問財運或官司、疾病等事時，若逢合處逢沖是何事象？ 198
【288問】何謂「三合局」？ 199
【289問】成立三合局須什麼條件？ 199
【290問】六爻預測是否有論「三會局」？ 199
【291問】占卦得三合局皆論吉嗎？ 200
【292問】占得六合或本身動化合，就一定以吉斷嗎？ 200
【293問】何謂「三刑」？ 201
【294問】三刑含義爲何？ 201
【295問】有書把三刑看的很嚴重的嗎？ 202
【296問】月破查法與種類爲何？ 202
【297問】「月破」的含義爲何？ 202
【298問】日月破有何事象？ 203
【299問】爻被日沖或月沖，有何不同？ 203
【300問】月破之爻，有沒有解救的方法？ 204
【301問】占卦只要逢六沖，就一律以凶斷嗎？ 204
【302問】變爻遭日沖，結果會如何？ 204
【303問】動爻月破與變爻月破，有何不同？ 205
【304問】「卦值六沖，半世求謀蹭蹬」如何解釋？ 205
【305問】靜爻與靜爻可以相沖嗎？ 205
【306問】何謂「生扶拱合」？ 206

# 第七篇
# 旬空伏藏絕

【307問】何謂「旬空」？ 208
【308問】何謂「假空」？ 208
【309問】何謂「眞空」？ 208
【310問】何謂「避空」？ 209
【311問】何謂「六神旬空」？ 209
【312問】何謂「六親旬空」？ 210
【313問】六親空亡有什麼現象？ 210
【314問】爻位空亡有什麼現象？ 210
【315問】如何才能「出空」？ 211
【316問】動化空破墓絕，詳情爲何？ 211
【317問】空亡之爻，在卦有何重要性？ 212
【318問】財空持世，表示什麼？ 212
【319問】何謂「無故勿空」？ 213
【320問】占流年爲何最怕世破與世空？ 213
【321問】自占近病世逢空，如何斷？ 214
【322問】何謂「空而不空」？ 214
【323問】空化空，一定是無用且事難成嗎？ 214
【324問】「伏居空地，事與心違」，有無道理？ 215
【325問】占功名，爲何世空破休囚就不可能成就？ 215
【326問】「世居空位，終身作事無成」，如何解釋？ 216
【327問】占婚，世空動化退爲何不成？ 216
【328問】「男空則遠行不利」，理由爲何？ 216
【329問】「事事宜空中之有氣」，如何解釋？ 217
【330問】占陽宅，爲何世父不宜動或空？ 217
【331問】「財空鬼旺，千水萬山」，如何解釋？ 217

【332問】何謂「彭城密訣」？ 218
【333問】何謂「伏藏」？ 218
【334問】測工作或學業時，用神伏藏有何事象？ 219
【335問】測戀愛婚姻時，用神伏藏有何事象？ 219
【336問】何種情況伏神得以出伏？ 219
【337問】何種情況伏神不能出伏？ 220
【338問】伏神與飛神有何關係？ 220
【339問】如何解釋「財伏鬼鄉，買賣遭殃」？ 220
【340問】如何解釋「用財伏兄，口舌相侵」？ 221
【341問】伏爻就是伏神嗎？ 221
【342問】如何解釋「鬼伏財鄉，因財有傷」？ 221
【343問】何謂「伏居空地，事與心違」？ 222
【344問】何謂「世下伏官病根常在」？ 223
【345問】「絕」在六爻預測中，如何運用？ 223
【346問】何謂「化絕」？ 223
【347問】何謂「絕處逢生」？ 224
【348問】絕處逢生，會發生何事象？ 224
【349問】何謂「絕而不絕」？ 224
【350問】何謂「生旺墓絕」？ 225
【351問】何謂「不絕不空神久在」？ 225
【352問】五爻陽爻動化絕，表示什麼？ 225
【353問】「空化空雖空不空」，是什麼意思？ 226
【354問】「飛伏生剋吉凶歌」，在說些什麼？ 226

## 第八篇
## 入墓出墓

【355問】「入墓」的含義是什麼？ 230

【356問】世爻空破墓絕，對身心有何不同影響？ 230
【357問】何謂「入三墓」？ 230
【358問】如何才能「出墓」？ 231
【359問】何謂「人墓」？ 231
【360問】何謂「事墓」？ 231
【361問】何謂「墓而不墓」？ 232
【362問】測目前運勢，當用神入墓時有何事象？ 232
【363問】測官司災禍，當用神入墓時有何事象？ 232
【364問】測疾病健康，當用神入墓時有何事象？ 232
【365問】金爻遇丑土，論丑土生金，或金入丑墓？ 232
【366問】若用神入日墓，但值月建，如何論衰旺吉凶？ 234
【367問】「太旺者逢墓逢沖爲應期」，理由是什麼？ 234
【368問】「墓中人不沖不發」，如何解釋？ 234
【369問】從三合局如何理解「墓庫理論」？ 235
【370問】「何知人家病要死，用神無救又入墓」，如何解釋？ 235
【371問】「死墓絕空，乃是泥犁之地」，是在說什麼事？ 236
【372問】爲什麼「入墓難剋」？ 236
【373問】爲什麼「墓多暗昧」？ 236
【374問】何謂「隨鬼入墓」？ 237
【375問】「多財反覆，必須墓庫以收藏」，如何解釋？ 237
【376問】占問請家庭教師，父母爻入墓表示什麼？ 237
【377問】不論爻之衰旺，入墓的結果都一樣嗎？ 238
【378問】男世持官入墓於日財，表示什麼？ 238

## 第九篇
## 進神退神

【379問】何謂「進神」？ 240
【380問】何謂「退神」？ 240
【381問】何謂「進神的規則」？ 240
【382問】何謂「退神的規則」？ 241
【383問】何謂「不能進」？ 241
【384問】測婚姻用神化進神，有何事象？ 242
【385問】測婚姻用神化退神，有何事象？ 242
【386問】測公司經營化進神，有何事象？ 243
【387問】測公司經營化退神，有何事象？ 243
【388問】化進神的應期爲何？ 243
【389問】化退神的應期爲何？ 243
【390問】「卦爻發動須看交重。動變比和當明進退。」如何解釋？ 244

## 第十篇
## 伏吟反吟

【391問】何謂「伏吟」？ 246
【392問】何謂「內卦伏吟」？ 246
【393問】何謂「外卦伏吟」？ 246
【394問】何謂「內外卦伏吟」？ 247
【395問】測工作運或財運遇伏吟時，有何事象？ 247
【396問】測婚姻遇伏吟時，有何事象？ 247
【397問】遇伏吟，要如何化解？ 248
【398問】何謂「反吟」？ 248

【399問】何謂「卦變反吟」？ 249
【400問】何謂「爻變反吟」？ 249
【401問】爻變反吟有哪幾種形式？ 249
【402問】測工作運或財運遇反吟時，有何事象？ 250
【403問】測婚姻遇反吟時，有何事象？ 250
【404問】遇反吟，要如何化解？ 251

## 第十一篇
## 遊魂歸魂

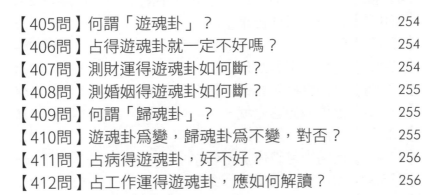

【405問】何謂「遊魂卦」？ 254
【406問】占得遊魂卦就一定不好嗎？ 254
【407問】測財運得遊魂卦如何斷？ 254
【408問】測婚姻得遊魂卦如何斷？ 255
【409問】何謂「歸魂卦」？ 255
【410問】遊魂卦爲變，歸魂卦爲不變，對否？ 255
【411問】占病得遊魂卦，好不好？ 256
【412問】占工作運得遊魂卦，應如何解讀？ 256

## 第十二篇
## 斷卦技巧

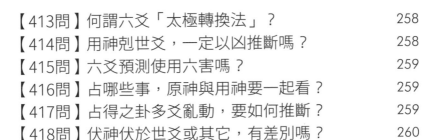

【413問】何謂六爻「太極轉換法」？ 258
【414問】用神剋世爻，一定以凶推斷嗎？ 258
【415問】六爻預測使用六害嗎？ 259
【416問】占哪些事，原神與用神要一起看？ 259
【417問】占得之卦多爻亂動，要如何推斷？ 259
【418問】伏神伏於世爻或其它，有差別嗎？ 260

【419問】回頭沖剋，日月在動爻或在變爻，有何不同？ 260
【420問】能捨用神，而以獨發之爻來斷卦嗎？ 260
【421問】占求子息，如何斷卦？ 261
【422問】沒生育想領養小孩，如何斷卦？ 261
【423問】男占世持父母戌與日妻財卯合，表示什麼？ 261
【424問】人的壽命長短，如何斷？ 262
【425問】何謂「剋處逢生」？ 262
【426問】何謂「卦中多者取來情」？ 262
【427問】「月沖」與「日沖」有何不同？ 263
【428問】何謂「月往日來」？ 263
【429問】卦爻月破日生，如何解卦？ 264
【430問】何謂「用忌互化」？ 264
【431問】女占世持朱雀妻財帶羊刃，表示什麼？ 264
【432問】出現騰蛇官鬼就一定犯陰煞嗎？ 265
【433問】「值月」與「臨月」有何不同？ 265
【434問】何謂「月破逢生不起」？ 265
【435問】動化空，還能化回頭剋嗎？ 266
【436問】原神不動，能生用神嗎？ 266
【437問】日月爲官鬼金，洩世爻土表示什麼？ 267
【438問】玄武官鬼爲何是黑道？ 267
【439問】子化丑是化合，還是化回頭剋？ 267
【440問】何謂「子時不起卦」？ 267
【441問】何謂「子孫獨發，爲退爲散」？ 268
【442問】何謂「測來意」？ 268
【443問】何謂「占來情」？ 269
【444問】測來意有何技巧？ 269
【445問】初爻在測來意中有何重要？ 270

【446問】從「旺相休囚」也能測來意？ 270
【447問】六爻如何斷人的身形？ 271
【448問】六爻如何斷人的容貌？ 271
【449問】何謂「吉處藏凶」？ 272

## 第十三篇
## 應期判斷

【450問】何謂「應期」？ 274
【451問】應期的「平衡理論」是什麼？ 274
【452問】動待合，如何解釋？ 274
【453問】靜待沖，如何解釋？ 275
【454問】占行人得靜卦，用神生世合世，應期爲何時？ 275
【455問】衰待旺，如何解釋？ 275
【456問】旺待墓，如何解釋？ 275
【457問】沖待合，如何解釋？ 276
【458問】合待沖，如何解釋？ 276
【459問】空待出，如何解釋？ 276
【460問】辰月午日占財運，亥獨發化財辰空亡，應期爲何？ 277
【461問】墓待破，如何解釋？ 277
【462問】伏待引，如何解釋？ 277
【463問】辰月巳日占僕人逃跑，財卯伏於午下，如何斷應期？ 278
【464問】吟待沖，如何解釋？ 278
【465問】以「逢值」爲應期的情形有哪些？ 278

【466問】「爻靜、爻動、日月破」三者，爲何以「逢值」爲應期？ 278
【467問】「旬空、爻遇沖、變爻」三者，爲何以「逢值」爲應期？ 279
【468問】「化進神、伏反吟、爻藏伏」三者，爲何以「逢值」爲應期？ 279
【469問】「太旺、三墓、爻靜」三者，爲何以「逢沖」爲應期？ 280
【470問】巳月寅日占財運，得靜卦酉財不動，應期爲何？ 280
【471問】「化退神、爻藏伏、爻合、旺不動」四者，爲何以「逢沖」爲應期？ 280
【472問】「爻動、三墓、月破」三者，爲何以「逢合」爲應期？ 281
【473問】「化進神、三合局、反吟、獨發」四者，爲何以「逢合」爲應期？ 281
【474問】「衰絕」、「忌神」二者，爲何以「逢生」爲應期？ 282
【475問】辰月子日占借錢，世持財卯動化申，應期爲何？ 282
【476問】「忌神」、「爻太旺」二者，爲何以「逢剋」爲應期？ 282
【477問】「爻太旺」、「爻衰絕」二者，爲何以「逢墓」爲應期？ 283
【478問】子月卯日占財運，子財伏未下，得財應期爲何？ 283
【479問】應期的基本原理是什麼？ 283

## 第十四篇
## 占財運

【480問】何謂「財運」？ 286
【481問】何謂「破財」？ 286
【482問】長期求財，如何斷？ 286
【483問】如何斷終身財運？ 287
【484問】預測終身財運，財孫兩旺但世爻無氣，如何斷卦？ 287
【485問】占問財運一定以妻財爲用神嗎？ 287
【486問】空手求財的財運如何占斷？ 288
【487問】「財伏鬼鄉，買賣遭傷」，是什麼意思？ 288
【488問】兄弟持世，對於財運有何影響？ 288
【489問】妻財持世，對於財運有何影響？ 289
【490問】子孫持世，對於財運有何影響？ 289
【491問】官鬼持世，對於財運有何影響？ 289
【492問】父母持世，對於財運有何影響？ 290
【493問】財剋世，爲何能得財？ 290
【494問】何日可得財，卦象如何看？ 290
【495問】測財運父母和官鬼同動者，如何斷卦？ 291
【496問】往何處求財，卦象如何看？ 291
【497問】子孫爻，對於財運有何影響？ 291
【498問】兄弟爻，對於財運有何影響？ 292
【499問】官鬼爻，對於財運有何影響？ 292
【500問】父母爻，對於財運有何影響？ 293
【501問】開店做生意，卦象如何看？ 293
【502問】占求財利，財動或不動好？ 293
【503問】預測買賣與預測財運，有何不同？ 294

【504問】占求財運，卦中財出現越多越好？ 294
【505問】妻財未上卦，如何斷財運？ 294
【506問】測財運妻財和官鬼同動者，如何斷卦？ 295
【507問】預測財運子孫未上卦，如何斷卦？ 295
【508問】「孫臏論出入求財歌」，是何內容？ 296
【509問】「孫臏論出入求財歌」有白話文翻譯嗎？ 296
【510問】「世剋動財，若趕沙場之馬」，如何解釋？ 297
【511問】「兄如太過，反不剋財」，如何解釋？ 297
【512問】占財運，世應如何看？ 298
【513問】「父化財，必辛勤而有得」，如何解釋？ 298
【514問】預測財運時，六神有何作用？ 298
【515問】何謂「子動生財不宜父擺」？ 299
【516問】何謂「虎財宜屠，雀財宜優」？ 299
【517問】如何占斷財之有無？ 300
【518問】如何占斷得財之難易？ 300
【519問】如何占求財之方向？ 301
【520問】買新房如何占斷吉凶？ 301
【521問】占財運，太歲要參看嗎？ 301
【522問】「有財無鬼，耗散多端。有鬼無財，災生不已。」如何解釋？ 302
【523問】鄉下種水果謀生，如何斷財利？ 302
【524問】養豬業如何斷獲利？ 302
【525問】如何占問遠洋捕魚？ 303
【526問】討回屬於自己的債務，占卦如何斷？ 303
【527問】合夥做生意，占卦如何斷？ 304
【528問】買賣股票，占卦如何斷？ 304
【529問】借錢給朋友賺利息，如何斷吉凶？ 304
【530問】世持兄弟一定是破財嗎？ 305

【531問】何謂「財伏父母，旺相得半」？ 305
【532問】何謂「財來扶世，求之不難」？ 305
【533問】世持官鬼逢空亡，財運如何斷？ 306
【534問】何謂「合夥不嫌兄弟」？ 306

## 第十五篇
## 占功名

【535問】何謂「占功名」？ 308
【536問】占功名，斷卦步驟爲何？ 308
【537問】占功名，可以代占嗎？ 308
【538問】各種升學或就業考試，應以官鬼或父母爲重？ 309
【539問】預測功名，官父臨應爻表示什麼？ 309
【540問】自占功名，世動化官一定是吉嗎？ 310
【541問】占終身功名無成者，是何種卦象？ 310
【542問】預測功名，六爻安靜好嗎？ 310
【543問】占功名，官鬼未上卦如何占斷？ 310
【544問】參加國家考試，世空被剋如何占斷？ 311
【545問】預測工作事運時，兄弟爻有何作用？ 311
【546問】預測工作事業運，原則爲何？ 311
【547問】官鬼與父母，在占問工作運中有何作用？ 312
【548問】妻財爻，在占問工作運中有何作用？ 312
【549問】占功名，最怕什麼卦象？ 312
【550問】子孫爻與兄弟爻，在占問工作事業運有何作用？ 313
【551問】官鬼持世，對於事業運有何影響？ 313
【552問】兄弟持世，對於事業運有何影響？ 314

【553問】子孫持世，對於事業運有何影響？ 314
【554問】妻財持世，對於事業運有何影響？ 314
【555問】父母持世，對於事業運有何影響？ 314
【556問】官鬼爻配六神，可看出何種工作的種類？ 315
【557問】「占居官安否」，內容爲何？ 315
【558問】占卦測考試，官父爻與世爻皆不宜空破墓絕，爲何？ 316
【559問】占問調職，留原職或調新職較好，需不需要占兩個卦？ 316
【560問】占考研究所碩博班考試，以何爲用神？ 316
【561問】占官職升遷，如何斷卦？ 317
【562問】「占官高卑及何方赴任」，內容爲何？ 317
【563問】怕丟掉現在的工作，如何斷卦？ 318
【564問】占工作得遊魂卦好嗎？ 318
【565問】測與上司的關係，如何斷卦？ 318
【566問】得官位之應期如何斷？ 319
【567問】何謂「鬼伏父母，舉狀經官」？ 319
【568問】何謂「鬼伏子孫，去路無門」？ 320
【569問】占功名，世動化空墓絕如何斷？ 320

## 第十六篇
## 占疾病

【570問】占疾病，斷卦的重點在何處？ 322
【571問】人會得病，有哪些原因？ 322
【572問】六爻測病的原理是什麼？ 322
【573問】現代醫療發達，六爻占病還有存在的價值嗎？ 323

【574問】六爻測病，如何取用神？ 323
【575問】六爻測病，吉凶如何斷？ 324
【576問】官鬼爻，在六爻測病中代表什麼？ 324
【577問】占病，不見官鬼爻代表什麼？ 325
【578問】占病，應爻代表什麼？ 325
【579問】官鬼爻所臨五行，代表得什麼病？ 325
【580問】官鬼爻所臨八宮卦，代表得什麼病？ 326
【581問】官鬼爻所臨六神，代表病因爲何？ 326
【582問】官鬼爻所臨爻位，代表得什麼病？ 326
【583問】官鬼爻伏在何六親下，代表病因爲何？ 327
【584問】官鬼在內外卦，病情有何不同？ 327
【585問】官鬼本身狀況，如何判定病情？ 327
【586問】自占病，鬼伏世下表示什麼？ 328
【587問】自占病情，卦爻如何看？ 328
【588問】代占別人病情，卦爻如何看？ 328
【589問】子孫爻在占病時，有什麼作用？ 329
【590問】妻財爻在占病時，有什麼作用？ 329
【591問】官鬼爻發動，對病情有何影響？ 330
【592問】子孫爻發動，對病情有何影響？ 330
【593問】兄弟爻發動，對病情有何影響？ 330
【594問】妻財爻發動，對病情有何影響？ 331
【595問】父母爻發動，對病情有何影響？ 331
【596問】何謂「犯陰煞」？ 331
【597問】螣蛇配不同的六親，顯示何種意義？ 332
【598問】螣蛇除了陰煞，還代表何種怪異之事？ 332
【599問】占病時，什麼情況是「無藥可醫」的地步？ 333
【600問】占問疾病，何方求醫如何斷之？ 333
【601問】占病，可否應爻之方求醫？ 333

【602問】占病何時開刀，如何擇日？ 334
【603問】占病時，如何決定看西醫或中醫比較好？ 334
【604問】占病時，何種情形要換醫院或醫生？ 334
【605問】占自病，世持官鬼，要生世或剋世？ 335
【606問】占病時，六親、六神及應爻的重點有哪些？ 335
【607問】占病時，占得靜卦是吉或凶？ 335
【608問】占病「兩鬼夾用神」，表示什麼？ 336
【609問】「五爻持鬼墓，家有病人」，如何解釋？ 336
【610問】世爻臨鬼墓，有什麼現象？ 336
【611問】世持勾陳官鬼，占病表示什麼？ 337
【612問】何謂「決輕重存亡之兆，專察鬼爻」？ 337
【613問】「青龍得位，終見安康；白虎傷身，必成凶咎。」如何解釋？ 337
【614問】占病，世持巳白虎官鬼表示什麼？ 338
【615問】何謂「如問危時，其法有三」？ 338
【616問】「官化官，病變不一；子化子，藥雜不精。」如何解釋？ 339
【617問】生病何時可痊癒？ 339
【618問】打算去山上養病，吉凶如何斷？ 339
【619問】如何占斷病情何時轉爲嚴重？ 340
【620問】如何占斷醫療有無效果？ 340
【621問】占病，用神逢墓絕如何斷？ 341

## 第十七篇
## 占婚姻

【622問】六十四卦「大象」如何斷婚姻？ 344
【623問】六十四卦「卦名」如何斷婚姻？ 344

【624問】占婚姻卦，六爻安靜好嗎？ 345
【625問】從世應關係，如何斷婚姻卦？ 345
【626問】女占婚，看官鬼爻時有哪些重點？ 346
【627問】占婚姻，如何取用神？ 346
【628問】占婚姻中，六親扮演何作用？ 346
【629問】男占婚，妻子有外遇如何斷？ 347
【630問】男占妻子壽命，如何斷？ 347
【631問】空亡，在預測婚姻中有何作用？ 348
【632問】六神空亡，在預測婚姻中表示什麼？ 348
【633問】姻緣的遠近如何看？ 348
【634問】姻緣的早晚如何看？ 349
【635問】男占婚，如何看女方個性？ 349
【636問】測婚姻遇兩官兩財，如何占斷？ 349
【637問】「世爲婚應爲姻，須要相生相合」，如何解釋？ 350
【638問】「娶妻先向財中覓，嫁夫可類鬼爻推」，如何解釋？ 350
【639問】「財空妻亡，鬼空夫亡」，如何解釋？ 350
【640問】「占婚姻起鬥訟否」，內容爲何？ 351
【641問】預測婚姻遇伏吟或反吟，表示什麼？ 351
【642問】「以八卦而推容貌」，內容在說什麼？ 352
【643問】以八卦而推容貌，女占男，內容爲何？ 352
【644問】占女方貧富，如何斷？ 353
【645問】預測婚姻用神未上卦，如何斷？ 353
【646問】占戀愛感情，世應衰旺生剋等表示什麼？ 354
【647問】世持妻財化回頭剋，有何訊息？ 354
【648問】預測感情婚姻，財官動或不動好？ 355
【649問】男占婚財爻與應爻，以何者爲重？ 355

【650問】「應旺則女室豐隆，世墓乃男家貧乏。」如何解釋？ 355
【651問】何謂「喜合婚姻，世應宜靜」？ 356
【652問】「鬼化鬼終須反覆，兄化兄見阻方成。」如何解釋？ 356
【653問】「鬼化鬼難曰相守百年」，如何解釋？ 356
【654問】婚後，子息有無如何看？ 357
【655問】子孫上卦，就一定有子息嗎？ 357
【656問】子孫爻空亡，就一定沒有子息嗎？ 358
【657問】胎兒安危如何斷？ 358
【658問】產期如何占斷？ 358
【659問】夫占產婦安危如何斷？ 358

## 第十八篇 占天氣

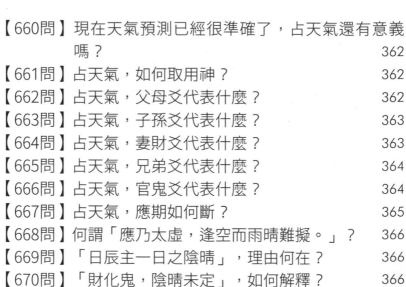

【660問】現在天氣預測已經很準確了，占天氣還有意義嗎？ 362
【661問】占天氣，如何取用神？ 362
【662問】占天氣，父母爻代表什麼？ 362
【663問】占天氣，子孫爻代表什麼？ 363
【664問】占天氣，妻財爻代表什麼？ 363
【665問】占天氣，兄弟爻代表什麼？ 364
【666問】占天氣，官鬼爻代表什麼？ 364
【667問】占天氣，應期如何斷？ 365
【668問】何謂「應乃太虛，逢空而雨晴難擬。」？ 366
【669問】「日辰主一日之陰晴」，理由何在？ 366
【670問】「財化鬼，陰晴未定」，如何解釋？ 366

【671問】「父化兄，風雨靡常」，如何解釋？ 367
【672問】「五鄉連父，求晴怪殺臨空。」如何解釋？ 367
【673問】「父衰官旺，門前行客尚趑趄。」如何解釋？ 367
【674問】何謂「子伏財飛，檐下曝夫猶抑鬱」？ 368
【675問】占天氣只有用六親這個方法嗎？ 368
【676問】何謂「分爻占天氣」？ 368
【677問】六十四卦如何占天氣？ 369
【678問】天干如何占天氣？ 369
【679問】六神也可斷天氣嗎？ 370
【680問】如何用內外卦或世應來占天氣？ 370
【681問】如何用五行來占天氣？ 371
【682問】地支如何占天氣？ 371
【683問】如何以陰陽占天氣？ 371
【684問】如何以八卦占天氣？ 372
【685問】如何以爻位占天氣？ 372

## 第十九篇
## 占官司

【686問】占官司，取何爲用神？ 376
【687問】占官司，如何看世應爻？ 376
【688問】占官司，父母爻代表什麼？ 376
【689問】占官司，財爻、兄爻及孫爻各代表什麼？ 377
【690問】如何從官鬼所臨六神，看出官司起因？ 377
【691問】如何從「何爻化出官爻」，來看出官司起因？ 377
【692問】從八卦也可以看出官司起因？ 378

【693問】占官司，間爻代表什麼？ 378
【694問】月令與日辰，何者對占官司影響力大？ 379
【695問】占官司，什麼情形雙方會和解？ 379
【696問】原告在何種情形下，最好撤告？ 379
【697問】占官司，官鬼重現能看出什麼訊息？ 380
【698問】官鬼爻伏藏，占官司代表什麼？ 380
【699問】官司會不會成立，如何看？ 380
【700問】如何知道所請律師之好壞？ 381
【701問】如何占斷證人對我利或不利？ 381
【702問】螣蛇也與官司有關係嗎？ 381
【703問】如何看出官司一定會被定罪？ 382
【704問】原告與被告，占官司卦時有何不同？ 382
【705問】六十四卦中的訟卦，與官司有關係嗎？ 382
【706問】世剋應，我方官司一定贏嗎？ 383
【707問】從空亡的角度，如何來看官司卦？ 383
【708問】「生氣動者謀往吉，死氣發時病訟凶」，如何解釋？ 383
【709問】「何知人家訟事多，雀虎持世鬼來扶」，此句話是否有誤？ 384
【710問】白虎爲何與官司有關？ 384
【711問】如何看出會被關進監獄？ 384
【712問】如何占斷何時出獄？ 385

## 第二十篇
## 占行人

【713問】占行人，是在預測什麼樣的人？ 388
【714問】行人的安危，如何斷？ 388

【715問】占行人何日歸來，斷卦重點爲何？ 388
【716問】從六神如何斷，滯留在外的原因？ 389
【717問】行人離家遠近，如何斷？ 389
【718問】行人去的方向，如何斷？ 389
【719問】從八宮如何斷，行人在外的處所？ 390
【720問】從應爻所變出之六親，如何斷行人現在何處？ 390
【721問】從用神所伏如何斷，不能回家的原因？ 390
【722問】行人歸期，如何斷？ 391
【723問】從世應，如何斷行人？ 392
【724問】爲何占行人，最怕用爻受傷與入墓？ 392
【725問】占行人，音訊如何判斷？ 392
【726問】「周公斷行人歌」的內容是什麼？ 393
【727問】占妻子遠行未歸，白虎妻財死絕逢空亡，表示什麼？ 393
【728問】「杜氏占行人」的內容是什麼？ 393
【729問】「久望行人慾侯歸，爻神出現必歸期」，如何解釋？ 394
【730問】「主象交重身已動；用爻安靜未思歸」，如何解釋？ 395
【731問】「若伏空鄉，須究卦中之六合」，如何解釋？ 395
【732問】占行人，爲何「墓旺難歸」？ 395
【733問】占行人得靜卦，用神生世爻，表示什麼？ 396
【734問】占行人用爻動遇日辰合住而未歸，知道被何事絆住嗎？ 396
【735問】何謂「五爻有鬼，皆因途路之不通」？ 396
【736問】占行人臥病未歸，是何卦象？ 397

【737問】占行人因貪戀美色不思鄉，是何卦象？ 397
【738問】占行人，只要用神動就一定能回家嗎？ 398
【739問】何謂「用爻有病在外不安」？ 398

## 第二十一篇 占風水

【740問】六爻看風水，如何看？ 400
【741問】六神在風水中的作用爲何？ 400
【742問】內外卦如何來斷風水？ 401
【743問】爻位如何來斷風水？ 401
【744問】十天干在風水上，象徵何種事物？ 401
【745問】八卦在風水上，象徵何種事物？ 402
【746問】六爻測風水，何卦象才是好陽宅？ 402
【747問】占風水，財爻發動好嗎？ 403
【748問】占風水，六合卦與六沖卦表示什麼？ 403
【749問】害怕買到不吉的房子，如何占斷？ 403
【750問】修造房屋如何占斷吉凶？ 404
【751問】初爻在六爻測陽宅風水上，代表什麼？ 404
【752問】二爻在六爻測陽宅風水上，代表什麼？ 404
【753問】三爻在六爻測陽宅風水上，代表什麼？ 405
【754問】四爻在六爻測陽宅風水上，代表什麼？ 406
【755問】五爻在六爻測陽宅風水上，代表什麼？ 406
【756問】上爻在六爻測陽宅風水上，代表什麼？ 407
【757問】父母爻，在陽宅風水上有何作用？ 407
【758問】兄弟爻，在陽宅風水上有何作用？ 407
【759問】官鬼爻，在陽宅風水上有何作用？ 408
【760問】妻財爻，在陽宅風水上有何作用？ 408

【761問】子孫爻，在陽宅風水上有何作用？ 409
【762問】青龍，在陽宅風水上有何含義？ 409
【763問】朱雀，在陽宅風水上有何含義？ 409
【764問】勾陳，在陽宅風水上有何含義？ 410
【765問】螣蛇，在陽宅風水上有何含義？ 410
【766問】白虎，在陽宅風水上有何含義？ 410
【767問】玄武，在陽宅風水上有何作用？ 411
【768問】預測陰陽宅風水，六親中以何爲重點？ 411
【769問】占斷風水，何種宅易犯官符？ 412
【770問】想搬新家還在猶豫，如何占斷吉凶？ 412
【771問】占陽宅，二爻虎鬼動表示什麼？ 412
【772問】蓋新房如何占吉凶？ 413
【773問】修繕老房子吉凶如何斷？ 413
【774問】搬新家如何占吉凶？ 414
【775問】占風水，父母爻在應上臨青龍表示什麼？ 414
【776問】占風水，二爻動生財，孫動合五爻表示什麼？ 414
【777問】會發財之陽宅如何占斷？ 415
【778問】何種陽宅爲凶，最好馬上搬家？ 415
【779問】陽宅有災如何斷？ 415
【780問】買土地將來自建住宅，如何占斷？ 416
【781問】六爻如何占陰宅風水？ 416
【782問】占陰宅風水如何擇地？ 416
【783問】六爻如何占陰宅坐山？ 417
【784問】占陰宅，內外卦如何斷吉凶？ 417
【785問】占陰宅，穴位如何立向？ 417
【786問】占陰宅，房分衰旺如何推斷？ 418
【787問】占陰宅，案山如何看？ 418

【788問】占陰宅，明堂如何看？ 419
【789問】占陰宅，龍虎砂如何看？ 419
【790問】占陰宅，後山如何看？ 419
【791問】占陰宅，來龍如何看？ 420
【792問】占陰宅，水口如何看？ 420

## 第二十二篇
## 占失物

【793問】測失物，官鬼代表什麼角色？ 422
【794問】占失物，如何取用神？ 422
【795問】東西自己丟失的，是何種卦象？ 423
【796問】東西被盜賊偷取，是何種卦象？ 423
【797問】何種卦象，失物可找回？ 423
【798問】何種卦象，失物不能找回？ 424
【799問】如何按用神所在宮位，預測丟失東西在何處？ 424
【800問】如何按用神五行，預測丟失東西在何處？ 425
【801問】如何按用神爻位，測丟失東西在何處？ 425
【802問】如何按用神爲伏神，測丟失東西在何處？ 425
【803問】如何按世爻所臨六神，測因何事丟失東西？ 426
【804問】用神入墓，丟失東西在何處？ 426
【805問】「孫臏斷遺失歌」，內容是什麼？ 426
【806問】爲何說「安靜不空，其物可尋」？ 427
【807問】「財化入鬼無尋路，鬼化爲財不出疆。」如何解釋？ 427
【808問】「失物未知何物色，先向財爻伏下尋。」如何解釋？ 428

【809問】爲何說「應爻生世爻，失物可尋回」？ 428

## 第二十三篇
## 占流年終身

【810問】有八字可以斷流年，爲何還要用六爻來斷？ 430
【811問】預測流年卦，斷卦重點如何？ 430
【812問】占流年卦，有何作用與好處？ 430
【813問】爲何說占流年卦「避凶爲先」？ 431
【814問】當年太歲，在占流年卦中有何重要性？ 431
【815問】何謂「身命八要」？ 432
【816問】占流年卦，世爻應如何看？ 432
【817問】占流年卦，動爻有何重要性？ 433
【818問】占流年卦，暗動應如何看？ 433
【819問】占流年卦，其它靜爻也要看嗎？ 434
【820問】占流年卦，何謂「剋應何事」？ 434
【821問】占流年卦，官旺動剋世表示什麼？ 435
【822問】占流年卦中，何謂「趨吉避凶方案」？ 435
【823問】如何利用官鬼所臨五行等，避開不利之方位？ 436
【824問】如何利用官鬼所臨五行等，避開不利之飲食？ 436
【825問】如何利用官鬼所臨五行等，避開不利之醫療？ 437
【826問】如何利用要增強之六親類象，多接近特定人群？ 437
【827問】如何利用要增強之五行，選擇數字？ 437
【828問】如何利用要增強之地支，選擇動物？ 438

【829問】如何利用要增強之五行，選擇行業？ 438
【830問】如何利用要增強之五行，選擇顏色？ 438
【831問】如何利用心性修養來增強六親類象，以趨吉避凶？ 439
【832問】占流年卦，還有那些趨吉避凶方法？ 439
【833問】「占祈禳法」內容是什麼？ 440
【834問】占流年卦，月令有何作用？ 440
【835問】有官職之人占流年卦，如何看？ 441
【836問】一般人占流年卦，如何看？ 441
【837問】占流年卦，世爻空亡表示什麼？ 441
【838問】占流年卦，世爻遭沖剋表示什麼？ 441
【839問】何謂「終身卦」？ 442
【840問】如何用爻位取象斷終身？ 442
【841問】「刑剋害沖，斷一生之得失。」如何解釋？ 443
【842問】《黃金策》有「身命章」專論終身卦，主要內容為何？ 443
【843問】身命章論終身卦，有白話文翻譯嗎？ 444
【844問】可以單獨占中年的運勢嗎？ 445
【845問】如何占晚年運勢？ 445
【846問】世爻衰旺及受生剋沖合等，如何決定了人一生？ 446
【847問】父母持世，一生如何？ 446
【848問】子孫持世，一生如何？ 446
【849問】官鬼持世，一生如何？ 446
【850問】妻財持世，一生如何？ 447
【851問】兄弟持世，一生如何？ 447
【852問】占終身卦，何謂大小限行運法？ 447
【853問】占終身之財運，財剋世可得財嗎？ 448

【854問】占終身卦，最主要的重點是什麼？ 448
【855問】占終身卦，六神能看出什麼？ 448
【856問】六神如何看影響終身禍福？ 449
【857問】占終身卦，六親因緣好壞如何斷？ 449
【858問】占終身卦，適合離鄉背井的命是何種卦象？ 450
【859問】占終身卦，如何看出是卑賤之命？ 450

## 第二十四篇 占雜項

【860問】擔心被下咒，如何占求六爻卦？ 452
【861問】陰宅風水，已葬與未葬如何取用神？ 452
【862問】占卜師在幫人解卦時，爲何經常說「無緣」？ 452
【863問】想持齋受戒，占問六爻卦要如何看？ 453
【864問】想當職業軍人，占問六爻卦要如何看？ 453
【865問】想躲避災難，只要官鬼不動就安全了嗎？ 454
【866問】世用入墓可以避剋避災嗎？ 454
【867問】如何占斷躲避災禍之方？ 454
【868問】因小車禍雙方想和解，和解卦如何看？ 455
【869問】何時可出獄，卦爻如何斷？ 455
【870問】安床吉凶，卦爻應如何斷？ 455
【871問】購買古董，卦爻應如何斷？ 456
【872問】寄放物品在朋友家，占卦如何解？ 456
【873問】土地想賣掉，占卦如何解？ 456
【874問】風水上犯煞，占卦如何斷？ 457
【875問】擬蓋廟宇，占卦如何斷？ 457
【876問】能否與對方成爲朋友，占卦如何斷？ 458

【877問】做怪夢驚醒，占卦如何斷吉凶？ 458
【878問】家中新安神位，占卦如何斷？ 458
【879問】與人有糾紛害怕對方提告，如何斷卦？ 459
【880問】家中線路老舊怕電線走火引發火災，如何斷卦？ 459
【881問】家中遭小偷，是何種卦象？ 459
【882問】何謂「占年時」？ 460
【883問】從爻位如何占年時？ 460
【884問】自占外出，世爻動或靜，如何斷卦？ 460
【885問】擔心家中有不乾淨的家具等，如何占問？ 461
【886問】六爻預測如何看出同性戀者？ 461
【887問】請出家師父來爲往生親人念經，如何占問？ 462
【888問】以種植農作物爲業，如何斷卦？ 462
【889問】公司想召募高階員工，如何斷卦？ 462
【890問】想乘坐豪華郵輪去旅行，如何斷安危？ 463
【891問】想去國外自由行，如何斷卦？ 463
【892問】出國旅行想找一位朋友同行，如何斷卦？ 463
【893問】男擔心婚後有婆媳問題，如何占斷？ 464
【894問】擔心犯鬼怪，如何占斷？ 464
【895問】動土修造等擇日，如何占斷？ 464
【896問】擔心年老時沒人奉養，如何占斷？ 465
【897問】官鬼動剋世，如何知因何事遭殃？ 465
【898問】想到外地拜訪朋友，如何占斷？ 466
【899問】競選社團的會長，吉凶如何占斷？ 466
【900問】有事想請託貴人，如何占斷？ 466

第一篇

# 六爻預測概論

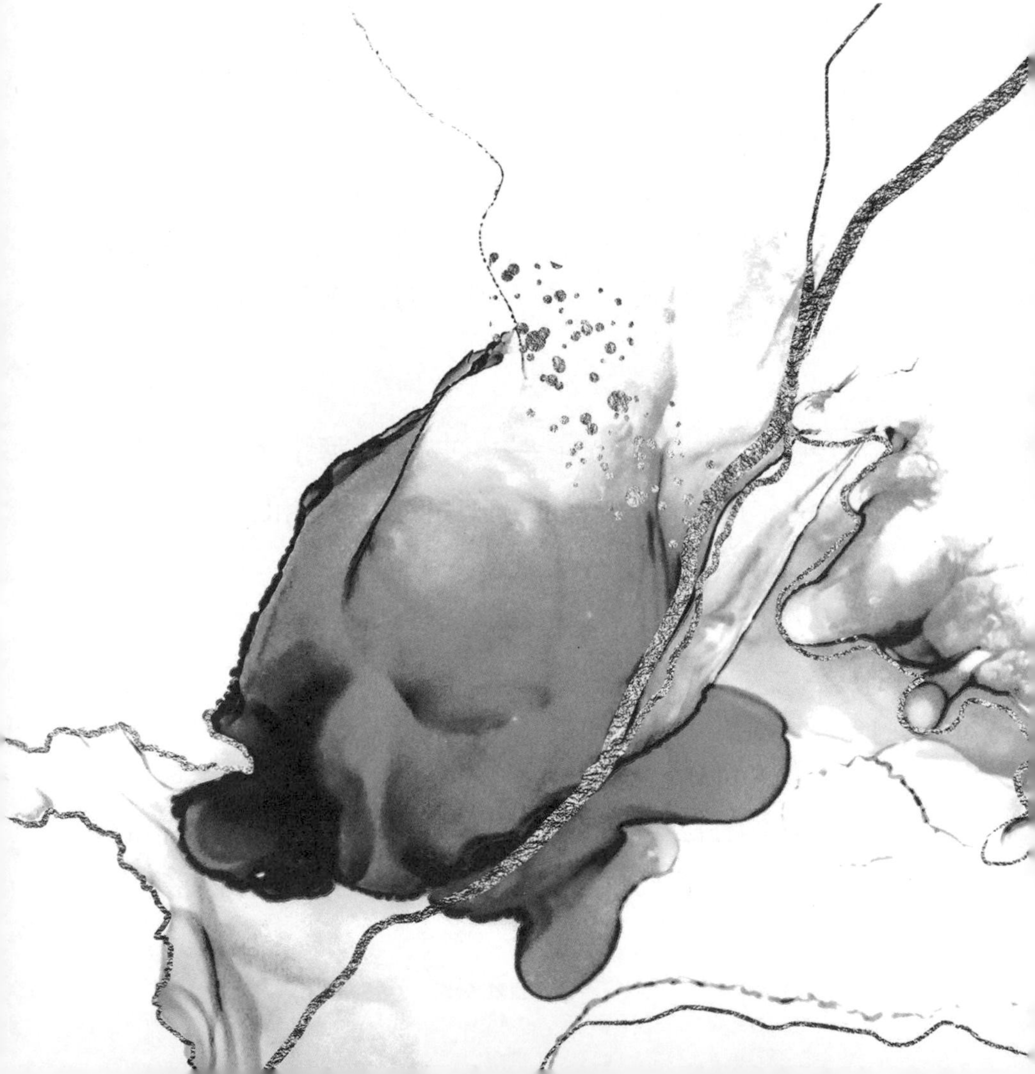

## 【1問】五術中的預測系統有哪些？

答：五術包括山、醫、命、卜、相五類，後三類都是與預測有關的學問。1.命：所謂命以紫微斗數、子平八字、星平會海等爲主，來探求個人之命運。其中紫微斗數是運用南北虛星與干支的占卜術，由宋朝陳希夷仙人根據「河圖」「洛書」所創。子平八字同樣是運用干支五行，生剋刑沖來斷命運吉凶的占術。星平會海則是利用人之八字，以月亮、太陽爲中心，來推算人之命運。2.卜：所謂卜包括占卜、選吉、測局三種，來預測事物成敗與吉凶。占卜又可分爲「六爻占卜」、「卦象占卜」及「六壬神課」等。選吉一般用奇門遁甲，測局則以太乙神數爲主。3.相：所謂「相」包括：印相、名相、人相、宅相、墓相等五種，來觀察與人們關係密切的五項東西或環境的吉凶。

## 【2問】「六爻占卜」與「古代卜筮」有一樣嗎？

答：兩者有關係，但操作的手法與使用的工具，已經大不同。「六爻占卜」起源於古代卜筮法，「古代卜筮」分爲「龜卜」和「筮著」兩種占法。龜卜是以龜甲推斷吉凶，筮蓍是以蓍草推斷吉凶，合稱卜筮，亦泛指占卜。經過長時間不斷演變結果，六爻占卜法成爲民間流傳最廣的占卜方法，而傳統的卜筮法已經少人用。六爻占卜或稱之爲「銅錢搖卦法」，是由三個銅錢分別投擲六次，而得到一個「六爻卦」，並且根據六爻卦中的卦爻訊息來預測的一種技術。

## 【3問】「龜卜」是如何推斷吉凶的？

答：龜卜是先將龜殼和獸骨鑽孔後，再用火來灼烤，龜殼和獸骨經火烤之後，周圍會出現一些不規則的裂紋，這些裂紋又稱爲「卜兆」，即觀察裂紋的走向和形狀，來預測吉凶。殷墟出土的甲骨文，就是龜卜的記錄。現代也有自稱龜卜的，其實和古代的方式，已經相去甚遠，只是取個龜殼，內裝三個古銅錢來占卜，龜殼不再鑽孔與火燒，單純是個容器的功能而已。

## 【4問】一定要用龜殼才會準嗎？

答：占卦當然不是只能用龜殼，古代的龜卜才是非用不可。瞭解整個占卜的過程和原理之後，就會知道占卦會靈驗，和龜殼沒有必然的關係。以宋朝邵康節創立的占法梅花易數爲例，其取卦法記載於《梅花易數》卷一，從時間起卦、文字、聲音、東西尺寸，到所遇見的人、事、物無所不包，全都能夠起卦，占卦法有數十種之多，這數十種的占卦法，都不使用龜殼，也都能靈驗。

## 【5問】「蓍草」是如何推斷吉凶的？

答：蓍草占卜是繼龜卜之後的占卜法。蓍草高3尺，相傳能生長千百年，是草本植物中最長壽的一種。蓍草的莖長得直又硬，古人相信此種草有通靈的作用。占卜時用蓍草的莖五十根，但只用四十九根，隨意分成兩半，分別握於左右手，由右手抽出一根，夾在左手的小指與無名指之間。用右手數左手的蓍草，每八根一數，取餘數而成下卦，再經同樣過程而成上卦。另外還有變爻得取之法，整個占卜過程既冗長又複雜，算出本卦和變卦後，再由周易卦辭來斷吉凶。

## 【6問】六爻預測的步驟為何？

答：六爻預測的步驟如下：1.起卦裝卦：銅錢搖卦法，是最常用的起卦方法，其它或者時間起卦、數字起卦，甚至電腦起卦也都可以。起卦前，專心一致，聚精會神，起卦後裝干支、六親、六神、世應等。2.取用神：通常是取一個六親，代表所占問人事物的對應點，同時也是吉凶判斷的核心。3.斷吉凶：用神確定後，圍繞用神與世爻兩個關鍵點，運用邏輯與卦理，分析此世用兩爻的旺衰與彼此關係，決定事情的成敗與吉凶。4.斷應期：所求測事情吉凶確定後，吉凶具體發生時間就是應期，有了應期才能進一步思考如何來趨吉避凶。

## 【7問】「銅錢搖卦法」是如何操作的？

答：操作步驟如下：起卦前，要專心一志，聚精會神，向神明稟報姓名、地址、生辰及所要占問的事項，再搖卦。這樣所得的卦象，才能反映出求測者占問的事項的所有訊息。銅錢的記法，有字的一面爲陰，無字的一面爲陽。

三個銅錢的搖動後的結果有四種：1.只有一個陽的記作「━」，爲單爲陽爻。2.有兩個陽的記作「--」，爲拆爲陰爻。3.有三個陽的畫一圈「○」，爲重爲老陽，爲動爻，而變爲陰爻。4.有三個陰的記爲「×」，爲交爲老陰，爲動爻，而變爲陽爻。然後依序把六次搖卦的結果排列，由下而上，分別爲初爻、二爻、三爻、四爻、五爻、上爻。下三個爻爲內卦，爲下卦；上三個爻爲外卦，爲上卦，如此銅錢搖卦法就得到了一個六爻卦。

## 【8問】人為何要去求神問卜？

答：人爲何要去求神問卜？主要有如下三個理由：1.人有煩惱之事，無頭緒，面臨抉擇時，要尋找一個支持與協助的系統，來解決心中煩惱。或稱之爲「心靈的交託」，把心靈的負面能量，如煩惱、欲求等釋放出去，並且和神明強大且正向的能量連結。好讓自己有更清明的空間，來面對困難。2.除了「去煩惱得心安」之外，有的人則是有所需求。求財富、求平安、求健康、求婚姻等，這些祈求都是人之常情。3.人的好奇心想知道未來的趨勢，也想要知道，萬一未來是凶多吉少的時候，如何去逢凶化吉。基於以上三個原因，所以人會去求神問卜。

## 【9問】何謂「時間起卦法」？

答：六爻占卜，主要瞭解事物之發展後，選擇步驟以求達到趨吉避凶的效果。起卦的方法有多種，早期有

「蓍草起卦法」，到「銅錢搖卦法」。宋朝之後因梅花易數的興起，而有了「時間起卦法」。其它還有「報數起卦法」、「文字起卦法」、「號碼起卦法」、「來人方位起卦法」等。

時間起卦法是用事情發生的時間，或求測人問事的時間，來起出卦象的。以年月日爲上卦，年月日加時爲下卦。年數與時數按地支的數來取，地支數依次是：子爲一，丑爲二，寅爲三，卯爲四，辰爲五，巳爲六，午爲七，未爲八，申爲九，酉爲十，戌爲十一，亥爲十二。月日數則按照農曆月日數，例如辛丑年農曆4月11日巳時占，時間取卦。1.先把年2月4日11相加的總數17，以八相除，餘數1以先天八卦數取乾卦作爲上卦。2.把年2月4日11時6相加的總數23，以八相除，餘數7以先天八卦數取卦艮作爲下卦。3.再以此總數23以六相除，餘數5作爲動爻之爻位，五爻動。故得本卦天山遁，五爻動，變卦火山旅卦。

## 【10問】六爻預測，靈驗的原理是什麼？

答：六爻預測源於《周易》，也是源於大自然的規律與不變的法則。《周易》走向全世界之後，現代物理學、天文學、數位電腦、遺傳密碼等，都與其有密切的關係，現代科學已證明《周易》的價值。占卜會靈驗之先決條件，除了上述它是源於《周易》之外，「心誠則靈」同樣是關鍵。何謂心誠則靈？古代人們問卦之前，先要「齋戒、淨身、沐浴、上香」等步驟。可見，古人占問是多麼的虔誠。《周易》〈蒙〉卦云：「初筮告，再三瀆，瀆則不告。」瀆有輕慢、不恭敬之義。整句話的意思是說，心誠的占卦，第一次神明就會告訴你吉凶，若是再三的問，由於已經存有疑心，如同不信神，神明就不再告訴你了。因此，六爻靈驗的原理是什麼？是根據自然界萬事萬物變化的原理，「理」來主宰「氣」，「氣」再來影響「象」，最後，我們觀卦爻之象，即能預測事情的趨勢與變化。

## 【11問】除了心誠則靈之外，如何才能增加占卜靈驗度？

答：《斷易宗鏡》，書中有一篇〈靈驗真訣〉，提到如何增加占卜靈驗度，內容如下：「奉天法道，感合應和，體真達德，養性修心，無思無為，至寂至虛，氣同必感，心誠則靈。」語譯：「平時奉承上天的道理，來為人處事。內心清淨，與天同頻率，自然能與大自然與神明來相互感應。向自己的內心去尋找不生不滅的真體，由此流露產生的行為，都是有益於世道人心，可稱之為真正的德行。涵養上天賦與的清淨靈性，修正浮動妄想的人心，恢復到先天無思無欲，寂然不動的狀態時，氣場與頻率都和上天神佛相同，一片真誠，無感不應，上與神接，占斷未來必定靈驗，不用懷疑。」

這理面有提到幾個關鍵字：「天」、「道」、「感應」、「體眞」等。即不要小看占卦的整個動作，它可說是驚動天地與鬼神的，這裡面有天人合一，神人感應在其中。人以誠心來占卜，占求上天指示未來，誠心當下的內心頻率即與天道、神明頻率同，頻率相同天人才能感應，有了感應，諸天神明才能把未來眞相，透過卦爻告之。「體眞」又是什麼？「體」是指人之靈體，「眞」是指此靈體爲唯一的眞實，身心靈三者中，「身心」終將毀壞，身心只是暫時存在，是假有，是幻有。靈體才能眞實不壞，清淨自在，永恆常存。這些道理，人都應該要懂得，要深信，若能經常轉依清淨靈體，內心虔誠，無私無欲，如此占卦必能靈驗，上天必然庇佑。

## 【12問】占卦每一次都會準嗎？

答：占卦準不準，與求測者、解卦者，還有上天神明等三方面都有關係。即「占者要誠心」，「解者要精明」，加上「神明願告之」，像這樣三個條件具足，則每一次占都會準。1.先說「占者要誠心」：許多人，占卦前的誠心度，其實是欠缺，甚至是嚴重不足的。一個從來不燒香，鬼神都不信，不信因果報應，不信前世來生，自己的靈性都不信，只信眼前一切，只信物質與科學的人，要說占前有多誠心，都是是騙人的。有那麼一天，世事無常，家庭遇變故，健康亮紅燈了，不信鬼神者突然間就信鬼神了，不誠心者也自認爲誠心起來了，逢廟就拜，遇神就求，急急忙忙的要來占一卦。這種突發性的誠心，純度與力度應該都不高吧！如何能準？2.再說「解者要精明」：對占卜有興趣的人多，願意投入時間與精神去學習的卻少見，自古明師本難遇，今生能遇上精於卦理者，應該算是好因緣了。3.最後談「神明願告之」：這部分往往是占卦準不準的關鍵點，神明爲何點出了這個卦來？是哪一尊神明來告之的？跟你有何因緣？天的主宰者是神，所謂天外有天，天有三十三天之說，若從理氣象來分，有最高無極理天，與氣天、象天之分。因此神明也有無極理天神明如諸佛菩薩，氣天神明如千歲王爺等。天界的事人們一無所知，靈界的神明用意如何，我們也只能從卦爻變化去推敲。不論如何，卜筮是天人之學，是神人感應，卜筮中還有許多我們不知的奧祕，只要我們相信宇宙眞理與變化之道，相信上天，相信眞宰靈，相信有眞神降臨，若能如此誠信，畏天敬神，必與神感應，必能從占卦中開智慧，思考未來，找到趨吉避凶的方向。

## 【13問】占卦若不能每次都準，為何還要信？

答：占卦的主要目的是幫你思考未來，乃至於思考自己的人生價値。占卦不是叫人放棄了自己的思考力與判斷力，把自己人生做一場賭注。眞能善用占卜功能，必能從中獲得力量與智慧，把占卜視爲「萬能」者與把占卜視爲「無能」者，同樣迷信，也同樣愚昧，根本無法對話，不必與之爭論。現在的醫院，能治好所有的病嗎？若不能，爲何還要信醫生？每一次的占卦，如同每一次身體病痛時會去看醫生一樣，看完病醫生能立刻賜給你健康嗎？能定期服藥，充分休息，以恢復健康的是自己，占完卦後，能調整作法，改變觀念，來趨吉避凶的還是自己。

## 【14問】六爻預測，只是一種機率嗎？

答：在數學上，事件發生的機會用一個數來表示。該數稱之爲機率（Probability）。機率，又稱概率、機會率或或然率，是一個在0到1之間的實數，是對隨機事件發生之可能性的度量。丟銅板正面朝上及背面朝上的兩種結果看來機率相同，每個的機率都是二分之一，即正面朝上及背面朝上的機率各有50%。六爻預測也只是在丟銅板嗎？如果六爻真的只是一種機率，則六十四卦卦象本身沒有意義，整本《周易》也都不再有價值。

2020年12月發生情侶雙載車禍命案，雙方家屬重返事故現場招魂，但男方哥哥擲筊40次都不成功。法師追問後，是男的想向女方家屬道歉，男方向女方鞠躬道歉後，再由女方代表擲筊，一次就允筊。擲筊40次都不成功的機率是多少？即2的40次方，答案是1099511627776分之1，就是1兆分之1。在人類的世界裡，發生機率幾近於零的1兆分之1的事件，根本就是個奇蹟，但在鬼神與靈界的世界裡，算不了什麼。因爲相對的物質世界，有正反面，也有陰陽面，才會有所謂的「機率」。在神佛的世界，在眞主眞神的靈界，就只有一面，至中不偏，純陽潔淨，至善無惡的一面，何來吉凶？何來機率？

## 【15問】若不是機率，真有神明在決定卦象？

答：《周易》繫辭傳第十一章云：「是故蓍之德圓而神，卦之德方以知，六爻之義易以貢。聖人以此洗心，退藏於密，吉凶與民同患。神以知來，知以藏往，其孰能與於此哉？古之聰明叡知神武而不殺者夫。是以明於天之道，而察於民之故，是興神物以前民用，聖人以此齊戒，以神明其德夫。」語譯：「占筮之蓍草，圓通而神妙；六十四卦方正而有智慧；而六爻則是通過變化而告人以趨吉避凶之道。聖人洗滌內心，內心靜密，與百姓同其吉凶共憂患。神妙可以預知未來，又知既往，一般人怎能有如此高明？惟有古代聰明睿智、神妙威武之明君能做到。能明白天理與民意，用蓍草神妙之物，爲百姓運用。聖人藉《周易》之內涵，以修鍊其心，充實其高明之德行。」

《周易》是由伏羲、文王、周公、孔子四大聖人所著作。在世爲聖人，歿後則升天爲神明。宋明理學家周敦頤認爲人人皆可爲善，皆可爲聖人，人人也皆可爲神明。神者何也？神就是道家講「精氣神」中的「神」，也現代人說「身心靈」中的「靈」，神與靈都不是在講外面的東西，都是在講你我內在本有的無形靈性而言。本來我們也如同諸天神明般，既明又靈的，只是幾經輪迴，流浪生死，這條靈魂已經不「靈」不「神」也不「明」了。每當衆生在生活中有諸多疑惑，誠心的向上天祈求協助時，誰來決定卦象？當誠心占求時，感應到靈界的神時，神就知之矣。神明會按照個人因果、業力、德行、福分、願力、誠心與當下的氣感等因素，自然產生了最適合占求者的卦爻，來指引人們趨吉避凶。因此，神明究竟在哪兒？遠在天邊，近在人心，心能明心，自然見自性佛，人人頭上有一片天，人人頭上也有一尊神。其實，我們和諸天神明同此靈，同此天，也同此道，只要能循著諸天神明走過的成神道路，衆生也能是觀音，也能是媽祖，也能是關爺，也能是五府千歲。

## 【16問】我是無神論者，為何占卦也會準？

答：雖然在占卜的理論，都會提到從整個卦爻起卦與成卦的過程中，靈界神明所扮演的角色。試想一位無神論者，不相信神佛的人來占卜，神明就不會理他嗎？甚至神明會故意弄出一個不準的卦，來捉弄對方，以懲罰這個不信神的人。會有這樣的情形發生嗎？清淨的無形界會有報復心的神佛嗎？世人自己想太多了，用自己對待的、不淨的人心，是很難想像無極理天的實境，更難體會神佛平等如一，普度衆生的悲心。

敬畏上帝是智慧的開端，不信神佛並不能給人帶來什麼好處，相信天地間有眞宰、有鬼神、有上天、有天命、有因果、有規律，也不會使人變笨，反而讓自己的思想與行爲有正確的引領。人要怎麼想，是人的自由，但錯誤的想法絕對會誤人一生，甚至是永生，不得不愼。諸天神明不辭辛勞，有求必應，所謂何來？爲救度人心也。用卦理、卦象來幫助衆生，因爲自己的心在想什麼，你會跟著走，心如果不清不明，人生會失去方向。在人們徬徨無助的時候，神明藉由卦爻讓人心明道理，心生智慧來面對眼前的困難。若能經常用誠心來感應神明，而誠心正是來自清淨的靈性，此靈來自理天，與佛同體，與佛同用，將來經由修行成就，不再苦海中繼續受苦，必能回歸原本的靈鄉。

## 【17問】能否純粹用科學來說明，占卦靈驗的原因？

答：不談神明，透過科學上的「能量」、「能量場」、「磁場」、「振動頻率」、「陰陽五行數學模型」等概念，也能解釋占卦靈驗的理由。其實，我們眼前的這個世界其實並非「眞實世界」的全貌，因爲看得見的世界只是「物質現象界」，只是眞實世界的極小部分而已，除此「物質現象界」之外，另有更寬廣，更浩瀚的「無形靈界」存在。眞實世界用科學的說法，可以理解成是由「能量」來組成的，而能量的形態可以用「磁場的振動頻率」，「光波的波長」來表示。有形物質並非眞實世界的本質，眞實世界的本質只是能量，等物質成住壞空之後，又恢復了無形的能量。人也是一樣，靈才是你我的本質，何謂本質（Essence）？是一種永遠不變的屬性，它們使一個實體或物質成爲它的根本所在，並且它必然存在，如果沒有它，它就失去了它的身分。沒有了物質，宇宙天地依然存在，但沒了能量，宇宙天地將化爲烏有。同樣的，沒有了身心，你我還是存在，以「中陰身」的型態出現，或隨業力而有六道輪迴，或回歸原本的靈鄉本位。

整個宇宙天地是個「大能量場」，天地所化生的個人生命與萬物是個「小能量場」，從外觀型態上來看，天地萬物皆不同；但從「內在本質同屬能量」的角度來看，無論能量場的大小，因同屬能量，都是可以「磁力」或「頻率」相互溝通，相互感應的。以男占姻緣爲例，未來的對象在哪裡？何時會出現？當起心動念占問此事時，心動念卽發出「特定的能量振動頻率」，此一振動頻率卽能感應到，與此男姻緣有關的人事物。從能量場來看，所有的人事物也是能量，也是「磁力場」、「振動頻率」而已。動念占問起卦時，相關人事物的頻率都因感應而進來了，影響且決定卦爻的卦象。有形物質現象界才有過去、現在與未來，能量場的靈界沒有時空的種種限制，所以能感應到還沒發生的事，預先知道而事後人們稱之爲「靈驗」。

## 【18問】「初筮告，再三瀆，瀆則不告」，是何意思？

答：這句話出自於《周易》〈蒙卦卦辭〉：「亨。匪我求童蒙，童蒙求我。初筮吉，再三瀆，瀆則不告。利貞。」語譯：「蒙卦象徵啟發蒙昧，具有亨通的德性。不是我去求幼稚的幼童，而是幼稚的幼童有求於我。初次有疑問，就告訴他。如果接二連三的濫問而褻瀆冒犯，就不再告訴他了。保持貞正品德，必將有利。」這段蒙卦卦辭也經常拿來告誡占卜者，不能接二連三的問同一個問題，尤其是所占得的結果非我所願時，最有可能會發生這種，重複問同樣一件事的情形。很多人當占到不合己意的卦時，難掩失望，感覺上神明好像不肯幫什麼忙，不甘願者，就會想再占一次。其實，任何一次的占問，天人感應，神明都是在教化我們，啟發我們智慧，這才是最大的幫忙，好讓我們有足夠的智慧去解決自己的問題。或許有那麼一天，當我們先天智慧開啟，瞭解因果，斷除我執，止息煩惱，不再外求，不再占問時，諸天神明才終於可以卸下重任，眞正的逍遙了。

## 【19問】六爻可預測前世與來生嗎？

答：可以的。六爻古籍經典上是沒有預測前世與來生的資料，現代則有王虎應老師在日本曾經應求問者要求而占過。占前世與來生，「取用神」就是一個大問題，最後王虎應老師是以世爻代表今生，生世爻者爲前世，世爻所生者爲來生。具體的操作是以爻所持六親、六神等，與卦爻衰旺動靜，生剋沖合，空破墓絕等情況來推斷。如世持官鬼，今生爲公務員；生世爻者持妻財，前世爲商人；世爻生者持父母，來生爲老師等，若再加上六神及卦爻生剋等，更能詳加細斷。八字學則以年柱爲前前世，月柱爲前世，日柱爲今生，時柱爲來生。六爻預測所得的前世與來生，是眞實的嗎？說眞的，以目前的能力是很難去驗證的。

## 【20問】「預言」與「預測」有一樣嗎？

答：「預言」（Prophecy）與「預測」（Prediction）是不一樣的。預言往往是由極少數的預言家透過所謂的「預知超能力」而對未來將發生的事情的預報，最常見的預言是宗教上對世界末日即將來臨的警告。古代較有名的預言書有《燒餅歌》、《推背圖》、《馬前課》、《梅花詩》、《武侯百年乩》等。其中以《推背圖》最爲有名，預言了從古至今中國朝代的遞變，甚至預言現在及未來的事情。預言所憑藉的理論是什麼，我們無從知曉，其預言內容令人半信半疑。六爻預測則完全根據卦爻，及五行生剋制化理論在推斷，人人可學，可信度高。

## 【21問】六爻卦很少用太歲，原因為何？

答：太歲在六爻預測中運用的較少，但太歲並非沒有用途，而是太歲主要是用在預測「長遠之事」或「占流年卦」時才用之，在一般性的事務上，是不用太歲的。太歲在吉凶上的應驗，以及生剋沖合等方面的作用，都不如日月建。也就是說，太歲雖然尊貴，但並不是爻的旺衰來源，與卦爻的關係並不密切，猶如身居高位的皇帝，尋常百姓難以仰望一樣。

當要預測長遠之事時，則必須考慮「太歲臨爻」的作用，但測中短期事，爻的旺衰還是要以月日來定。何謂長遠之事？流年卦即是。預測流年卦，太歲宜靜不宜動。

喜生合世用，不宜沖剋世用。如預測一年財運，財爻持世或合世，又逢太歲臨世爻，定主一年財旺。太歲如果臨忌神，主一年之內皆不利。

## 【22問】占卜求問，最好是當事人自己占嗎？

答：占卜原則上，最好是本人來占，因爲這是他的事。當事人親自占卜求問，心念會引動潛藏之象，呈現在卦爻中，讓我們看得更深入透徹。起卦的心念是否專一與誠心，會大大地影響到準確度。本人親自占之外，其次家人或是要好朋友，我們也可以代占。占卜時盡量不要占卜別人的問題，除非別人委託代占。除此之外，代占人自己當下不能有掛心的事纏繞，否則代占者的心念會滲入而干擾到卦象。即代占者內心平靜，無事一身輕的狀態下，才可以替他人進行代占。

## 【23問】代占時，如何取用神？

答：代占可分爲「主動代占」與「被動代占」兩種情形。1.何謂主動代占？搖卦者主動想占問他人之事，原則如下：占家人：如測兄弟官司，以兄弟爻爲用神；測父母疾病，以父母爻爲用神；測子女吉凶，以子孫爻爲用神。但如占父母財運，則就以財爻爲用神了。其中的關鍵在於凡不涉及身體安危與吉凶的，則以事情性質來取用，如工作運用官鬼，財運用財爻等。占他人：如測鄰居吉凶，以應爻爲用神。主動代占，世爻爲主動搖卦者，故在斷卦沒有參考之必要。2.何謂被動代占？搖卦者受別人委託而問占。雖然自己是搖卦者，但意念還是別人的意念，只是借你的手來搖卦，此時取用神法，如同自占一般，除了用神，還要兼看世爻。

## 【24問】六爻預測學中，「吉凶」概念是如何說的？

答：簡單的講，吉凶就是吉祥與禍殃。《繫辭傳》說：「八卦定吉凶，吉凶生大業。是故天生神物，聖人則之。天地變化，聖人效之。天垂象，見吉凶，聖人象之。河出圖、洛出書，聖人則之。易有四象，所以示也。繫辭焉，所以告也，定之以吉凶，所以斷也。」白話意思：「八卦形成之後，便涵蓋了一切吉凶的道理，依循吉凶的道理而行，便可開創盛大的事業。天生蓍龜等通神之物，聖人依據它們而創作了易占法則。天地運行變化，聖人效法而制定了卦爻原理。天象垂示一切現象，表現了吉凶的道理。黃河出現龍圖，洛水出龜書，這都是天所顯象，聖人效法之。因此易有太陽、太陰、少陽、少陰等四象之分，以垂象昭明於我們天地的造化眞理。在卦爻之下繫辭來加以說明，就是要告訴我們吉凶的道理，知所選擇，趨吉避凶。」

其實，人在世間的遭遇與所面對的事情，若只用吉凶兩字來形容，失之籠統。六爻占卜吉凶若要細分的話，還可分成大吉、吉、小吉，大凶、凶、小凶等，以及小凶帶吉、小吉帶凶、吉凶未定、吉凶參半等等十種之多。其中，凶帶吉或吉帶凶，更值得你我去深思。何謂「凶帶吉」或「吉帶凶」？占未來功名，結果顯示官運亨通，但健康出問題者即是。遇到這樣的占卜結果，請問，要喜還是憂？

## 【25問】何謂「卦象」？

答：《周易》的內容可分「符號」和「文字」兩大部分，其符號部分即八卦及六十四卦卦象，文字部分即卦爻辭。構成卦象的基本要素是爻象「⚊」與「⚋」，這兩種陰陽符號的不同排列，而組合成的卦畫，就叫「卦象」。如三陽卦的卦象：震☳、坎☵、艮☶，三陰卦的卦象：☴巽、☲離、☱兌。從卦象可知，三陽卦均爲一陽兩陰，故有「陽卦多陰」之說，而三陰卦則爲一陰二陽，故稱「陰卦多陽」。

《繫辭傳上》說：「聖人有以見天下之賾，而擬諸其形容，象其物宜，是故謂之象。」意思是說，聖人看到天下萬事萬物的紛繁與複雜，如此之多，便用八卦模擬它的形狀和內容，用合適的物體來進行取象，好讓人們明白，這就叫「卦象」。以八卦爲例，基本取象就是八種事物，即《說卦傳》所說：「乾爲天，坤爲地，離爲火，坎爲水，巽爲風，震爲雷，艮爲山，兌爲澤。」八卦同時也分別代表事物的八種性質，即《說卦傳》所說：「乾健也，坤順也，震動也，巽入也，坎陷也，離麗也，艮止也，兌說也。」至於六十四卦之象，則是八卦「兩兩相重」而得的六畫卦，更進一步來表達世間紛繁的萬事萬物，以及複雜的變化形式。

## 【26問】「卦名」可以斷吉凶嗎？

答：可以的。《易隱》身命凶卦云：「遁卦刑傷多，姤咸貧賤老。屯井皆是否，無端生災禍。秋蠱冬蒙凶，有病難脫過。春達晉小過，卽便哀號苦。官符怕豐井，大過難脫獄。賁象多官司，占此遭凶破。遇萃財折本，逢臨口舌多。八純與壯妄，圖謀百不安。」以上告訴我們，占到「天山遁」卦時，容易有六親刑剋傷害的事發生。占到「天風姤」及「澤山咸」卦時，可能要一輩子平貧窮卑賤了。占到「水雷屯」及「水風井」卦時，也不怎麼好，無緣無故的惹來災難。秋天占到「山風蠱」及冬天占到「山水蒙」卦時，若有病很難會治好。春天占到「火地晉」及「雷山小過」卦時，痛苦不堪的哀叫。有關官司時最怕占到「雷火豐」與「水風井」卦，若是遭逢「澤風大過」卦，恐怕難逃被關的命運了。「山火賁」卦則是官司一大堆，且多沒好下場。占做生意，得「澤地萃」卦，本錢剩一半。占得「地澤臨」卦，是非口舌多到不行。占得八純卦、「雷天大壯」與「天雷無妄」等十個六沖卦，想要做一百件事，沒有一件會成功。

除了《易隱》之外，《黃金策》與《斷易大全》也頗多卦名斷吉凶的內容。卦名斷吉凶可信嗎？這些都是古人的經驗，可以當作參考。

## 【27問】何謂「吉凶悔吝」？

答：吉凶悔吝四個字，是《周易》中常見的占辭，何謂吉？占卦的結果如果是吉祥的、幸運的、吉利的，就稱之爲吉。何謂凶？與吉相對的就是凶，卽不祥與災禍。何謂悔？事後懊惱、追恨卽是悔，如後悔、悔恨、悔過、悔不當初等。何謂吝？吝的本義是捨不得、過分愛惜的意思，在《周易》中主要的意思是「文過飾非」，就是犯了過錯後，還死不認錯，找了一大堆理由來掩飾過失與錯誤。南宋朱熹認爲，《周易》吉凶悔吝的占斷辭，是隨著環境、條件的變動而循環的，卽沒有一成不變的吉凶之占。《朱子語類》云：「吉凶悔吝四者，正如剛柔變化相似，四者迴圈，周而復始。悔了便吉，吉了便吝，吝了便凶，凶了便悔。」

占卦的當下，往往都已是果報時，已在承受動惡念的後果。如何積極面對吉凶禍福，來亡羊補牢呢？《周易繫辭傳》云：「聖人設卦觀象，繫辭焉而明吉凶，剛柔相推而生變化。是故，吉凶者，失得之象也。悔吝者，憂虞之象也。」意思是說，聖人爲觀察宇宙間物象，創設了八卦與六十四卦，用以效法天地之象，根據卦象用文字說明吉凶的道理。再從陰陽相互推移，觀察變化的軌跡。所說的吉凶，是指人事上得失的現象；悔吝，則是指心念上憂慮的現象。從以上繫辭傳經文，可以曉得趨吉避凶之道，還有兩個字非常的關鍵，就是「悔吝」。因爲內心有悔意，才能改過向善，最終獲得福分而招吉。

## 【28問】吉凶都有徵兆的嗎？

答：吉凶是都有徵兆的。《了凡四訓》云：「春秋諸大夫，見人言動，億而談其禍福，靡不驗者，《左》、《國》諸記可觀也。大都吉凶之兆，萌乎心而動乎四體，其過於厚者常獲福，過於薄者常近禍。」白話文：「春秋時期的諸多大夫們，善於從一個人的言談舉止中，去推算吉凶禍福，沒有不靈驗的，這些案例在《左傳》、《戰國策》等書中都可以看到。大多數吉凶禍福的徵兆，都是先發自於內心，然後再表現爲四肢行動上。穩定持重的人常得到福報，輕浮刻薄者則常遭遇禍患。」

這段話主要告訴我們，徵兆如何看？徵兆最初發源於心，最後由言語與行動表現出來。吉凶禍福，都是有徵兆的，有福報的人才懂這個道理，也才能預先看到這個吉凶之兆，而預先防患於未然。以上所說的道理，與所謂「菩薩畏因，衆生畏果」是相同的道理。

《梅花易數》也有所謂「外應」之說，所謂外應，是生活中無意間得到的一種外界訊息，這種訊息往往是可以用來判斷吉凶的，換言之，吉凶未來先有兆。如見到鹿，可能有財祿到來。如見蜂，可有問封官授職之事。如見鞋，主事情和諧。如見枝葉飄零，主人事衰敗。如見飽滿果實，則主必有好結果等。

### 【29問】六爻卦的「卦」字如何解釋？

答：卦是象徵自然現象、社會現象、和人事變化的一套符號，卦也是《周易》的基本組成部分。《周易》中有六十四卦，每個卦由卦畫、卦名、卦辭與爻辭構成一個完整的卦體結構。卦畫有「⚊」與「⚋」兩種。這兩種符號經過三次重構後成一個單卦，共得如☰乾、☷坤等八個單卦，八卦再相重則可得到六十四卦。相傳八卦爲伏羲氏所作，《繫辭傳》：「古者包羲氏之王天下也，仰則觀象於天，俯則觀法於地，觀鳥獸之文與地之宜，近取諸身，遠取諸物，於是始作八卦。」卦在最初被用來占卜吉凶，後世儒家用來解釋世間萬物的構成及其變化。換言之，卦是氣數變化的符號，是萬事萬象的縮影，從卦可以看到事情的過去、現在與未來，也可看到一切事物的表象與深層，乃至於背後的原理與眞相。

### 【30問】何謂「太極」？與六爻有何關係？

答：太極一詞最早見於《周易繫辭上傳》：「易有太極，是生兩儀，兩儀生四象，四象生八卦。」太極爲天地之先，並爲天地的根源。但孔孟及漢儒都很少談到太極，一直到了宋明理學才大談太極。李覯在《刪定易圖序論》中認爲，太極是「天地之先」的存在。周敦頤在《太極圖說》中說：「太極本無極。」並由太極的動靜產生出陰陽，再由陰陽而產生五行萬物。邵雍在《觀物外篇》：「太極，一也，不動。」認爲太極爲不動的一，而一就是道。朱熹認爲：「太極只是一個理字。」從以上宋儒的解釋，將太極視爲天地萬物的本源，不動的本體或絕對的一，或道或理等。

太極與六爻有何關係？六爻本身的產生及六爻預測所依據的原理，都是出於太極。換言之，有形有象的萬物和無形無象的理氣，都出自於原始的、絕對的實體太極。換言之，太極是天地萬物之母、氣數之祖、生成變化之大本。所以朱熹說：「總天地萬物之理，便是太極。」總之，太極是萬物源頭，是第一因，是第一義，是主宰，是上天。因此不要把六爻之學視爲天地間最高的學問，至少太極就比六爻高許多，六爻有它的極限與缺陷。這才是習易學占者正確的態度。

## 【31問】孔子對占卦的態度是怎麼的？

答：孔子在《周易繫辭上傳》說：「是故君子居則觀其象而玩其辭，動則觀其變而玩其占。是以自天祐之，吉無不利。」語譯：「所以，君子平時靜居無事卽研讀周易，觀察卦爻之象，並玩味其所繫之文辭意義。有事而行占卦時，則觀察卦爻剛柔之變化，而玩味占筮之吉凶後果，故能從其中悟出眞理來，獲得上天降下之祐助，因此吉祥而無所不利。」

從上面這段經文來看，孔子教人在平時就要觀察卦爻之象，及研讀卦辭與爻辭等。先瞭解天地間的道理後，有事則可進行占卜，上天會保佑我們吉祥如意的。因此，孔子對占卦的態度是怎麼的？算是積極鼓勵吧！但這是有前題的，前題爲何？要先能「居則觀其象而玩其辭」。一個學易的君子平常在家中，安靜無事的時候，細心觀察《周易》六十四卦的卦象和三百八十四爻的爻象。並且體會卦辭與爻辭，背後所顯示的宇宙人生的眞理。換句話說，無事要先讀經懂道後，端正自己的身心，行善積德，多做些有益於世道人心的事情，有事時占上一卦，上天一定會來指引明路，獲得吉利。若非如此，平時閒居言不及義，終日怨天尤人，這種人有事要來占求神問卦，應該連自己都沒有信心吧！

## 【32問】如何理解「卜筮者尚其占」？

答：此句話出自於《周易繫辭上傳》：「易有聖人之道四焉：以言者尚其辭，以動者尚其變，以制器者尚其象，以卜筮者尚其占。」語譯：「周易包含了聖人之道，有四個主要方面：用言語教化的，則崇尚卦爻之辭的義理；用指導行動的，則崇尚卦象變化與指引；用制作器物的，則崇尚卦象象徵；用占斷決疑的，則崇尚占筮之原理」。

從以上內容可以知道，《周易》有卦辭、爻變、卦象、占卜等四方面的內容與應用。所以有人說《周易》完全沒有談到占卜之事，這是不正確的說法；同樣的說《周易》就只是在教人卜卦算命一本書而已，也是不正確的說法。《周易》是天人之學，廣無不包，變無可窮，從上述

《周易繫辭上傳》這段話，可以略知一二。

## 【33問】學習六爻卦，不一定要先學《周易》，對嗎？

答：這種想法是不正確的。人學不學六爻可說是無所謂，但人人都應學《周易》，認識當中關於宇宙人生的眞理與眞相。有人把六爻占卜稱之爲「金錢卦」、「文王卦」或「五行易」的。卽把《易經》六十四卦歸納爲八宮，八宮卦配入五行，每一個卦再裝上干支，依此宮卦的五行與卦爻的地支五行產生剋沖合等，來論斷所要問事情的吉凶。不少人也宣稱六爻占卜的問事方式比起易經卦爻強太多了，叫人不用看《易經》，也不用懂卦辭與爻辭，只要懂五行生剋就行了。這種說法究竟對不對，懂易理的人都知道，像這樣對卦理的認識，就只停留在理氣象三者中的「象」。只懂「象」就好像只知道有形有象的物質而已，人會被「物化」，變得膚淺且無知。這種物化人，無形無象的能量、磁場、頻率、感情、精神、鬼神、聖佛、因果、文化等，通通不懂也全部不信。在世間，像這種只信物質，只信眼睛看得見的東西，只活在物質象界的人，其實還眞不少呢！這究竟是一種怎麼樣的人生觀？

《孟子離婁下》：「人之所以異於禽獸者幾希，庶民去之，君子存之。舜明於庶物，察於人倫，由行義行，非行仁義也。」白話文語譯，孟子說：「人之所以不同於禽獸的地方，其實是極其細微的，普通人都把這個極其細微的東西丟棄了，君子卻把它保留下來。舜帝懂得萬物的原理，明白做人的道理，內心依從天性而仁義行事，而不是去刻意強行仁義。」

孟子的這段話很有名，也很難聽，人畢竟是人，總有與禽獸相異之處。不過這種相異之處，很細微。所謂庶民，卽是大多數的人，丟失了與禽獸相異的這點東西，只有君子，還保存了這點東西。幾希的這點東西，是什麼？就是仁義的良心啊！良心、佛心、菩提心、如來藏、明心、理心、道心等，所講皆是同一個心，也就是不生不滅，清淨自在的靈性。丟了良心，泯昧人性的結果，死後眞的與草木同朽，輪迴轉生於三惡道之迷界，而無法出離解脫，可惜了此趟人生之旅，空在人間走一回。

## 【34問】何謂「極數知來之謂占」？

答：此句話出自於《周易繫辭上傳》：「生生之謂易，成象之謂乾，效法之爲坤，極數知來之謂占」語譯：「陰陽轉化，生生不息爲一種變易。畫卦而成乾，爲天之形象。仿效地的法則，體現出柔順的德性，此卽坤卦。窮盡蓍策之數而推演之，以預知未來叫做占筮。」

因此，所謂「極數知來」，通過窮極蓍數之變，方能知事物變動之理。河圖洛書是專門講數的，數之所在，卽氣之所至，數之幾分，卽氣之幾分。數與理氣象等，其實是分不開的，「極數」的概念，不是叫人只窮盡河洛之數卽可，而是「易理」與「卦理」都要精研，「卦象」與

「爻象」也都精通，如此才真能與天地鬼神相通，才能精準地占斷未來。所以「數」的地位是很高的，未有天地，氣數已具，既有天地，氣數周流。窮極「氣象數」變化之理之後，預知未來，何難之有？

## 【35問】何謂「八卦」？

答：《周易》中具有象徵意義的八種基本圖形。相傳爲伏羲所創制，每個圖形均由分別代表陽「⚊」與陰「⚋」的爻畫組成。兩種爻畫以三個爲一組進行排列組合，所取得出的八種圖形，即爲一般所講之八卦。八卦的名稱及圖形是：乾（☰）、兌（☱）、離（☲）、震（☳）、巽（☴）、坎（☵）、艮（☶）、坤（☷）。八卦可以象徵宇宙萬物的一切，每個卦都可象徵多種的事物，八卦可以與自然現象、家族、人體、方位、四季等來相配置。八卦在《易經》中分別象徵天、地、山、澤、雷、風、水、火等八種自然之物，八卦中也可以再用「陰陽對立」，「兩兩相對」，「互相作用」，「互相平衡」、「互相制約」等理論，再組合成天地、山澤、雷風、水火等四組，作爲一切事物發展的根本原理。

## 【36問】何謂「先天八卦」，與占卜有何關係？

答：先天八卦是伏羲氏觀察萬物後所畫的八卦卦式之一。《說卦傳》：「天地定位。山澤通氣。雷風相薄。水火不相射。八卦相錯。」當中所說的八卦位置排列即是先天八卦圖，後人稱之爲「伏羲先天八卦圖」。先天八卦有一首「次序歌」，卽乾、二兌、三離、四震、五巽、六坎、七艮、八坤等。先天八卦圖中，乾爲天而居上，坤爲地而居下，坎離代表月亮與太陽，太陽東升，所以在震位；月亮西出，所以在兌位。巽爲風，風在天上飛，所以在乾旁邊之西南位；震爲木，木生於地上，所以在坤旁邊之東北位。艮爲山，山接近土，同樣在坤旁邊之西北位，最後是兌，兌爲澤則在東南，接近乾，表示水從天上來。先天八卦，純粹是自然的一種安排。雖然說是伏羲聖人所演化，事實上，是聖人觀察天地之道與自然之理之後，借由畫卦演易，把大自然的奧妙呈現給我們知道。

先後天的說法，最早是由宋朝的邵雍提出來的，他以伏羲的八卦爲先天，以文王的八卦爲後天，強調先天講「自然」、「天道」、「本體」；後天講「人爲」、「人道」、「作用」。他在著名的《皇極經世》中說：「先天所以立體，而明法象自然之妙；後天所以致用，而著隨時變易之道。」意思是說，先天的重點是在瞭解本體，瞭解宇宙的本體以及奧妙之後，才能發揮後天的功用與隨順後天的變化。先天、後天，是以「天地」作爲一個分界點，在有形天地之前就存在的東西，就是「先天」；有形天地形成之後才產生的萬物，就是「後天」。有形天地未形成之前有什麼東西嗎？當然有，它是一股無形之氣、一種無形之理。先天八卦與占卜有何關係？「卦象預測法」卽「梅花易數」起卦所用的卦數，就是先天八卦的卦數。

人一定要有先天的觀念，懂先天的人，會相信自己有靈性，會相信天地有鬼神，會明白因緣與果報，也能從自己身上生發先天的智慧，來解決後天的一切困難。

## 【37問】何謂「後天八卦」，與占卜有何關係？

答：後天八卦爲周文王所畫。先天八卦爲後天八卦的基礎，後天八卦則爲先天八卦的作用，兩者爲「體與用」的關係。先天八卦左右對稱，講的是先天「體的相對」；後天八卦五行相生，講的是後天「氣的流行」。

後天八卦從最底下的坎卦，順時針依序爲坎艮震巽，離坤兌乾，顯現了自然界「陰陽消長」的規律，說明如下：坎卦爲水，爲冬寒。之後，陽氣漸長，陰氣漸消，經艮之暫止後，到了震卦。震卦爲木，爲春溫。之後，陽氣再盛，到了離卦，陽氣已極，陰氣殆盡。離卦爲火，爲夏熱。陽極陰生乃自然之規律，離卦之後，陰氣遞增，陽氣漸退，經坤來到兌卦。兌卦爲金，爲秋涼。最後由屬金之兌乾卦至坎卦，陰氣已極，陽氣殆盡，形成了自然界四時推移、生化收藏的規律。後天八卦卦序配合「洛書之數」，可以得到一坎、二坤、三震、四巽、六乾、七兌、八艮、九離等「後天八卦數」。後天八卦數若再配合五行、九宮及方位等，此數用途極廣，舉凡風水上的三元九運、紫白飛星、玄空挨星等，及占卜中關係到五行、方位等，無一不用到此數。

## 【38問】何謂「六十四卦」？

答：兩個八卦相疊，即成八八六十四卦。六十四卦即《易經》中的六十四個卦式。六十四卦的每卦都包括有卦畫、卦名、卦辭、爻辭等組成部分。六十四卦的卦序排列幾經演變，流傳有三種不同的排列方式，即所謂的《連山》首艮，《歸藏》首坤，與《周易》首乾。總之，先有陰陽兩種符號，後成八卦，大約到殷周的時候，再逐漸由八卦排列組合而成六十四卦，儒家把六十四卦作爲象徵天地萬物及變化規律的符號。

六十四卦中有「伏羲六十四卦方圓圖」，依據伏羲八卦的卦序結構進行圓周的排列，即以乾一、兌二、離三、震四、巽五、坎六、艮七、坤八等爲下卦，分別再對應八卦，形成了八宮。以內卦爲體爲宮，外卦爲用爲變，產生出和諧的圓滿結構圖。這個方圓圖，圓圖表示宇宙時間，代表宇宙的運行法則；方圖表示宇宙空間，代表方位與方向。

## 【39問】何謂「象數學派」？

答：從古至今研究《周易》的流派，主要分成「象數學派」與「義理學派」兩大派別。象數學派以漢代孟喜、京房等爲代表性人物。象數學派中的「象」包括有卦象、爻象、太極圖、八卦圖、六十四卦圖等圖象，及圖象所象徵的事物，和卦辭和爻辭中提到的具體事物的形象等。「數」是對「象」的定量研究，包括陰陽數、大衍數、天地數、卦數、河圖數、洛書數等，是對各圖象彼此差異的一種定量計算方法。

## 【40問】何謂「義理學派」？

答：義理學派以三國時代的王弼爲代表性人物。義理學派重在發掘《周易》的思想內容與哲學價值，以抽象、概括的意義代替具體物象的研究，「義」是指人倫道義的思想，「理」是指萬物變化的規律。

## 【41問】何謂「卦位」？

答：八卦相重爲六十四卦，每個六十四卦都有六個爻位，分爲上下兩卦位或內外兩卦位，卽所謂的「二體」。由下向上數，下體又稱「下卦」、「內卦」、「內體」等；上體又稱「上卦」、「外卦」、「外體」等。古人占筮時，常以內卦代表卜筮者，外卦代表對方。總結：1.內外卦表示事物的上下部。2.內外卦表示事物的前後。3.內外卦表示事物的左右。4.內外卦表示事物的外內。5.內外卦表示事物的遠近。6.內外卦表示事物的往來。7.內外卦表示空間上下。8.內外卦表示內外面的事情。9.內外卦表示自己與外人。10.外卦主外主高，代表上面、高處、遠處、外面、表面、外界、外地。內卦主內主低，代表近處、本地、家裡、低處、深處、下面、內部。

## 【42問】何謂「卦變」？

答：卦變不同於變卦：變卦是占筮的一種現象，而卦變則是對卦象的生成變化的一種變化分析。卦變的具體方法是：一個卦體內，一陰爻和一陽爻上下換位，形成一個新卦。《周易》六十四卦三百八十四爻，從外觀形式上來看是固定的、靜態的。而從其內涵看，它又是不固定的、動態的。爻的本身具有變動性，爻一旦改變，卦就跟著變。隨著爻變動不居，周流六虛，上下無常，剛柔相易的變化，卦的性質也不斷改變，由此卦變爲彼卦，這就是卦變。卦變最有名的是東漢京房的「京氏爻變」和西漢虞翻的「虞氏卦變」等兩種。從卦變的規律性，讓我們同時也看到了天地的不變法則與規範。

## 【43問】何謂「互卦」？

答：由六爻卦中間四爻交互組合成的卦，稱之爲「互卦」。第二、三、四爻拿出來做內卦，第三、四、五爻拿出來做外卦，組成的新卦就叫互卦。如本卦是雷火豐，取二、三、四爻爲內卦，是巽卦，取三、四、五爻爲外卦，是兌卦，則互卦爲澤風大過卦。互卦中的內卦爲「主觀因素」，外卦是「客觀因素」。互卦的產生讓我們從中分析出各種主客觀因素，對於卦象的起因，卽事物未來變化的方向，有更清楚的認識。六爻經典古籍都有使用互卦來占斷的卦例，我們不能不知，也不能不學。

## 【44問】何謂「錯卦與綜卦」？

答：1.錯卦是將本卦的陰陽爻在位不變的情況下，與本卦「陰陽全顚倒」的卦，卽每個陰爻變陽，陽爻變陰而得到的一個新卦。錯者交錯也，狗的牙齒都是交錯的，特別有力量。錯卦是一種從「反面的角度」來看事情。相錯者「相輔相成」，例如離與坎就是互爲錯卦，火水雖相反，但因此有相輔相成之效。2.將本卦「倒置過來看」的卦，叫綜卦。換言之，將本卦旋轉一百八十度，另成一卦就是綜卦。例如：姤卦是天風姤，倒過來便成爲澤天夬，姤卦和夬卦就是相綜，也就是相對立場的卦象。3.錯卦到綜卦在六爻預測中很少用，平常我們說事情「錯綜複雜」，其中的錯綜卽錯卦與綜卦。從互卦、錯卦到綜卦，意思是從一個卦可變化出另外三個卦來，稱之爲「一卦含四卦」，卽告訴我們觀察事物發展，要從「多角度」與「多面向」來看，從「相對的」與「相反的」立場來觀察，自然能貼近事實眞相。

## 【45問】何謂「卦象預測法」？

答：古人根據《周易》衍生出多種對於未來的預測方法很多，其中，有應用到卦爻，且已有完善體系的預測法，就是「六爻預測法」與「卦象預測法」兩種。「卦象預測法」卽「梅花易數」。

梅花易數之由來，相傳爲痲衣道人、陳希夷等一脈綿延傳下之祕法，後來成爲北宋邵康節先生常用的心易神數，才改名爲「梅花易數」。其名稱的來源，相傳有一天，邵康節先生進入梅花園賞花時，偶然見兩隻麻雀在枝頭上爭吵墜地，他認爲不動不占，既然有動象，必然有事而占之，且斷明日當會有一鄰女來攀折梅花，園丁不知而逐之，鄰女驚恐自梅樹跌下，傷到大腿。事後果然應驗。

梅花易數斷事情的吉凶成敗，很注重「卦氣」，卽注重「節氣」，反而不太注重「日辰」的運用。梅花易數喜「體卦卦氣旺」，例如春占得震與巽卦爲「體卦」，則體卦氣旺，夏占得離艮坤卦是體卦時，也是體卦卦氣旺。卦氣旺是成事的首要條件，體卦卦氣旺盛則不怕用卦或變卦等來剋泄耗。若體卦衰逢用變卦來剋泄耗必主不吉。梅花易起卦只有一個動爻，因此，反映事情的卦象專一且集中。梅花易數比較適宜推算「兆應」，卽例如「心頭一跳」或突然有所感應等，則可用卦象預測法來推算。

## 【46問】「卦象預測法」是如何起卦與占斷的？

答：就以《梅花易數》書中的第一個卦例來說明。先引述原文，再語譯於後。《梅花易數》：「辰年十二月十七日申時，康節先生偶觀梅，見二雀爭枝墜地。先生曰：『不動不占，不因事不占。今二雀爭枝墜地，怪也。』因占之，辰年五數，十二月十二數，十七日十七數，共三十四數，除四八三十二，餘二，屬兌，爲上卦。加申時九數，總得四十三數，五八除四十，餘得三數，爲離，作下卦。又上下總四十三數，以六除，六七四十二，得一零爲動爻，是爲澤火革。初爻變咸，互見乾巽。斷之曰：詳此卦，明晚當有女子折花，園丁不知而逐之，女子失驚墜地，遂傷其股。右兌金爲體，離火剋之。互中巽木，復三起離火，則剋體之卦氣盛。兌爲少女，因知女子之被傷。而互中巽木，又逢乾金兌金剋之，則巽木被傷。而巽爲股，故有傷股之應。幸變爲艮土，兌金得生，知女子但被傷，而不至凶危也。」

語譯：「辰年十二月十七日申時，康節先生偶爾在觀賞梅花時，突然見到兩隻麻雀，因爲在搶奪枝頭而掉到地上。先生就說：「不動不占，不因事不占。現在有兩隻麻雀搶奪枝頭而掉到地上，實在很奇怪。」因此就利用這個事件的時間來占斷。事情發生在辰年，它的數就是5。十二月的數就是12。十七日的數就是17。三個數相加爲34，除掉四八三十二餘數是2，爲兌卦，這是上卦。34再加上申時的數字9，總共爲43，扣除五八四十，餘數爲3，是離卦，爲下卦。下總和的數字爲43，除以六，餘數爲1，因此動爻在初爻。澤火革卦，初爻動變爲澤山咸，爲革之咸。互體有乾巽兩卦。

此卦以兌金爲體卦，用卦爲離火剋金。互卦中有巽木，又得到三的數，離數爲三，點起了離火，木生火，離火卦氣很盛。兌是少女，所以是女子受傷。而互卦中有巽木，巽木遇到乾金來剋，巽木受傷，巽的物象是大腿，因此有傷到大腿之應驗。幸好用卦變爲艮土，土生金，兌金得生助，女子雖受傷，但不至於大凶而危及生命。」

## 【47問】一件事情分別用六爻與卦象預測法來測，結果會一樣嗎？

答：同一件事，用「六爻預測法」與「梅花易數」來測，吉凶結果當然會一樣。即使是六爻預測法，有時分別用「銅錢起卦法」與「時間起卦法」來占，結果也都大同小異。事情的實相彷彿是一間屋子，各種不同的預測法如同屋子的窗戶般，從不同的窗戶去看屋內的情形，或許視角有些微不同，景觀略有差異，但內部家具擺設應該是一樣吧！

## 【48問】六爻可以占卜人的形貌與性情嗎？

答：六爻卦除了不忠不義，傷天害理，揭人隱私等不法之事，不能占之外，應該是萬事可占的。《火珠林》：「外卦爲形，內卦爲性；若占其人，以用而定。以外卦爲形貌，內卦爲性情。乾在外，頭大面圓，逢剋則破相；在內，心寬量大。兌在外，則和悅多言；在內則心小膽大。離在外，文彩；在內聰明。震在外，身長有須；在內心暴不定。巽在外，身長有須；在內心毒而忍，安身不穩。坎在外，形黑活動；在內心險多智。艮在外，其頭上尖下大；在內心志固執。坤在外，厚重；在內主靜，逢凶則魯鈍。」以火珠林書中的說法，內卦是看性情的，因爲性情屬內；外卦是看形貌的，因爲形貌屬外。

## 【49問】「水山蹇」卦兄弟爻重疊在三四爻，代表什麼含義？

答：三四卦是人爻，也是門戶，若測財運，兄弟爻重疊在三四爻，則大事不妙，因爲破財與剋妻之象，迫在眉睫，想躲都躲不掉。兄弟爻重疊在三四爻之卦有「水山蹇」、「天水訟」、「澤火革」、「山澤損」、「風澤中孚」、「地雷復」、「地澤臨」、「山天大畜」、「地天泰」等共九個卦。妻財爻相疊在三四爻之卦有「火山旅」、「火風鼎」、「風天小畜」、「風雷益」、「山雷頤」等共五個卦。子孫爻相疊在三四爻之卦有「雷水解」。官鬼爻相疊在三四爻之卦有「水風井」。總共有十六個六親重疊卦。

共有十六個六親重疊卦，占了六十四卦的四分之一，不能謂之不多。因此，在實際操作過程中，是會常常碰到的。對於這些六親相疊的卦爻，千萬不可等閒視之。掌握六親本身的含義，再看其它生剋沖合等因素，自然能得出正確的預測推斷。

## 【50問】占卜可以一卦多斷嗎？

答：六爻預測的原則是一卦一斷，起一個卦來占一件事。所以一卦多斷的情況雖存在，也有不少占卜師在使用，但爭議很大，儘量維持一事一卦，一卦一斷的原則。有人說一卦多斷是從「一爻多斷」的延伸，因爲我們可從一個爻的爻位、爻象、五行、六親、六神、生剋沖合等角度，來詳細推斷，如此擴大到六個爻，即是一卦多斷。如占婚姻，除了看財官爻、世應等來預測婚姻的吉凶外，順便講男女雙方的人格特質，甚至健康、工作等。諸如此類，說它是一卦詳斷或多斷皆可。

## 【51問】占卦時，有所謂「占戒十忌」，是哪十忌？

答：一忌聊問天道。二忌閑占國朝。三忌瀆慢不誠。四忌邪惡非義。五忌兩事同問。六忌代占功名。七忌子筮父藥。八忌妻卜夫醫。九忌為兄問財。十忌宣洩占詞。

## 【52問】占卦時，占得的「爻象」代表什麼？

答：「卦象」又稱之為「大象」，「爻象」又稱之為「小象」。即卦有卦象，爻有爻象。爻象包括爻的陰陽，和爻位所代表具體事物的意義。陽爻象徵陽剛之物，雄性之物，動態之物；陰爻象徵陰柔之物，雌性之物，靜態之物。1.從家人來看六爻的爻象，初爻為子女，二爻為母親，三爻為兄弟，四爻為妻子，五爻為父親，六爻為祖上等。2.從人體來看六爻的爻象，初爻為腳、拇趾等，二爻為腿、膝蓋等，三爻為腰、肚臍等，四爻為胸、背等，五爻為五官、脖子等，六爻為臉、頭髮等。

## 【53問】「年命爻」是什麼？

答：1.年命爻，是占卦者本身的出生年地支。如求卦人是辛丑年生，丑卽是年命爻。年命爻有時會出現在卦爻之中，有時則會不出現。2.年命爻，代表占卦者目前的現狀，它並沒有實質生剋它爻的力量。3.年命爻不論在不在卦中，逢旬空主喪失信心，心灰意冷。若逢空又入墓，更是自暴自棄，喪失鬥志。4.世爻爲自己現實人生，年命爻則是內心世界。5.世爻不論動靜，凡與年命爻相沖者，乃內心互相矛盾，彷徨無依。若世爻剋年命爻，更是心力交瘁，頹喪不振。相反的若年命爻合世爻，則信心百倍。對所求之事，認爲穩操勝券，一定成功。

## 【54問】「河圖之數」在占卦中有何用途？

答：先說河圖的來源，相傳在伏羲氏那個時代，有一天，從黃河中跑出一匹「龍頭馬身」的神獸。馬背上有一幅由白點與黑點所構成的圖，這張圖卽稱之爲「河圖」。河圖上有北方有一六屬水，南方有二七屬火，東方有三八屬木，西方有四九屬金，中央有五十屬土。這就是「河圖五行」，也是「河圖之數」。河圖之數在六爻預測中，只要跟數字有關的占問，都用得到它。如占求財運，財爻爲寅木，則此次財運可能之財數爲三八。若以萬元爲單位，則可能是三萬或八萬等。

## 【55問】六爻中「羊刃」有何作用？

答：1.六爻中羊刃有兩種，兩種都有人在使用，都由「日辰天干」去取。其一：甲刃卯，乙刃辰，丙戊刃午，丁己刃未，庚刃酉，辛刃戌，壬刃子，癸刃丑。其二：甲刃在卯，乙刃在寅，丙戊刃在午，丁刃在巳，庚刃在酉，辛刃在申，壬刃在子，癸刃在亥。其中甲丙戊庚壬五陽干都一樣，乙丁己辛癸五陰干都不一樣。2.羊刃主肅殺、剛強，又主權柄、血光，有喜有忌。女占世持財羊刃，主當太太，當得很痛苦。世持刃，這段時日，心如刀割。五爻臨羊刃，彷彿胸口上插了一把刀，也是內心痛苦之象。3.白虎加羊刃，主開刀。父母持羊刃，全家人共業、孽緣，相互折磨。上爻臨羊刃，頭上有傷害。

## 【56問】六爻中「驛馬」有何作用？

答：申子辰馬在寅，巳酉丑馬在亥，寅午戌馬在申，亥卯未馬在巳。查驛馬的方法，記住三合局第一個字相沖的即爲馬，如申子辰水局的第一個字是申字，與申字相沖的「寅」字就是驛馬；巳酉丑金局第一字是巳字，與巳字相沖的「亥」字就是驛馬，其餘類推。驛馬又稱「馬星」，爲走動之象。卦中馬星不宜多，主奔波勞苦。馬星被合住，其意爲馬被拉住，此馬有而實無。馬星如逢沖，則其馬如遭鞭，跑得更快。

在六爻預測實際運用中，驛馬在取象上多表示奔波、勞碌、走動、升遷、漂泊等事項。如占工作運，則表示工作性質變動大，一般都是跑業務居多，經常須要奔波、走動或出差等。1.驛馬臨帝旺，遠離他鄉。2.驛馬臨子孫，投身經營。3.驛馬臨父母，妄動勞碌。4.驛馬臨兄弟，分隔兩地。5.驛馬臨妻財，攜妻外旅。6.驛馬臨官鬼，異地禍患。7.驛馬臨青龍，旺得財喜。8.驛馬臨朱雀，爭吵不休。9.驛馬臨勾陳，處事難定。10.驛馬臨螣蛇，驚虛怪狀。11.驛馬臨白虎，妄動有傷。12.驛馬臨玄武，強行奪取。

## 【57問】六爻中「桃花」有何作用？

答：1.桃花的取法：寅午戌見卯；巳酉丑見午；申子辰見酉；亥卯未見子。如在寅日、午日、戌日起卦預測，卦中有卯木爻時，卯木就爲「桃花」。2.男占桃花可代表女人緣，桃花並非全是不好的訊息。桃花除表示異性緣外，也主人風流、漂亮、美麗等。3.桃花臨官鬼爻爲喜神逢生，是權貴的標誌。桃花臨官鬼爻爲喜神弱而受制，主因酒色招災。桃花臨兄弟爻爲忌神時，也是桃花劫，主因女色破財。

## 【58問】六爻如何「安貴人」？

答：六爻預測，若講天時地利人和，天時可用太歲、月建、日辰，地利則用世用爻位。至於人和，就屬「天乙貴人」了。天乙貴人歌訣：「甲戊兼牛羊，乙巳鼠猴鄉。丙丁豬雞位，壬癸兔蛇藏。庚辛逢馬虎，此是貴人方」。六爻預測中，凡逢甲戊日占卦，卦中如見丑未爻，便是貴人；乙己日占卦，卦中見子申爻爲貴人；丙丁日占卦，卦中見亥酉爻爲貴人；壬癸日占卦，卦中見卯巳爻爲貴人；

庚辛日占卦，卦中見午寅爻爲貴人。卦遇到貴人，表示有人暗中相助，但貴人分「有力」與「無力」，如果貴人休囚死，或十二長生中的病死墓絕，表明貴人無力，有等於無。如果貴人處旺相，又值十二長生的四旺運，則貴人有力。如果貴人逢四時中的旺相，卻又值十二長生中的四惡運，或值十二長生的四旺運，卻又逢四時中的休囚死，則貴人之力減半。

## 【59問】何謂「卦身」？

答：卦身的問題各方看法分歧，《卜筮正宗》主張用卦身，因爲認爲卦身爲占事之主，若無卦身，事無頭緒。《增刪卜易》則主張不用卦身，認爲看世應爻與用神已足矣，卦身只是多此一舉。

如何起卦身：1.以世爻分陰陽。2.世爻爲陽爻，由初爻起子，順數至世爻止。3.世爻爲陰爻，由初爻起午，順數至世爻止。

卦身的應用如下：1.卦身入卦表示此事已在運行。未上卦則此事只是一種意向。2.卦身爲所測事物的主體，以生合世爻與用神爲吉。3.卦身持世者，此事由自己掌握，卦身爲應爻，由他人掌握。4.卦身臨兄弟或官鬼發動，此事與人共謀。卦身臨兄弟剋世，必有爭吵。5.卦身在初爻爲測心事，二爻測身世，三爻測家事，四爻測人事，五爻測公事，六爻測國事。6.卦身空亡，表示此事不存在或尚未出現。7.卦身沖何六親、何爻位，表測何類何人之事。

8.卦身生合世用，我方得益，此事能成功；生合應爻，他方有利。卦身沖剋世用，對我有害，此事不成功。沖剋應爻，他人倒楣。9.卦身的父母是事出原因。如某人問出行事，世爻就是出行當事人，卦身表示這件事體，卦身的父母則表示要出行做何事。10.卦身逢合，有得見得成之象。卦身空破主猶豫進退兩難。卦身逢沖，則千慮必有一失。11.在卦中無法確定以何爲用神之時，可以看卦身。

## 【60問】占卦時，內心的態度應如何？

答：誠心占卦，心誠則靈，不誠則不靈，這是大家都知道的事情。如果再問什麼樣的心，才叫誠心，能很快就回答的人，恐怕就不多了。或許大家都有到廟裡去抽籤的這種經驗，當向神明雙手合掌，焚香禱告匙時，心中一片虔誠，清淨無染，無欲無求，當下的心境與心態，或許就是誠心吧！占卦前誠心，占卦後呢？依然能「至誠如神」嗎？尤其遇到不合己意的卦時，許多人就開始非理性起來了，怨天尤人的，要求再占的，不願接受的等等，不一而足。何謂占卜？不就是面對困局，無法解決，祈求上天，提供一個能解決問題的解決方案，不是這樣的嗎？現在，神明出已出手搭救，如同高樓大火，上天給了我們一條逃生繩，但不少人最後還是選擇了跳樓。上天眞的見死不救？神明眞的充耳不聞？中庸：「誠則明矣，明則誠矣」。「誠則明矣」講的是眞能至始至終的誠心者，自己本身必須具智慧，就能生出明白一切。「明則誠矣」講的是眞能明白一切，自然能眞誠到底，至死不渝。否則事事占，天天占，你的人生依然一塌糊塗。

## 【61問】占卜的吉凶結果，如何才算是積極面對？

答：占卜的結果不是吉就是凶，結果是吉內心當然高興，結果是凶內心難掩失望，會有這些反應，都是人之常情，不足怪也。占卜預測出來的結果，吉凶是絕對的嗎？顯然不是，經過人爲的積極努力，有些是可以改變的。以占問財運爲例，若占此項生意爲凶，中止繼續投資不就成了嗎？吉卦不是叫你坐者等成功，凶卦也不是叫你坐著等失敗，而是積極面對，智慧決擇，調整自己主觀意識，配合周遭變化環境，終能扭轉頹勢，迎向成功。更何況，逢凶也是自己的過去世業力使然，如今現前，每經歷一次的凶，就了一次的業，因果業債越來越輕。從這個角度看，不也是好事一樁嗎？

## 【62問】六爻中何謂「外因與內因」？

答：卦爻之間的「生剋沖合」等是「內因」，是決定吉凶的根本；占卦當下的「年月日時」則是「外因」，能影響吉凶的輕重。一個卦外因不好，只要內因組合好則有救。如日月都剋世爻，只要沒有動爻剋世爻，或世動化回頭剋，則問題不大。例：某人測病，世爻持巳火，在亥月子日兩處受沖剋，但卦中並沒有動爻來剋世爻，雖病情有些嚴重，但一直都有在服藥治療。隔年立春後，寅木生世爻巳火，疾病得以痊癒。

內因與外因並非六爻學所創，而是1958年，由海德（Fritz Heider）從社會心理學的角度提出了「歸因理論」，該理論主要解決如何找出事件的原因。海德認爲事件的原因有兩種：1.內因：也稱「性格歸因」，指個體將行爲之發生解釋爲自己性格使然。如情緒、態度、人格、能力等因素。2.外因：也稱「情境歸因」，將行爲發生解釋爲情境因素使然者。如外界壓力、天氣、情境等因素。

## 【63問】六爻中除了內外因之外，還有其它重要因素嗎？

答：年月日時是「外因」，卦爻本身是「內因」。除此之外，在內因中有一個重中之重的因素，特別把它標舉出來，或許可稱之爲「自因」。何謂自因？卽世爻動化的結果。世爻動化的結果有：化退、化絕、化破、化空、化墓等，及化回頭剋、化回頭沖、化回頭生、化回頭合等。世爻之回頭剋，爲無用之世爻，卽自己都放棄了自己，哀莫大於心死，神仙也難救。若是世爻衰弱無力，甚至遭月破日剋等，但一個世動化回頭生，則能扭轉乾坤，成爲很有力的救助。

## 【64問】占問工作，初爻與上爻都是官爻，是何含義？

答：占問工作，初爻與上爻都是官爻，即官爻把這個卦的上下都包住，這種卦象稱之爲「包卦」，至始至終都有工作機會的意思。在六十四卦中包卦共有十六個，父母爻包卦的有「天風姤」、「天山遁」、「天地否」、「澤地萃」、「火澤睽」、「山水蒙」、「雷山小過」、「風水渙」、「澤山咸」共九個卦。妻財爻包卦的有「雷地豫」、「雷風恆」、「澤風大過」、「水天需」共四個卦。兄弟爻包卦的有「風火家人」、「水雷屯」共二個卦。官鬼爻包卦有《山火旅》一個卦。包卦彷彿把一個卦，頭尾都包起來了，此六親的涵義與吉凶貫穿了整個卦象，影響了整個卦爻，所以值得去注意。

## 【65問】如何占卜一個人的性格？

答：從卦宮、世應、六親、六神，乃至於生剋沖合，空破墓絕等，都可根據五行等屬性去論斷性格。《斷易天機》：「先識卦名後識性，知人心地要眞徑，廉貞性急猛無私，愛與人爭相鬥競。寬大巳酉飲食多，平常喜美與人和，委屈貪狼申子位，口甜心若兩爻訛。陰賊奸謀亥卯宮，千思萬想礙心中，公正無私居丑戌，篤實衷腸行凜烈。奸邪辰未兩宮招，心中無極撰蹊蹺，看君心下占何事，決定心中常合此。」白話文：「占卜一個人的性格，先從卦名上研究，人的心性也可從用爻五行去分析。如用神臨寅午爻，屬火性之人，性急好爭，但人內心坦白，人不壞。若逢巳酉爻，其人寬厚，與人和睦，如臨青龍，其人豪飲。遇申子爻，則貪得無厭，會爲了個人私利不擇手段，故不可輕信其言。遇亥卯爻，陰險奸詐，淫亂好色之人。遇丑戌爻，無私忠誠，講信用之人。遇辰未爻，奸邪，口是心非之人。看當時爲何事而占卜，從上述規律中去推斷卽可。」

## 【66問】何謂「陰陽」？

陰陽最初指日光的背向，背日爲陰，向日爲陽，後來被廣泛引伸，用於自然和社會，只要是相對的二元概念，如天地、日月、男女、成敗、吉凶、生死、大小、上下等皆可稱之爲陰陽。其基本意義有二：一、指「未具形體」前的混沌之氣，是構成萬物的原初物質。二、指客觀事物所具有的「二元相對」屬性的東西，如剛柔、健順、男女、天地、善惡、貴賤、尊卑等。《易傳》總結古人思想提出「一陰一陽謂之道」的原則，把陰陽定義爲「生化天地」、「成就萬物」、「運行天地」的最高哲學範疇。用陰陽二爻的錯綜變化來觀察，解釋事物的變化與發展。陰陽學的主要內容有：1.陰陽是自然界的根本規律。2.陰陽是相對的。3.陰陽是宇宙間互相消長、互相平衡、互相發展、互相轉化的最大兩股力量。

## 【67問】如何解釋「數往者順，知來者逆」？

答：此句出自於《周易說卦傳》：「數往者順，知來者逆，是故易，逆數也。」白話的意思是，推算過去只要順著事情發展的軌跡就可以知道，預測未來卻要逆推，逆求其本始，逆返於先天，則未來之事，一目了然。卜筮之所貴就在於能預測未來，占斷吉凶，但理氣象三者合一，順者氣數的發展，最後的結果就是象。在象中要去明象、解象是不可行的，所解只是片段、局部而殘缺。只有「超象入氣」，「超氣入理」，逆而返之，最後從「理氣的超越角度」來俯瞰人生萬象，才能淸楚明白，恍然大悟。

## 【68問】何謂「人算不如天算」？

答：此句話出自於浙江烏鎭道教的「修眞觀」。修眞觀大門上有楹聯：「人有千算，天則一算。」橫批位置上是一個大算盤。後人把它說成了「人算不如天算」。勸世人做事要遵循自然規律，否則不但達不到目的，還遭到上天的懲罰。人算不如天算，也有要我們學會認命的意思，今生福分是前世的行善積德，千萬不要機關算盡。《紅樓夢》：「機關算盡太聰明，反算了卿卿性命，生前心已碎，死後性空靈。」意思是爲人太會計較，反而害了自己的性命，生前心已經完全絕望，死後也就煙消雲散，再無企盼了。

## 【69問】《斷易鬼靈經》是一本怎樣的書？

答：《斷易鬼靈經》是六爻筮法的著作，但此書何時所出，何人所著，皆不可考。全書共八卷，用文言文書寫而成。其中主要特色是「八卦爻斷」，對八宮首卦的各個爻位的論述取象。本書在六爻預測學中占有一席之地，因爲在鬼神方面有獨到之處。除了鬼神之外，從本書還可以學習古人對六爻爻位的取象法，進而提高對卦爻取象的認知，提升取象斷卦技能。

## 【70問】《火珠林》主要內容在說什麼？

答：《火珠林》相傳爲唐末宋初陳摶的老師麻衣道者所撰。目前《火珠林》有兩種版本，一收錄在明《永樂大典》中，另外是清時所刊印的版本。《火珠林》簡化占卜工具爲三枚銅錢，擲六次而成卦。配以卦爻，立即能論斷事情吉凶。《火珠林》主要內容是，提出了「卦定根源，六親爲主」，用五行生剋沖合，空破墓絕等進行斷卦，用旺相休囚與十二長生定納甲格局，以正五行的生剋來定吉凶，六親來決定用神，完善了六爻占筮體系，不但繼承了京房易的理論，又大幅改良了卜筮的方法。後人稱這種筮法爲「火珠林法」，這種占卜法與現今流行的占卦方式已經沒多大的差別。

## 【71問】《黃金策》是誰寫的？

答：《黃金策》是明劉伯溫所著。劉伯溫浙江省青田縣人，元末明初軍事家、文學家及詩人，精通經史、天文、兵法、術數等。他以輔佐明太祖朱元璋完成帝業，被後人比作爲諸葛武侯。他同時也是中國民間三大預言書的作者，三大預言書分別是《燒餅歌》、《金陵塔碑文》和《救劫碑文》。《黃金策》是明清以來六爻法預測最重要的典籍。《黃金策》的主要內容是：斷卦的方式不再看錯卦、綜卦、互卦等卦象，對於卦辭爻辭等也不再那麼的重視，反而以干支五行生剋爲重，動爻旺衰的確定；日辰、月建、動爻等旺衰的理由；飛神伏神重新確定其用法；用神分類取捨的明確化；及再輔以六親、六獸等意涵的正確選用等等。《黃金策》是有史以來，一本有系統，有規範，有理論，有操作，全面性、完整性的六爻經典之作。因此，有人說之後的六爻著作，都只是再爲《黃金策》作註解而已，說的一點都不過分。

### 【72問】《斷易天機》，適合六爻初學者來看嗎？

答：高手可做參考，初學者不適合。《斷易天機》，明朝萬曆年間的一部祕藏書，保存了衆多古代占卜權威文獻，作者不詳，有人說是鬼谷子所作。此書有些論點與《卜筮正宗》、《增刪卜易》等有出入，怕初學者無法分辨。《斷易天機》全書共六卷，內容以歌訣的形式呈現。卷一和卷二介紹了六爻預測法的基礎知識。卷三、卷四爲六十四卦吉凶占斷。卷五、卷六則是古代占筮名家的占法、歌訣。

## 【73問】《易林補遺》是一本怎樣的書？

答：《易林補遺》由明朝禮部冠帶術士張世寶先生所著，張世寶又名張星元，他從小雙目失明，但目盲心不盲，他也是《易冒》作者程良玉之老師。《易林補遺》把所要分占的大小事項分成145種條目，廣列條章，對於所要測事用神精細闡微，說明非常明確，使後學者容易瞭解。是一部不可多得的易學典藉。

## 【74問】《易冒》由誰所著？

答：《易冒》，全書共十卷。清代康熙年間程良玉著。程良玉，字元如，徽州古城歙縣人。五歲因生病雙目失明，早年隨《易林補遺》作者張星元先生學易，晚年時遇祜匏老人，兩人相互質問學習，有所體悟。請人幫他筆記，歷經了三年完成《易冒》一書。《易冒》特點是把六爻吉凶與卦象卦名有所結合。如占婚姻時，若遇到咸卦、恆卦、節卦、泰卦等則爲吉，遇到睽卦、革卦、解卦、離卦爲凶。該書除吉凶結論外，比較不注重斷卦的其它細節。另外，沒有卦例爲佐證，也是該書較不足之處。《易冒》之書名是取自《易繫辭傳》，《易繫辭傳》：「易能冒天下之道」，而所謂冒是覆蓋的意思，即《易經》這本書可以覆蓋、包含天下所有的道理，故取之爲其書名。欲精六爻者，《易冒》不可不讀。但《易冒》內容豐富，體系完備，卻不太適合初學者入門。

## 【75問】《增刪卜易》的價值在何處？

答：《增刪卜易》一書最大的價值有二，一是全書對卦爻之間的生剋制化、旬空月破等基本規則的論述十分詳盡，論斷事情的卦爻分析非常入微，並有近五百個占例爲佐證，理論與應用能相互結合。二是作者敢於突破古人的觀點，提出自己的看法，而且以占例反覆驗證後才確認。《增刪卜易》由明末清初野鶴老人著。野鶴老人，有人認爲就是著名學者丁耀亢先生（1599—1669年）。丁耀亢，字西生，號野鶴，又號紫陽道人、木雞道人、遼陽鶴等。1599年出生在山東諸城，生長名門世家。一生不願做官，專事寫作。晚年因著《續金瓶梅》一書，觸犯朝廷，被捕人獄，後來得赦，於清康熙八年（1669年）病逝家中，享年七十一歲。但也有人批評此書，包括：完全使用純納甲技術，而將卦爻辭、卦象、爻象都置之不理，有失偏頗。捨棄刑害理論等，致使斷卦不夠全面與細緻。

## 【76問】《卜筮全書》主要內容為何？

答：《卜筮全書》爲明朝姚際隆所編著，收錄了〈闡奧歌章〉、〈天玄賦〉、〈黃金策〉、〈闡幽精要〉等明代以前的各式卜筮篇章，並附加了註解。到了清朝，《卜筮全書》更被收錄於《古今圖書集成》之內。該書的學術地位自是無庸置疑，成爲從明清自今的一部卜筮聖典，是有意深研卜筮者必讀的一部經典，當今許多卜筮之書，所用資料也多源自該書。《卜筮全書》有十四卷，目錄如下：卷一啟蒙節要，卷二卦爻呈象，卷三通玄妙論，卷四闡奧歌章上，卷五闡奧歌章下，卷六天玄賦上，卷七天玄賦下，卷八黃金策一，卷九黃金策二，卷十黃金策三，卷十一黃金策四，卷十二黃金策五，卷十三黃金策六，卷十四神煞歌例。

## 【77問】《卜筮正宗》的內容為何？

答：《卜筮正宗》，清代王洪緒著。王洪緒（1669-1749年），清代江蘇吳縣洞庭西山人。名維德，字洪緒，自號林屋山人，又號洞庭山人。自幼精研易理，後拜師新安楊廣含先生，得到眞傳，並獲得其師數冊占驗筆錄。從二十六歲開始，賣卜於市，直至終老，因一生占卜爲業，經驗十分豐富。《卜筮正宗》是一部評注《黃金策》最好的書，且注重分類占斷，詳盡生動。十八問答是該書的另一特色。初學者可先看該書中的「啟蒙節要」、「十八論」、「黃金策總斷千金賦直解」及「十八問答附占驗」等，這些內容對於入門初學者而言，是很重要的基本理論學習。

## 【78問】《易隱》是怎樣的一本書？

答：《易隱》，清代著作，由曹九錫所編輯。《易隱》一書在卦爻宮位、六親眞假等方面論斷非常細膩。

《易隱》也應用了先天數，八卦九宮之數變等，總論五行與五音數占斷法，並注重卦象，卦體之內外，互變及爻卦、宮位參合的易斷法。若想學習一卦多斷者，《易隱》爲一本好的參考書。本書被六爻學習者稱之爲「稀世之本」，然本書容易的地方很容易，難的地方很難，初學者很容易迷失方向，不妨入了門以後，再來精讀。本書名爲何叫《易隱》？用作者自己的話來說：「卜筮者，隱君子之所托也。」意思是，占卦這個東西，是隱居逃避塵世的人的一個依靠。曹九錫參考歷代占書一百一十四種而成此書，可見其用功的程度。卷首所載皆占筮基本知識，如八卦體象、五行生剋、天干地支、六神六親、以錢代蓍及劉伯溫、張星元等占斷之論。正文分事專占，有身命、僧道、家宅、遷移等四十三占，一占之下往往又分數目。

## 【79問】《筮府珠林》初學者是否值得一讀？

答：《筮府珠林》並不適合初學者來讀，嚴格說起來，它不是一本書應該說是一套書，全套書二十冊共二百零六卷，可說是集百家之精華，文字精煉，闡解透徹。全著集錄《演易集》、《筮鏡》、《易譜》、《闡幽經》、《文王課祕傳》、《易心訣》、《玉髓祕要》、《金鎖玄關》等三十餘部卜筮珍典，以及曹子虛、郭璞、麻衣子、孫臏、李淳風、袁天罡、張子房、劉伯溫等數十位古代易學大師的心得彙編而成。等有六爻有相當基礎後，再來研讀此套書，較爲適合。

第二篇

# 爻的動靜衰旺

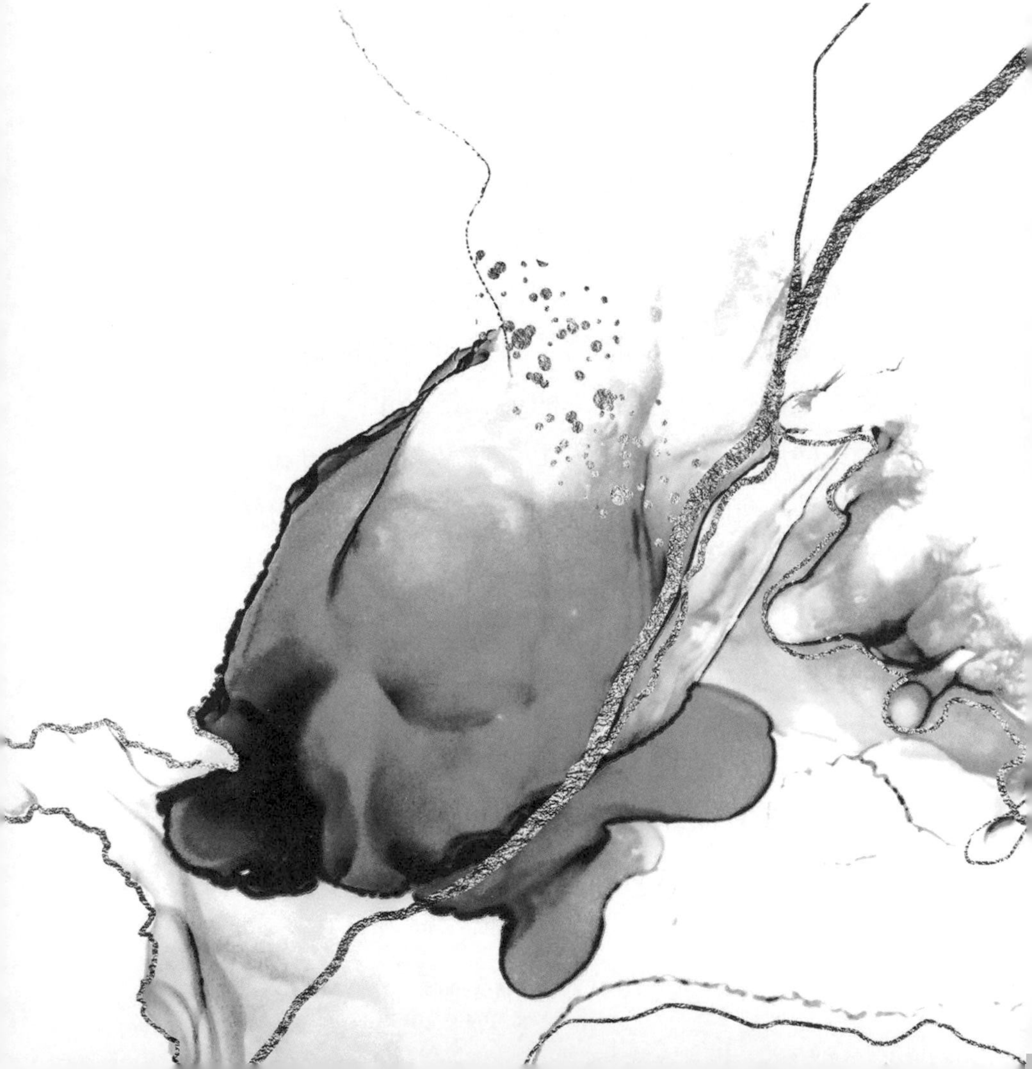

## 【80問】何謂「爻」？

答：爻的本義是「交」，即陰陽之交，爻的主要性能在於陰陽相交後所產生的變化。八卦中有兩個符號，一個是「⚊」，另一個是「⚋」。「⚊」叫陽爻，代表陽性事物。「⚋」叫陰爻，代表陰性事物。即我們所生存的地球，是陰陽相對的環境，陰與陽要相互作用，相互協調，相互平衡等，才有生生不息的生命流傳。八卦是以陰陽爻符號變化，來模擬與解釋我們所生活世界的千變萬化，好讓我們在變化無常的當中，體悟到有不變的宇宙眞理，與人生眞象的存在。

「爻」代表著陰陽氣化，由於「爻」之動而有卦之變，故「爻」是氣化的始祖。「⚊」性剛屬陽，「⚋」性柔屬陰。萬物的性能即由這陰陽二氣演化而來。初爻加二三爻成一個卦，稱爲「內卦」，也稱爲「下卦」；四五爻加上爻成另一個卦，稱爲「外卦」，也稱爲「上卦」。三爻構成一個三畫卦，如八卦之類，兩個三畫卦合成一組六畫卦，如六十四卦。在最下面的稱爲「初爻」，最上面的稱爲「上爻」，其間依次爲二三四五爻。陽爻「⚊」又稱「九」，陰爻「⚋」又稱「六」，如果初爻是陽爻，初爻也可以說成初九；如果上爻是陰爻，上爻也可以說成上六。

## 【81問】何謂「六爻」？

答：《周易》六十四卦均由三畫卦的八卦，兩兩重疊而成，六十四卦的每一卦均含有兩個三畫卦，總共有六畫，故稱爲「六爻」。六爻的排列順序，象徵事物生長與變化的規律。自下而上，依序稱爲初爻、二爻、三爻、四爻、五爻、上爻等。其中，一爻爲何稱爲初爻？強調氣的發展是從下而上，初爻者，氣初發也。六爻稱爲上爻，理由一樣強調是氣，氣到頂了，若稱六，感覺上還有七，稱上則到頂了。

初二兩爻象徵「地位」，三四兩爻象徵「人位」，五上兩爻象徵「天位」，合天地人謂之「三才」。六爻位次還有陰陽、奇偶之分，初、三、五爻爲奇，二、四、上爻爲偶，凡陽爻居陽位，凡陰爻居陰位，則稱「當位」或「得位」、「得正」；凡陽爻居陰位，陰爻居陽位，則稱「不當位」或「失位」、「失正」。另外，第二爻居下卦之中，第五爻居上卦之中，稱「中」。凡陽爻居中謂之「剛中」，陰爻居中謂之「柔中」。凡陰爻居二位，陽爻居五位，是卽中且正，稱爲「中正」。

如果說卦是代表「現象」，則六爻卽形成此「現象的六個階段」，卽一個現象的產生是須要時間的，冰凍三尺非一日之寒，經過若干階段的演化，才能成形成象。初爻象徵事物開始萌芽階段，主潛藏勿用。二爻象徵事物稍有發展階段，主適當進取。三爻象徵事物事業小成階段，主謹言愼行。四爻象徵事物漸入佳境階段，主謹愼小心。五爻象徵事物圓滿成功階段，主持盈保泰。上爻象徵事物發展告終階段，主物極必反。

## 【82問】何謂「動爻」？

答：在六爻預測中，當出現老陰、老陽兩爻時就叫「動爻」，有動爻才會有陽變陰，陰變陽的變爻產生。在預測中有動爻才有「生剋沖合」等作用，動爻所處的「爻位」，與所臨「六親」與「六神」，都是六爻預測分析判斷的重點。一個動爻代表一種變數，影響所要預測事物的變化因素，是六爻預測中的明顯訊息符號。有動爻就能生剋沖合它爻，之後一連串的變化因此而展開。在解卦與斷卦過程中，對動爻的掌握與剖析是相當重要的一環。

動爻容易剋制靜爻，靜爻則難以剋制動爻。動爻剋制用神不吉，動爻剋制忌神無凶。動爻生助用神吉上加吉，動爻生助忌神凶上加凶。動爻能被日月或其它動爻合，稱爲「合絆」，合絆會使動爻的力量受到牽制，而暫時失去作用，但合絆解除後，則依然可以發揮該有的作用。

## 【83問】測婚姻感情，財官最好都不要動嗎？

答：不一定。要分二種狀況來論，沒有對象及有對象或已婚。1.未有對象者：男方求測最好財動，女方求測最好官動，表示有人姻緣動。2.有對象或已婚者：男方求測最好財不動，女方求測最好官不動，動則情況有變，感情生變，大不利。當然，未有對象者，雖然最好財官動，但還是要看如何動，動不能化回頭沖剋，或化退神。動化退，將來還是會變心，遠離而去。

## 【84問】動爻與靜爻，何者為優？

答：不一定。要看問卦的主旨是什麼而定。如問工作調動，官鬼靜則有無動靜，沒希望了。如問婚姻，逢世應俱靜，就是好事，因爲雙方都很篤定，認同了這婚事。《易林補遺》：「凡欲久長，用宜安靜；如求脫卸，主利交重。人求安樂久長之計，最要用爻安靜，若逢發動及沖破空亡者，決不久留。如問脫貨、離鄉、遷移、改造、變產等事須得用爻發動，事必有成。用若安靜休囚，必然阻滯而無疑矣！」以上告訴我們，若占一般日常生活，或年卦運勢等，想安居樂業的，則最好是六爻安靜，安靜代表平安無事，無事一身輕。但若占脫貨、離鄉、遷移、改造、變產等事，則反而要用神發動。脫貨是把貨品賣出去，如果貨品擺在倉庫安靜不動，老闆可要喝西北風了。離鄉是有事要離開家鄉，到外地去打拼，若用爻安靜不動，想歸想，就是走不成。其它遷移、改造、變產等也一樣。所以，該靜則靜，該動則動，如此而已。沒有問題當前提，隨意說「爻動好」或「爻靜好」，都是無意義的。

## 【85問】何謂「重爻」與「交爻」？

答：簡單的說，重爻「〇」，主過去，是指那爻所代表的人事環境「已生變化」或還在變化中。而交爻「╳」，主未來，是指代表那爻所代表的人事環境「將要變化」。兩者之間主要是時間上的先後區別，可供我們判斷事情發生的先後。

## 【86問】靜爻旺相也可生剋它爻。對嗎？

答：《增刪卜易》〈動靜生剋章〉第十四云：「六爻安靜旺相之爻，可以生得休囚之爻，亦可以剋得休囚之爻，蓋旺相者有力之人也。」《增刪卜易》這種說法爭議頗大，沒什麼人敢這樣用，通常都是動爻才可以生剋它爻，靜爻是沒有這種能力的。在實際論斷六爻，尤其是逢靜卦時，六爻皆靜如何斷生剋？沒生剋又如何斷吉凶？這時世爻所持是用神或忌神等，就變得很重要。

## 【87問】「獨發」之爻，代表何意？

答：卦中只有一個爻發動，其餘五爻都安靜，稱爲「獨發」。此動爻通常代表事情的關鍵，一爻獨發、獨動，應吉凶最明顯，往是判斷所占問之事的重中之重。《易冒》：「吉凶之應，鬼神之情，必兆以動而告我也。是以卜筮之道，求用象爲樞機，而察動爻爲情狀。唯一爻動而五爻之不動者，五爻動而一爻之不動者，事應之來，不驗於用神，而驗於卦象也。是以一爻獨發，其占九六；一爻獨靜，其占七八。則由志動而鬼神知，鬼神知而吉凶生。吉凶之生由於動，所以重於動而輕於用也。」這段文字說鬼神常顯機於獨發之爻，故獨發之爻所透露出來的訊息，甚至比用神還要多。

## 【88問】何謂「變爻」？

答：動而必變，變爻是卦中本爻發動，化出來的另一個爻，又稱之爲「之爻」或「化爻」。有變爻則有變卦，本卦，代表著事物本來的樣子；而變卦，代表著事物可能會出現的變化。一般斷卦都要綜合本卦和變卦，才能瞭解事情的來龍去脈，做出正確的判斷。變爻對本爻的作用最大也最直接，變爻能生剋沖合本爻。至於變爻能否能生剋沖合卦中的其它爻，則有不同的看法，保守者認爲變爻只能對本爻作用。變爻組成的新卦叫「變卦」或「之卦」，原本的卦叫「主卦」。主卦爲事之初，變卦爲事之終。總之，變爻是由動爻變化而來，變爻即表示事物變化的結果或趨向。

## 【89問】動爻與變爻的關係為何？

答：變爻是由動爻化出來的，沒有動爻就沒有變爻，所以動爻是變爻的產生源頭，比如小雞是哪來的，是由雞蛋孵出來的，那麼動爻即是雞蛋，變爻是小雞。變爻與動爻的作用，是有法則來規範的，如下：1.動爻不能作用變爻，因本卦在先，變卦在後。2.變爻對動爻之作用，要看有無生剋沖合功能。3.當變爻對原動爻有生剋沖合的作用關係時，則只作用原動爻，不能作用於其它爻。

## 【90問】何謂「單拆重交」？

答：「單拆重交」一詞出自於《易筮通變》：「以畫卦之單拆重交之爻謂以錢，復見有假於龜之剖中以布其錢者。」內容主要是說，以三個古銅錢在龜殼中來搖卦時，會出現四種結果。兩陰一陽爲「單」，兩陽一陰爲「拆」，三錢皆陽爲「重」，三錢皆陰爲「交」。其中單拆兩爻，是屬於靜止的爻；重交兩爻，是屬於發動的爻。

## 【91問】動化回頭剋，如何化解？

答：動化回頭剋，此動爻幾乎變成無用，無能力生剋它爻。「剋」可用「生」來化解，如同「沖」用「合」來化解一般。回頭剋雖然很嚴重，同樣可以用生來化解。如何化解？有三個方法，1.日生動爻：如巳動生子回頭剋，日辰寅可生巳。2.伏生動爻：巳動生子回頭剋，伏爻卯可生巳。3.日剋變爻：日辰戌剋子。此法雖不是用生，而是用剋傷變爻，使變爻無力回頭剋。

## 【92問】動化回頭沖，如何化解？

答：動化回頭沖，此動爻受傷嚴重，「沖」只能用「合」來化解，所以動化回頭沖，可用「日合動爻」來化解。日合變爻能化解嗎？不行。因爲被沖者是動爻，而不是變爻，想用日去合住變爻，使之不沖動爻是有困難的。

## 【93問】用神動而化空，如何斷？

答：用神動而化空，力量從有至無，此動爻暫時無能力生剋它爻。至於出空後是否有生剋力，關鍵還是看它自身的旺衰。動而化空，病在變爻；待變爻塡實，方能成事。但是若動爻本身也空，形成了動變皆空，則根基全無，一般難成其事，除非二者皆塡實。總之，旬空簡單分之，「有用之空」與「無用之空」。有用之空有如下幾種情形：動不爲空，空逢沖則實不爲空，逢生旺爲不空，動化空爲不空，空逢合不爲空，逢月令塡實不爲空。至於無用之空，則爲安靜旬空休囚，受日月之剋或逢月破爲空。

### 【94問】動爻化絕，如何化解？

答：動爻化絕，則此動爻無能力生剋它爻。動爻化絕，逢生才能解，卽「絕處逢生」。世爻與用神或絕於日，或化絕，如果能得到日月動爻來生者，就稱之爲「絕處逢生」，臨危而有救。如寅日占卦，酉爲用神，酉金絕於寅，若在辰戌丑未之月，或爻中動出辰戌丑未，以土生酉金，則絕處逢生。

### 【95問】動爻化墓，如何化解？

答：動爻化墓，必須出墓，否則暫時無生剋它爻的力量，至於出墓後是否有生剋力，關鍵還是看它自身的旺衰。如何出墓？出墓方式有三：卽沖墓、合墓、沖入墓之爻。1.沖墓：用神卯木，入未墓。遇丑日月沖開未墓，用神卯木可出墓。2.合墓：用神巳火，入戌墓。遇卯日月相合戌墓，用神巳火可出墓。3.沖爻：用神亥水，入辰墓。遇巳日月沖亥爻，用神亥水可出墓。

## 【96問】動爻化退，如何化解？

答：動爻化退，動能之勢大減，也會變成無用之用神。用神臨之凶，忌神臨之吉。動爻化退，如何化解？1.用日月動爻來生扶，可解之。2.退神值臨日或月建，占短期事還是有用，但占長期事仍然不吉。

## 【97問】何謂「無用動爻」？

答：動爻本來是有生剋沖合墓其它諸爻的能力，但因爲動爻化變爻之後，化空、化墓、化破、化絕、化退等，及化回頭剋、回頭沖等影響，使得動爻本身能力變弱。其中又以動化回頭剋、動而化破、動而化絕、動而化退等四種，對動爻的傷害最大，最終使動爻衰敗無力，變成「無用動爻」。說明如下：1.動化回頭剋：如寅木動化酉金回頭剋，則動爻無力再生剋它爻。2.動而化破：如酉月占卦，辰土動化出卯木爲動而化月破，則動爻無力再生剋它爻。3.動而化絕：酉金動化寅木，金爻絕於寅，故爲動而化絕，則動爻無力再生剋它爻。4.動而化退：如午火動化巳火化退，則動爻無力再生剋它爻。

## 【98問】動爻沖靜爻會如何？

答：動爻沖靜爻有兩種結果：1.動爻沖旺相靜爻時，靜爻爲暗動，爲沖起，靜爻短暫變成動爻一般，有生剋它爻之能力。2.可使被沖之靜爻破散。什麼情況下靜爻暗動或破散，關鍵看動爻和被沖靜爻的旺衰而定。若動爻旺相，則沖而有力，若動爻衰，則沖之無力。靜爻若旺相，受沖則成暗動，靜爻若衰弱，受沖則成破散。

### 【99問】動爻沖動爻會如何？

答：根據兩動爻的衰旺情形，會有下列三種結果：1.旺相的動爻沖休囚的動爻，休囚的動爻被沖的結果是更衰敗無用，可說是雪上加霜，變成無用之廢爻。若此休囚的動爻爲用神或原神，則爲不吉之象。若休囚的動爻爲忌神，則反爲吉。2.若兩者皆旺相，辰戌丑未土沖則越沖越旺，其它則仍要看五行生剋，如申沖寅，申金沖剋寅木，申勝寅敗。3.若兩者皆休囚，則沖也沒用，兩者依然休囚沒氣。

### 【100問】占卦得「靜卦」，有何含義？

答：靜卦就是卦中沒有動爻，只有本卦而不存在變卦。動爻是我們判斷事情吉凶的依據，現在沒有了動爻，請問如何斷卦？靜卦中旺相之靜爻，可當成同動爻般來論。測年卦得靜卦，今年平靜無事，平安就是福，順順利利過一年。如占測事業開店得靜卦，表示無實際行動，停留在計劃的階段。即使是靜卦，也要用旺世興，日月生扶。

### 【101問】影響爻之衰旺的因素是什麼？

答：卦裝成且用神明確後，依據什麼來判斷事情的吉凶？其實就是用神與世爻的衰旺，而用神的衰旺又由依據什麼來決定？答案是「日辰」、「月建」、「動爻」與「變爻」等四大因素來決定，分述如下：1.日辰：即日建，日辰能生剋沖合卦中的爻。影響卦中所有爻的旺衰。2.月建：即月令，月令能生剋沖合卦中的爻，影響卦中所有爻的旺衰。3.動爻：卦中的動爻，能生剋沖合卦中的爻。4.變爻：爻動所變化出來的變爻，能回頭生剋沖合變出它的本位爻。總之，爻受「日月動變」生扶多，剋洩少者謂之「旺」；爻受「日月動變」生扶少，剋洩多謂之「衰」。用神旺則有力有用，事情謂之「吉」；用神衰則無力無用，事情謂之「凶」。

## 【102問】月令如何來影響爻之衰旺？

答：六爻用十二地支來表示月份，稱之為「月令」或「月建」。此月令不是陰曆也不是陽曆，而是以節氣作為分界線，把一年分成十二個月，從立春算起算，每個節氣即每個月的開始。月令如司令官，掌管一月之權，作用於當月中的任何一天。爻之衰弱者，月建能生助之；爻之強旺者，月建能沖剋刑之。有利於用神之爻，宜月令來幫扶，不利於用神之爻，宜月令來剋制。有變爻回頭剋制動爻者，月建能剋制變爻。有動爻剋制靜爻者，月建能剋制動爻。用神伏藏被飛爻剋制者，月建能沖剋飛神，生助伏神引除出。爻逢月合，謂之「合起」，以旺相看。爻逢月沖謂之「月破」，以休囚衰弱看。

## 【103問】何謂「月先日後」？

答：月先日後是指從「斷卦思路」而言，先分析月建對卦爻的作用，後分析日辰對卦爻的作用。爲什麼要如此安排？這是有原因的，因爲月建對卦爻的作用，主要是來決定卦爻旺相或休囚，而月令本身有春夏秋冬的區別，因此對於卦爻的作用，也是有時間性的。但日辰則不同，旺者四時俱旺，對卦的影響貫徹始終，不受時效影響。所以先看月建的影響，最後再由日辰來做總結。從月先日後的安排，也可看出雖有人認爲日月同功同權，但日辰的作用還是比月令要大一些。

## 【104問】月破之爻，一定是變成無用之爻嗎？

答：卦中之爻被月建相沖，卽寅月申破，卯月酉破，辰月戌破，巳月亥破，午月子破，未月丑破，申月寅破，酉月卯破，戌月辰破，亥月巳破，子月午破，丑月未破。以上爲「月破」，若不遇塡實、合破、出破，是成無用之爻。塡實、合破、出破三者詳述如下：1.塡實：例寅月占卦，申爻爲月破，而逢申年月日時爲塡實。2.合破：例卯月占卦，酉爻爲月破，而逢辰年月日時爲合破。而逢戌年月日時也爲合破。3.出破：過了占卦之月。例寅月占，卯月則爲出破。塡實合破之時間，往往就是吉凶之應期。近應日時，遠應年月。

## 【105問】何謂「月建入卦」？

答：何謂「月建入卦」？指的是和月建相同的地支在卦中出現。月建不入爻，對於卦中各爻的衰旺與生剋沖合等，月建亦有作用；月建一旦入爻，作用愈大與快速。換言之，月建入卦發動而作爲原神者，爲福更大。發動而作爲忌神者，爲禍更凶。另外，還有如下幾個要點：1.月建入卦安靜，原本安靜之爻可以當做動爻來看。2.世用爻臨月建者，不怕動爻來剋。3.月建入卦，本月之內就可能應事。

## 【106問】日月建入卦，代表什麼現象？

答：日月是外因，日月入卦是上級或父母，直接參與了所占問的事情。若是婚前占問男女之間感情之事，則父母或公司裡的上級長官不但知道此事，而且在公開或背後參與了此事的運作。至於他們的參與是吉是凶，則要看對世用爻的「生剋沖合」而論，生合則吉，沖剋則凶。

## 【107問】日辰如何來影響爻之衰旺？

答：何謂日辰？日辰就是起卦日子的地支爲日辰。日辰如何來影響爻之衰旺？要點如下：1.卦內所有之爻都受日辰生剋。動爻旺爻受日生者更旺，受日剋則傷重，靜爻衰爻受日生不以衰論，受日剋爲無用之爻。2.休囚之靜爻受日沖爲「日破」。旺相之靜爻受日沖爲「暗動」。日破之爻，百無一用。3.爻空亡受日沖爲「沖空」，不以空論。4.爻月破遇日辰臨之爲「塡實」，不以破論。5.相合之爻，日辰沖之，爲「合處逢沖」，如合成用神遇日沖，則爲先吉後凶之象。6.相沖之爻，日辰相合，爲「沖中逢合」，則爲先散而後成之象。7.空亡之爻，日辰沖之不爲空，沖入墓之爻，出庫後才能發揮生剋之力量。8.兩動爻的情況下，日辰可補之，來形成三合局。9.月令只能在本月內起作用，日辰則四時俱旺，操生殺之權。10.爻之旺者，得日辰生扶，如錦上添花，旺者更旺；爻之衰者，被日辰剋制，如雪上加霜，衰者更衰。

## 【108問】何謂「月短日長」？

答：所謂「月短日長」是從日月對卦中各爻的「影響時效」來說的，月司掌一月之權，司三旬之令，換言之，月建只司一月之權力，時間就僅限那個月而已，出月則無力。但日辰伴隨始終，日辰影響卦爻的力量，從頭到尾，有始有終，從未停止過。雖然一直有人認爲：月令與日辰作用力是完全一樣，這種認知是不正確的，至少從對卦中各爻的影響時效來說，就有很大的不同。

## 【109問】何謂「四值」？

答：所謂「四值」，即占卦當下的時間，包括「年月日時」。因爲年值一年，月值一月，日值一日，時值一時，所以稱之爲四值。「值」有「執行勤務」之意，值什麼勤務？各卦爻的旺衰，主要就是四值來決定。換言之，預測當天之事，以「日時」與卦爻來決定。預測近期之事，以「日月」與卦爻來決定。預測流年之事，以「年月日」與卦爻來決定。四值與卦爻作用關係如下：卦中用神被四值制傷時，以凶論。卦中忌神被四值制傷時，以吉論。

## 【110問】靜卦如何斷？

答：靜卦因為少了動爻，不必考慮動爻的生剋，只需要考慮用神的衰旺，及世爻的衰旺以及何爻持世卽可，因此靜卦的分析方法與動爻相比，簡單許多。除此之外，暗動、空亡、入墓、日月破、合絆之爻、極弱或極旺之爻，以及用神、世應之間的作用關係等。以上這些雖不是動爻，但都要注意，因為同樣可透露出除了生剋以外的訊息。

## 【111問】靜卦與動卦在斷卦上有何區別？

答：靜卦卽卦中沒有動爻，沒有動爻就沒有來自內因動爻之生剋沖合因素，但靜卦就沒有生剋沖合嗎？非也，雖沒來自「內因動爻」之生剋，仍有「外因日月」之生剋沖合存在著。所以，靜卦與動卦在斷卦上最大的區別，就在於靜卦受外因的影響較大。何謂外因？外在的「自然環境」、「社會環境」、「國際經濟環境」等，及家人以外的「公司領導與同事」等因素來主導吉凶。而動卦則由內因，卽「自己」或「家人」等因素來主導吉凶。

## 【112問】何謂「暗動」？代表什麼現象？

答：爻之旺而靜者，沖之則爲「暗動」，愈得其力；爻之衰而靜者，沖之則爲「日破」，愈加無用。暗動是針對靜爻說的，暗動之爻就有如動爻之能力，只是時效較短。卦中之爻，原本動靜分明，日辰卻可以沖動卦中靜爻，使其由靜變動，如明動之爻一般，來生剋它爻。暗動者有喜有忌。用神休囚得原神暗動以相生者；忌神明動於卦中，得原神暗動而生用神者，此皆謂之喜也。若用神休囚無助，遇忌神剋害用神，此皆謂之忌也。暗動之爻表示，吉凶都在不知不覺中進行，福來不知，禍來不覺。卦中出現暗動之爻，也代表事情「剛發生」或「即將發生」。

## 【113問】卦中父母爻發動，會造成何種吉凶結果？

答：《卜筮正宗》一書中有「六親發動訣」，這些歌訣是在講卦中六親爻發動時，會造成何吉凶的結果。第一段所講即是父母爻發動，「父動當頭剋子孫，病人無藥主昏迷，姻親子息應難得，買賣勞心利不生，占問行人書信動，官司下狀理先分，士人科舉登金榜，失物逃亡要訴論。」如何理解這些內容呢？先明白父爻動會生剋什麼爻，父爻動生兄爻，剋孫爻。如此一來自然可明白歌訣的內容。

歌訣白話文：「父母爻發動，剋子孫生兄弟。孫爻爲醫藥，子孫受剋主醫藥無用，病人昏沉。測婚姻，孫爻爲子女，所剋表示子女難得。測買賣生意，孫爻爲財源，主操心而沒利潤可得。預測行人，父爻動代表有消息，書信到來。測官司，父爻代表訴狀，財爻是理，因財爻生官。測考試，父爻旺相發動，金榜題名。測失物與逃亡，父爻發動不吉，遭訴訟或通緝。」

## 【114問】卦中子孫爻發動，會造成何種吉凶結果？

答：「六親發動訣」，第二段所講即是子孫爻發動，「子孫發動傷官鬼，占病求醫身便痊，行人買賣身康泰，婚姻喜美是前緣，產婦當生子易養，詞訟私和不到官，謁貴求名休進用，勸君守分聽乎天。」歌訣白話文：「子孫爻發動，剋官鬼生妻財。官鬼代表工作，也代表疾病，子孫發動不利於謀職，卻有利於求醫。測行人安全，子孫是福神，所以行人健康平安。測買賣求財，孫發動生助財爻，主生意得利。測婚姻，前生註定好姻緣。測生產，得子且易養。測官司，則表示私下和解。子孫動不利求名，也不利拜會當官之人，宜安分守己，不宜妄動才是。」

## 【115問】卦中官鬼爻發動，會造成何種吉凶結果？

答：「六親發動訣」，第三段所講即是官鬼爻發動，「官鬼從來剋兄弟，婚姻未就生疑滯，病困門庭禍祟來，耕種蠶桑皆不利，出外逃亡定見災，詞訟官非有囚系，買賣財輕賭博輸，失脫難尋多暗昧。」歌訣白話文：「官鬼爻發動剋制兄爻，生助父爻，測婚姻，對方有疑慮，遲遲不肯允婚。測疾病，得官鬼爻發動不吉，已得疾病。測耕種也不是吉。預測逃亡與避難等，得官鬼爻發動不吉。官非之事無法逃避。測買賣，表示不注重錢財，利潤較小。測賭博表示輸錢，會被抓。測走失難尋，有見不得人的事。」

## 【116問】卦中妻財爻發動，會造成何種吉凶結果？

答：「六親發動訣」，第四段所講即是妻財爻發動，「財爻發動剋文書，應舉求名總是虛，將本經營為大吉，親姻如意樂無虞，行人在外身將動，產婦求產身脫除，失物靜安家未出，病人傷胃更傷脾。」歌訣白話文：「財爻發動剋制父爻，不利於文書與考試等事。財爻發動最利將本求財，測婚姻也是吉利。測行人表示在外行人將動未動。測產婦生產吉，容易生出孩子。測失物，東西還在家。測疾病，得財表示消化與脾胃方面之病。」

## 【117問】卦中兄弟爻發動，會造成何種吉凶結果？

答：「六親發動訣」，第五段所講即是兄弟爻發動，「兄弟交重剋了財，病人難癒未離災，應舉奪標為忌客，官非陰賊耗錢財，若帶吉神爲有助，出路行人便未來，貨物經商消折本，買婢求妻事不諧。」歌訣白話文：「兄弟爻發動，不利求財。測疾病有病在身，很難會痊癒。測考試奪標則爲忌神，兄弟爲競爭，影響成績。測官司有隱私事，耗費錢財，但若有吉星則有助力。測行人，則有未來與希望。測生意，買賣經營等事得，連本帶利都要賠掉。買婢求妻則不順利。」

## 【118問】何謂「沖散」？出自何處？

答：「沖散」一詞出自於《增刪卜易》與《易冒》。《增刪卜易》第四卷，云：「古以日辰沖動爻，謂之沖散，又以爻動沖爻，亦能沖散。餘屢試之，旺相者，沖之不散；有氣者，沖之不散；休囚者，間有沖散，亦千百中之一二耳。其故何也？蓋神兆機於動，動必有因，雖則今日受制，後逢值日而不散也。」意思是說，動爻被日所沖就稱之爲「沖散」。但《增刪卜易》作者並不認同沖散之說，他認爲動爻旺相者，沖之不散；有氣者也沖之不散。動必有因，不會因爲一個日沖就受制而有所改變。

《易冒》日沖章第二十七云：「如動爻遇日辰相沖，苟非月建，則謂之散，及動化沖亦散，或他爻發動來沖，若彼強我弱皆散。夫散，猶空也，則全無矣，縱有生扶，不可救藥。」可以看得出，《易冒》認爲沖散很嚴重，見解和《增刪卜易》截然不同。何者理論可信？只能在實踐中去檢驗它。

## 【119問】何謂「沖脫」？出自何處？

答：動爻逢日沖，謂之「沖脫」。「沖脫」一詞出自於《黃金策》，云：「如旬空安靜之爻，逢沖曰起；旬空發動之爻，逢沖曰實；安靜不空之爻，逢沖曰暗動；發動不空之爻，逢沖曰散，又曰沖脫。凡動爻而逢沖散脫者，吉不成吉，凶不能成凶。」沖脫與沖散意思是一樣的，即專指動爻被日辰所沖。《黃金策》和《增刪卜易》的觀點不同，《黃金策》認爲一旦沖散或沖脫，則動爻成無用之爻。換言之，《黃金策》與《易冒》的觀點一致，都是認爲沖脫後，動爻就變成無用動爻了。

## 【120問】「神兆機於動」這句話，是何意思？

答：「神兆機於動」這句話出自於《增刪卜易》，而且在該書很多地方，都有出現。其中「兆」字是預兆、徵兆之意，即事情發生前的徵候顯象。至於「機」字是事物變化的樞紐與關鍵。《增刪卜易》提到此句話的地方約十處，如：「神兆機於動。事之無吉無凶則不動矣，旣動則有禍福之基」、「神兆機于動，先看動爻」、「神兆機于動，先重動爻」等。這句話是在說，任何一件事情要發生之前，都會顯露出一些徵候來，神明在卦爻中，就是利用「動爻」來預先告訴我們這些訊息。爻不妄動，動必又因，所以，對於卦中動爻，絕對要重視，不可輕易放過。《易冒》獨發章：「吉凶之應，鬼神之情，必兆以動而告我也。是以卜筮之道，求用象爲樞機，而察動爻爲情狀。」所講的內容就是在解釋「神兆機於動」這句話。

## 【121問】官鬼動剋原神、用神或世爻，如何看？

答：官鬼主疾病、災害、禍患、官訟、刑罰、小人等，官鬼不動還好，動了不沖剋原神、世用爻等，災禍也輕微，最怕就是官鬼動沖剋用神、原神或世爻，都是大凶，必須特別小心，因爲一定有災禍、官司等凶惡之事要發生。故斷卦要特別注意原神、用神與世爻的衰旺沖合。

## 【122問】爻動就表示此爻是旺相嗎？

答：爻動與爻旺之間有關連性，但沒必然性，卽爻動者不必然是爻旺，爻旺者也不必是動爻。占卜吉凶與事情成敗的最關鍵是「爻之衰旺」，而衰旺由日月動變來決定，只要用爻旺，人吉事成；只要用爻衰，人凶事敗。至於動與旺有關連性，理由如下：爻的衰旺是由生剋沖合等來決定的，而能生剋沖合卻是由爻的動靜來決定。因此，動爻會影響到衰旺，但可能是使爻變衰，或變旺。但爻動就認爲此爻爲旺，這種認知是錯誤的。

## 【123問】卦中有動爻，就一定對卦有影響嗎？

答：若動爻非用神或忌神，則此爻發動，可視作外力的一種幫助或破壞，至於影響吉凶如何，還要看對用爻的輾轉生剋情形而斷。若某爻發動，對用神與原神等都沒直接或間接作用者，都可置之不理。斷卦重點還是在用神的衰旺，雖說「爻不妄動」，但也不必一見動爻，就一定覺得當中有什麼訊息要透露出來。

## 【124問】卦中動爻多與動爻少，對斷卦有何影響？

答：動爻是現在進行式，動爻是有能力去沖剋其它之爻，是動必有因，一個動爻就是一變數，多個動爻就是多個變數，事情複雜。動爻多，內外競發，事必棘手。卦中動爻少者，吉凶自有條理，容易判斷。若內外卦紛紛亂動，則吉凶不定，必人情不常，事情翻來復去，全無定論。

## 【125問】何謂「六爻安靜訣」？

答：「六爻安靜訣」出自於《卜筮正宗》的賦文。《卜筮正宗》：「卦遇六爻安靜，當看用與日辰，日辰剋用及相刑，作事宜當謹慎，更在世應推究，忌神切莫加臨。世應臨用及原神，作事斷然昌盛。」意思是說，卦爻上的吉凶判斷，動爻是很重要的依據，若沒有動變爻的產生，能夠拿來作爲判斷的，就剩下用神和日月、世應之間的生剋關係。若用神被日月刑剋，就要謹慎小心，對於世應間的生剋也要注意，忌神最好也不要發動。若世應臨用神與原神，表示運勢好，做起事情來很順利。

## 【126問】何謂「六爻亂動訣」？

答：「六爻亂動訣」同樣出自於《卜筮正宗》的賦文。《卜筮正宗》：「六爻亂動事難明，須向宮中看用神，用若休囚遭剋害，須知此事費精神。」內容說，卦中六爻皆動，或動了四五個爻，爻間生剋關係會變的複雜，事情的吉凶也難以判斷。不過，還是可以看「用神的旺衰」來解釋卦象與吉凶。若用神衰弱無力，且遭忌神剋害，就要費盡心思來好好處理此卦了！

## 【127問】何謂「獨發易取，亂動難尋」？

答：此語出自《火珠林》：「獨發易取，亂動難尋；注云：亂動之法，思之最難。一看世上旁爻生財旺相，忌應爻剋世；二看世下親爻財官喜靜；三看何爻最旺爲用神，如發動，動要生世；四看獨發之爻，旺相最急，休囚事慢。」內容主要說，當卦中出現只有一個動爻或太多動爻時，可從四個地方來分析。一是世爻衰旺與生剋。二是財官爻最好安靜。三是動爻最好能來生世爻。四獨發旺者應快，衰應慢。

## 【128問】何謂「日月動變」？

答：日月動變是指影響爻衰旺的四大因素：1.日辰：日辰也稱日建。日辰爲卦之主，是確定六爻五行生旺墓絕的重要依據，日辰能生剋沖合卦中的各爻，影響卦中所有爻的旺衰。2.月建：又稱月令，掌一月之權，一月三十日內當權得令，月建能生剋沖合卦中的各爻，影響卦中所有爻的旺衰。3.動爻：卦中的動爻，能生剋沖合卦中的爻，影響卦中所有爻的旺衰。4.變爻：爻動所變化出來的變爻，能回頭生剋沖合變出它的本位爻，直接影響動爻，間接影響卦中所有爻的旺衰。

## 【129問】「日月動變」如何影響用神吉凶？

答：《增刪卜易》：「以上四處，若得全來生合用神時，諸占全吉。倘有三處相生，一處相剋，亦以吉斷。若有兩處剋，兩處生者，須看旺衰，生用神之神旺象者，則以吉斷，剋用神之神旺象者，可作凶推。倘遇三處相剋，一處相生，若得相生之爻旺象者，亦可謂之『絕處逢生』，凶中得解，若相生之爻休囚者，有生之名，無生之實，與四處俱來剋者同斷，諸占大凶。」內容大意是說，日月動變四大因素，四剋無生與三剋一生，則以凶斷；四生無剋與三生一剋，則以吉斷；二生二剋，則看雙方衰旺再斷。有人不同意《增刪卜易》的方法，認爲是太機械式的加減法。不過，對於初學者而言，不失爲簡單易行，很容易可以來掌握用神的衰旺吉凶。

# 第三篇

# 爻位與世應

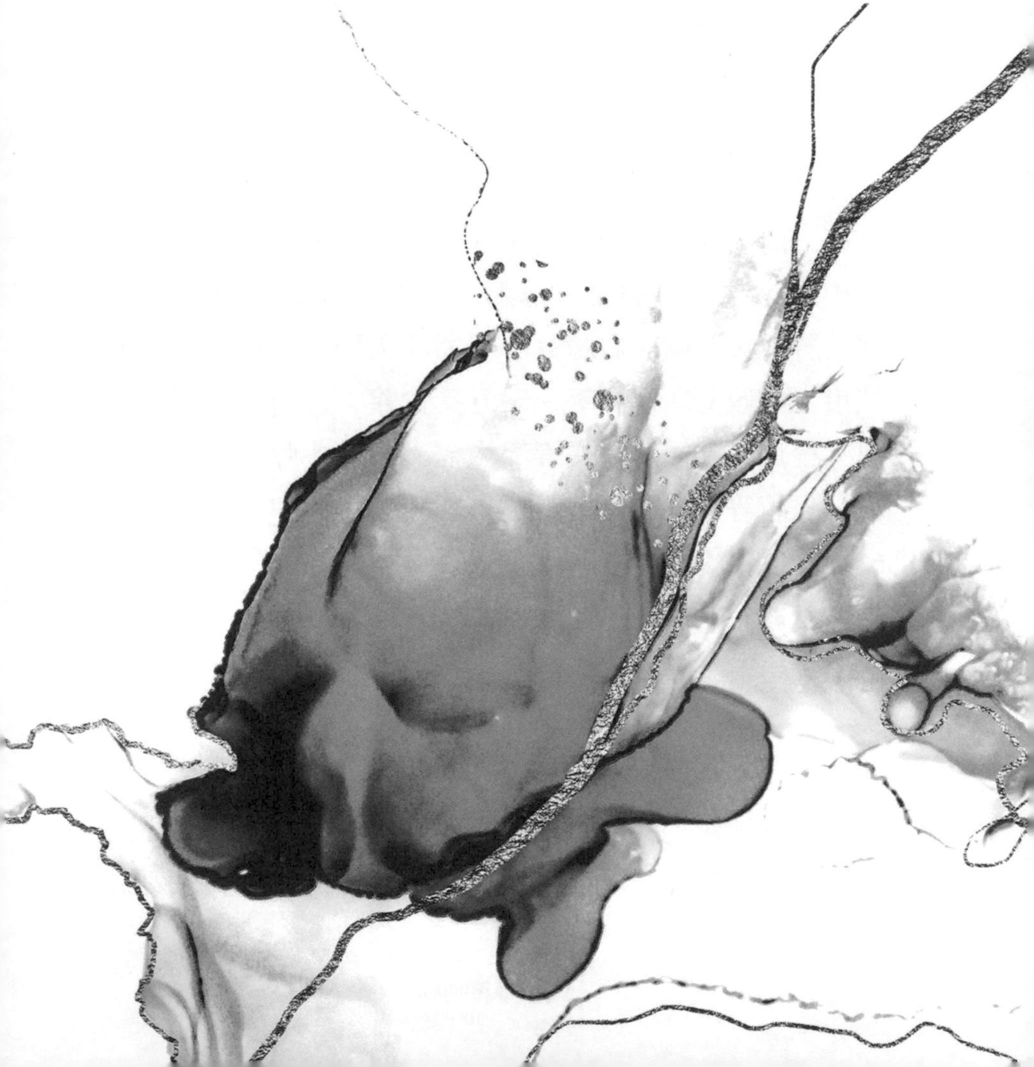

## 【130問】「爻位」代表何種爻象？

答：爻位在六爻預測中，用它來判斷事物性質、原因、方位、部位等細斷時使用之。六爻之爻象，分別從「人物」、「人體」、「場所」等方面來說明。如下：1.初爻含義：人物有民衆、市民、孩子、僱員、科員等。人體有腳關節、腳後跟、趾甲、足弓、腳趾等。場所有農村、鄉下、水井、地基、溝渠等。2.二爻含義：人物有科長、股長、處長、專員、組長等。人體有小腿、膝蓋、膀胱、大腸、直腸等。場所有社區、房子、廚房、院子、房間等。3.三爻含義：人物有處長、主任、廠長、兄弟、姐妹等。人體有腰部、腹部、臀部、腎臟、膀胱等。場所有市政府、城市、門、臥室、客廳等。4.四爻含義：人物有市長、廳長、處長、母親、舅媽等。人體有胸腔、背部、脾胃、肺臟、肩膀等。場所有大門、窗戶、廁所、大城市、省政府、高中等。5.五爻含義：人物有董事長、領導、經理、上司、家長等。人體有五官、脖子、咽喉、心臟、氣管等。場所有道路、首都、大學、中心、旅店等。6.上爻含義：人物有退休、老人、祖先、神佛、天使等。人體有頭頂、臉頰、頭髮、大腦、頭骨等。場所有祠堂、牆垣、屋頂、鄰居，祖墳等。

## 【131問】何謂「間爻」？間爻有何作用？

答：所謂的「間爻」即指世爻與應爻之間的兩個爻。它們並非閒置之爻，而是作用很大。若間爻發動來剋世爻或應爻，表示於事情有阻力。間爻在看卦時扮演「仲介」的角色，例如占婚姻時時，間爻爲「媒人」。企業合作等事時，間爻代表「證人」、「介紹人」等。間爻動變關係到世應，有生合世爻，也有生合應爻的，沖剋刑合要細細詳查。間爻發動的意義分述如下：近世爻的間爻發動來剋世，即我方之人來阻礙我。靠近應爻的間爻發動來剋世，即對方之人來阻礙我。若間爻兩者同動來剋世應，則雙方皆有阻礙。

## 【132問】世應在六爻中的作用為何？如何定世應？

答：每個卦的世應位置是固定不變的，在六爻預測中必不可少，也是預測事物吉凶的依據。世爻爲占卦者自己，應爻爲他人、對方等。確定了自己與對方的位置，才能推斷自身狀態及事情的吉凶。確定世爻和應爻的位置簡稱「定世應」，定世應方法如下：八純卦都是以上爻爲世爻，隔二爻即三爻爲應爻。其餘七個卦，世爻均在陰陽變化的最前面。一世卦，世爻在初爻。二世卦，世爻在二爻。三世卦，世爻在三爻。四世卦，世爻在四爻。五世卦，世爻在五爻。遊魂卦，世爻又回到第四爻。歸魂卦，世爻回到第三爻。以上同樣隔二爻即爲應爻。

## 【133問】想要移民，從世應關係如何看？

答：移民是從本國到他國，世爻爲本國，他國爲應爻，世應間的關係很重要。《易林補遺》：「凡占以世爲我，應爲他，若世應皆動，必有更張，又不宜相剋。世剋應還可，應剋世非宜。若遇六沖，毫無緣分，切莫繼之。若得世應相合，必能久處，再遇相生，尤加和悅。」這段文字說明的有夠清楚，首先，世應最好都不要動，動則移民之事有變化。另外，世剋應還可以，應剋世則不能前往。若世應六沖，則與他國沒有緣分，千萬不要前往。世應若六合，再加相生，則一切圓滿，趕緊前往爲要。

## 【134問】自占運勢都是以世爻為用神？

答：是的。預測自己的運氣、身體，屬於我的一切事情、運勢情況等，都是以世爻爲重點來判斷。即使占測別人之事，世爻仍是預測事物的焦點。論斷世爻的原則，通常不宜剋用神的六親持世，也不宜世空破墓絕等。如占財運，世持財，爲何以吉斷？世就是你，你就是世，現在財在你身上，不是吉是什麼？

## 【135問】「世是平生之本，應為百歲之妻」，是何意思？

答：這句話出自於《卜筮全書》中的「天玄賦」。《卜筮全書》是明朝姚際隆所編著，書中收錄了「闡奧歌章」、「天玄賦」、「黃金策」、「闡幽精要」等明代以前的占卜精華，並加以註解。「世是平生之本，應爲百歲之妻」這句話是說，一個人是何等人物，從世爻就可以看得出來。如果世爻無沖無剋，就是有富貴根基，人格清高。若是遭刑沖剋，別無吉神救解，就是貧賤之人，不會有成就的之徵兆。世空最不好，財去財來一場空。應爲妻，若是與青龍吉神並立，其妻必賢慧。世爻無氣又受應來剋，必然是妻奪夫權，應爻若落空亡，妻妾必有損。

### 【136問】占卜感情卦，世應相生，就可以吉斷？

答：還是不行以吉斷。世應相生只是表示「兩人互有好感」，或者「雙方家庭同意」而已，仍然要以「財官等用神衰旺沖合」等才能斷吉凶。過度強調世應的生剋關係，甚至只看世應不看用神，這是本末倒置的作法。正常情況下，以用神爲主要判斷吉凶的標準依據，其次是世爻強弱。至於應爻只是代表所要問的事情，或者對方的狀態而已，並不直接參與吉凶的論斷。

### 【137問】占卜感情卦，世應衰旺與生剋沖合表示什麼？

答：世爻旺表示自己信心強，素質與條件好。應爻代表對方，應爻旺表示對方信心強，素質與條件好。男測，應爻代表女方家庭。應爻生合世，表示女方家同意此婚事；若沖剋世，表示反對。女測，應爻代表男方家庭，應爻生合世爻，表示男方同意此婚事；若沖剋世，表示反對。其中有一點特別要注意，如果財或官生世合世，應爻剋世爻也不用怕，因為男女雙方已同意，雖家庭反對，已無濟於事。

## 【138問】占卜合夥做生意，世應皆動如何斷？

答：世應皆動主「事情有所變化」。所謂：「世應俱發動，必然有改張。」應動主對方改變心意，有變數。世動我改變心意。談合夥最好世應皆不動，否則事情一定有變，難以掌握。

## 【139問】《易傳》：「二多譽，四多懼，三多凶，五多功」。是何意思？

答：二爻和四爻都是陰爻的位置，但位置不同導致一個多譽，一個多懼。二爻處在內卦的中間，居核心位置，還與五爻相應，相當於有高層支持，所以多譽，譽是指美好的名聲。三爻和五爻都是陽爻的位置，但一個多凶，一個多功，因為卦中的貴賤位置不同。三爻是內卦的最上位，已經窮途末路。三爻與上爻相應，上爻也是窮途末路，所以說「三爻多凶」。

「四爻多懼」，四爻貼近至尊的五爻君王，伴君如伴虎，所以多懼。「五爻多功」，五爻外卦的核心位置，是至尊之位。五爻與二爻相應，二爻處在內卦的核心位置，五爻與二爻相應，自然為吉。

## 【140問】何謂「諸爻持世訣」？

答：「諸爻持世訣」出於《卜筮正宗》。「諸爻持世」的意思，是看父母、兄弟、妻財、子孫、官鬼當中，那個六親在世爻之中？「持」有占據的意思。「持世」即代表占卦人與何種六親之結合，如此可看出卦的「吉凶之基本形態」。如子孫持世，子孫剋官鬼，則不利於求官。如兄弟持世，兄弟剋妻財，則求財大不利等。

## 【141問】父母持世，對於吉凶有何影響？

答：以「諸爻持世訣」中的第二段來說明，「父母持世主身勞，求嗣妾衆也難招，官動財旺宜赴試，財搖謀利莫心焦，占身財動無賢婦，又恐區區壽不高。」

白話文如下：「父母爻持世，表示如同父母一般爲子女勞碌奔波，父母爻動剋傷子孫爻，得子不易也難養育，子孫又爲財爻之原神，故妻財也受損，姻緣不好。官鬼動，妻財又旺相，則連續相生，父爻旺。官父兩旺，功名有望。妻財爻動，但父母持世，勞多獲少，心焦如焚。占身運時，妻財爻動必剋父母，媳婦被說不賢慧，恐怕父母壽命也不長。」

## 【142問】子孫持世，對於吉凶有何影響？

答：以「諸爻持世訣」中的第三段來說明，「子爻持世事無憂，求名切忌坐當頭，避亂許安失可得，官訟從今了便休，有生無剋諸般吉，有剋無生反見愁。」白話文如下：「子孫爲福神，持世除了求功名者不利外，其餘的占求，大都屬於吉利。占避災亂，可得平安。占失物，可以尋回。占官司，可以了結。若卦中有原神來生，且不受傷剋，則諸事皆吉。若有忌神來剋，無原神來生助，反而諸事見凶，心煩且憂愁。」

## 【143問】官鬼持世，對於吉凶有何影響？

答：以「諸爻持世訣」中的第四段來說明，「鬼爻持世事難安，占身不病也遭官，財物時時憂失脫，功名最喜世當權，入墓愁疑無散日，逢沖轉禍變成歡。」白話文如下：「官鬼持世，表示禍患連身而難安。占自身，不患病也會有官司纏身。占財運，隨時都要提防破財或遭竊。有求功名，最喜歡官鬼持世，表示官位在握。世持官鬼入墓稱之爲「隨鬼入墓」，代表憂愁不散。若逢月日動爻來沖官鬼，表示災禍已散，會得到平安歡樂。」

## 【144問】妻財持世，對於吉凶有何影響？

答：以「諸爻持世訣」中的第五段來說明，「財爻持世益財榮，兄弟交重不可逢，更遇子孫明暗動，利身剋父喪文風，求官問訟宜財托，動變兄官萬事凶。」白話文如下：「財爻持世，表示錢財就在身邊，但不宜兄爻發動，動則必剋傷財爻。若遇子孫爻發動，則主財源廣進。但財動會剋傷代表文書的父母爻，故言喪文風。占求官或官司，財動則表示須靠錢財疏通，方能成事。若財爻持世，動而化兄或官，均主凶。化兄是回頭剋傷世用，化官則主因財惹禍，均為凶象。」

## 【145問】兄弟持世，對於吉凶有何影響？

答：「諸爻持世訣」中的第六段來說明，「兄弟持世莫求財，官興須慮禍將來，朱雀並臨防口舌，如搖必定損妻財，父母相生身有壽，化官化鬼有奇災。」白話文如下：「世持兄弟必剋財，不利求財之事。若官鬼發動則必剋兄弟，兄弟世爻受其剋，主是非或傷病災。若兄弟爻持朱雀，主口舌是非。若兄弟動，則妻財必受傷，應在妻子或錢財。如卦中父母爻發動來生兄弟，則主自己安康長壽。兄動化官鬼回頭剋，必有奇災異難會臨身。」

## 【146問】除六親外，世應可以當成用神嗎？

答：當然可以。《卜筮正宗》有一章「世應論用神第二」，此章內容如下：「凡卦中世應二爻，世為自己，應作他人，世應相生相合是云賓主相投；世應相剋相沖可見兩情不睦。凡占自己疾病，或問壽數，或問出行吉凶，諸凡損益自身者，以世爻為用也，凡占無尊卑之稱呼、未曾深交之朋友、九流術士、仇人、敵國，或指實某處地頭，或指此山此水、此寺此壇等類、俱以應爻為用神也。如占自己有一地可造墳否，則世為穴場，應為對案。如將買他人之地而欲造墳，問此地若葬益利我家否，以應作穴場，世是我家也。」

## 【147】何謂「世爻訣」？

答：「世爻訣」出自《斷易宗鏡》：「世爻旺相最爲強，作事亨通大吉昌，謀望諸般皆遂意，用神生合妙難量，旬空月破逢非吉，剋害刑沖遇不良。」內容說，占卦論吉凶，若世爻旺相有力，作起事來順利大吉，有所期望也都能如願。若用神有來生世合世，更是美妙極了。倘若世爻空亡、月破則凶，世爻遭日月動變等，來刑沖剋害，更是所遇沒有一件事是好的。

## 【148問】官鬼動剋世，世空如何斷？

答：官鬼動來剋世，災禍必然會侵襲。世爻動化鬼及化回頭剋者，禍已及身，避之不及，其中惟世爻空者無憂，因爲「避空」、「避剋」之故，世爻破者仍不利。世空避空者，非永遠可躲避，仍應防出空受剋應凶之日月來臨時。

## 【149問】占壽元時，世爻有何重要性？

答：凡占壽元，單獨以世爻爲用神就可以了。世爻旺相，或臨日月，或得日月動爻生扶，或動而化回頭生者，乃長壽之象徵。若世爻休囚，再有刑傷剋害者，或休囚隨鬼入墓，或世衰逢助鬼之傷，皆爲凶兆，壽命不長。世爻動化退神，或化回頭剋，或化絕墓破空者，同樣是短命之人。

# 第四篇
# 用神與諸神

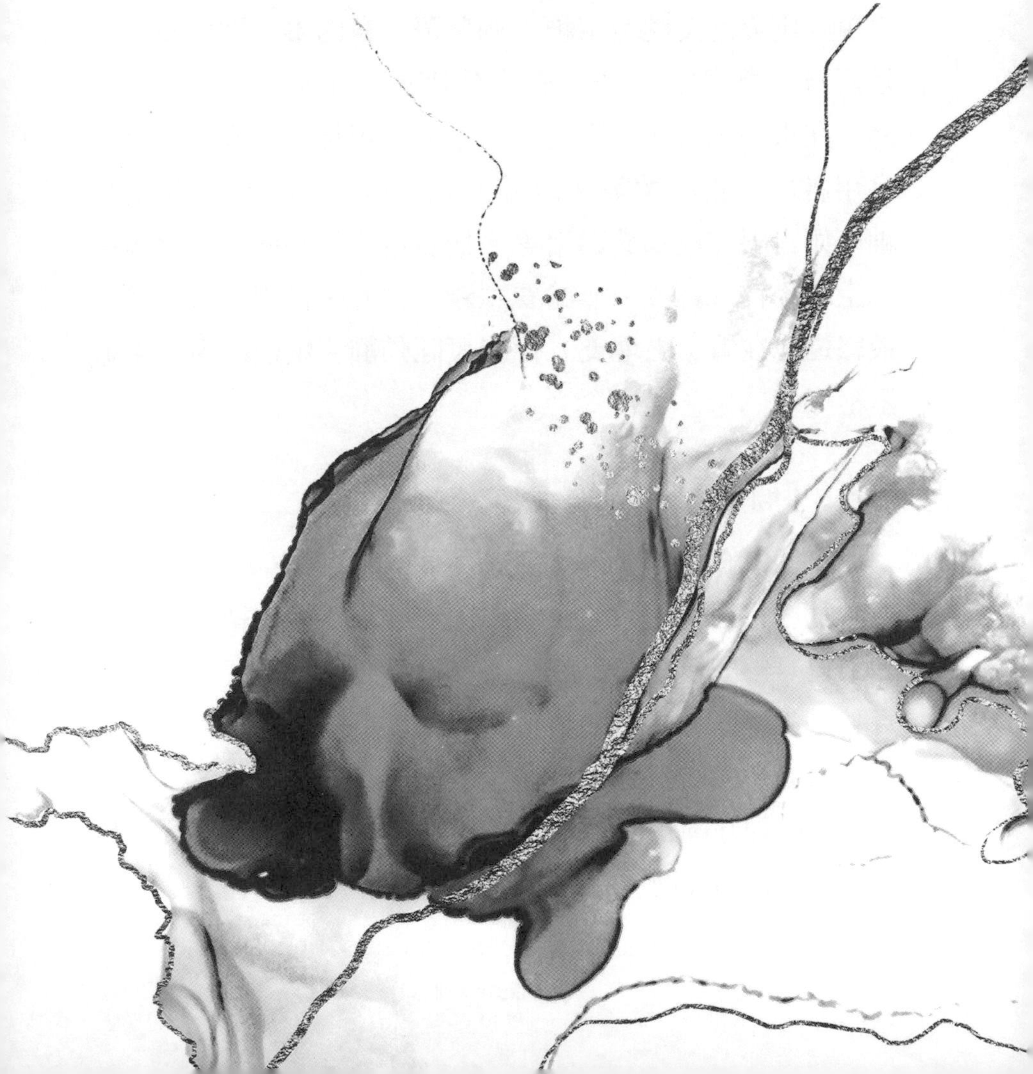

## 【150問】何謂「用神」？

答：何謂用神？占卦問何事之核心主軸，値事之神。通常會採用六親之一來當値事之神，或有時取世應、六神、神煞等也可當用神。取用神是六爻預測關鍵之一步，用神取對與否，直接影響到預測的結果。換句話說，用神就是取一個六親，代表所占人事物的對應點，同時也是吉凶判斷的核心。如測求官之事，官鬼爻就是用神；測求財之事，則妻財爻就是用神；測父母長輩的事，則父母爻就是用神；測兒子的事，子孫爻就是用神等。除了六親之外，在很多時候，世應也可以拿來當用神。偶爾，六神也當用神，如占陰煞等，以螣蛇爲用神。或者以爻位爲用神，如占陽宅以二爻爲用等。倘若占流年卦運，甚至沒有固定的用神。其實，無論看六親、六神、世應、爻位等，最終還是在看爻之地支五行的衰旺動靜、生剋沖合、空破墓絕等。

## 【151問】用神的衰旺要如何看？

答：爻的衰旺取決於日月動爻的影響，以及用神本身發動，化回頭生剋沖合，或化空破墓絕等的結果而論。其中日月影響衰旺的程度最大，用神要旺一定要有生，日月動來生則旺。詳細的情形如下：1.用神得日月動爻之生扶拱合者，用神旺。2用神臨太歲、月建或日辰者，用神旺。3.用神旺動化回頭生，或化進神者者，用神旺。4.用神不受月日動爻刑沖剋破，得旺相原神來生。

## 【152問】何謂「用神兩現」？

答：當本卦有兩個相同的五行六親出現，稱之用神兩現。這種情況非常常見，如「火風鼎」卦，兩金、兩土，即兩妻財、兩子孫，「地風升」卦，兩土、兩金、兩水，即兩妻財、兩官鬼、兩父母。斷卦主要看用神的狀況來定吉凶，用神旺相，不空不破，則所測之事為吉易成，若空破休囚，則所測之事則不易成。當用神出現了兩個，就會出現取捨的問題。

## 【153問】用神兩現時，如何取用神？

答：遇到用神兩現，一般會從兩個六親中，選擇的一個做為判斷的依據，另一個則可以不看或只做參考。《增刪卜易》：「用神兩現，如占父母卦中兩爻父母者是也。捨其休囚，用其旺相，捨其靜爻，而用動爻，捨其月破，而用不破，捨其旬空，用其不空，捨其被傷，用其不傷。此古法也。得其驗者，應乎旬空月破，捨其不空，而用旬空，捨其不破，而用月破。」這個原則簡單地講，即以「有病用神」為用，所謂「天機盡泄於有病之爻間」，這個病爻往往揭露了一卦的癥結與重點所在。

## 【154問】父母占兒子的婚姻，以何者為用神？

答：主要以妻財為用神。若兒子請父母代占，世爻為兒子。否則，世爻為父母。除此之外，測婚姻還要分已婚或未婚，二者的判斷法略有不同。未婚者，世代表男生求測者，應代表女方。世應雙方的關係爲重中之重，相生相合或比合，婚姻可成。世應相沖剋，婚姻難成。未婚者測婚，財官也要參看。至於已婚者，主要看世爻與財星來判斷。

### 【155問】何謂「有用用神」？

答：用神旺相有力，稱爲「有用用神」，用神有力有用，所預測之人事物自然爲吉。當用神符合下列幾種情形時，即爲有用用神。1.用神得日月動爻之生扶拱合者。2.用神發動，且用神本身非墓絕休空者。3.用神臨太歲、月建或日辰者。4.用神旺動化回頭生，或化進神者者。5.用神不受月日動爻刑沖剋破，得旺相原神來生。

### 【156問】何謂「無用用神」？

答：用神衰弱無力，稱爲「無用用神」，用神無力無用，所預測之人事物自然爲凶。當用神符合下列幾種情形時，即爲無用用神。1.用神衰弱休囚又旬空者。2.用神休囚受月日刑沖剋害者。3.用神休囚受動爻刑沖剋害又無日月生扶者。4.用神休囚伏藏又飛剋伏而無月日沖飛神者。5.用神休囚，化回頭剋。或化空破墓絕退者。

### 【157問】用神無生剋也不旺相，所占之事會成嗎？

答：事不會成的，理由如下：用神無生剋，並不等同不衰不旺，無生剋是原神與忌神都不動，換個方式說，就是不犯小人，但貴人也沒有現。像這種情形，所占求之事會成嗎？事要成是有條件的，何種條件？用神一定要旺，用旺則有氣有力，有力則事成。事成的條件中沒有「無生剋」這一項，也沒有「不旺相」這一條，因此，用神無生剋也不旺相，所占之事不會成。

### 【158問】「用鬼互化」，如何斷卦？

答：用爻與官鬼互化者，此爲凶象。用鬼互化共包括：用爻動化官鬼及官鬼動化用爻。一般以不吉斷之，如子孫化官鬼，吃藥無效，子女有災。妻財化官鬼，財運不佳，妻子有難。官鬼化兄弟，兄弟有災等。

### 【159問】占何事物以父母爻為用神？

答：1.人物：凡占父親、母親、祖父母、伯叔父、外祖父母、岳父母、義父母、奶媽、教師、師傅，與父母同輩者，皆以父母爻爲用神。2.事物：凡占房屋、車船、衣服、雨具、文章、書信、公文、手續、下雨天氣者，皆以父母爻爲用神。3.性質：凡占生我者、保護我、庇護我、文化類、辛苦勞累、操心、好學、忍耐、信任、人情味、奉獻、費盡心力等性質者，皆以父母爻爲用神。

### 【160問】占何事物以官鬼爻為用神？

答：1.人物：凡占丈夫、情人、官長、官方、上司、領導、盜賊、小人、流氓、騙子、老闆者，皆以官鬼爻爲用神。2.事物：凡占官府、司法機關、官職、工作、職位、事業、憂患、災禍、驚嚇、死人、屍體、盜賊、雷電、疾病、災害、官訟者，皆以官鬼爻爲用神。3.性質：凡占剋我、管束、制約、重名、重規則、憎恨、欺瞞、壓抑、仗勢欺人者，皆以官鬼爻爲用神。

## 【161問】占何事物以兄弟爻為用神？

答：1.人物：凡占兄弟姐妹、嫂子、姐夫、妹夫、弟媳、堂表兄姐妹、同學、同事、同行、朋友、股東、情敵、代理人、競爭對手者，皆以兄弟爻爲用神。2.事物：凡占阻力、阻隔、消耗、四肢、口舌、是非、路障、搶劫、打架、反抗、投機、行騙、破財、勒索、賭博、合夥、競爭、浪費、貪汙、受賄、休妻者，皆以兄弟爻爲用神。3.性質：凡占平輩、競爭、求財心切、搶購、貪財、貪色、義氣、鬥志、貪欲、強占、貪多好勝、鬥志、獨立、欺詐、不講理者，皆以兄弟爻爲用神。

## 【162問】占何事物以妻財爻為用神？

答：1.人物：凡占妻子、情婦、婢女、雇工者，皆以妻財爻爲用神。2.事物：凡占錢財、財產、貨物、珠寶、金銀、盈利、資金、工資、報酬、食品、飲料、血液、毛髮、器皿、工具、廚灶、米麥者，皆以妻財爻爲用神。3.性質：凡占物欲、務實、計較、重利、流行、物質者，皆以妻財爻爲用神。

## 【163問】占何事物以子孫爻為用神？

答：1.人物：凡占晚輩、術士、巫師、僧道、醫生、子女、孫子女、婿媳、外甥、學生、徒弟、小孩、忠臣、員警、保安、演員、藝人者，皆以子孫爻爲用神。2.事物：凡占收音機、錄音機、鼓樂器、玩具、運動器材、歡樂器具、六畜、藥物、遊樂場所、公園、酒吧、電影院者，皆以子孫爻爲用神。3.性質：凡占消解災難、平息事端、除憂患、娛樂性、創新、叛逆、悠閒、清高、玩物、和顏悅色、遇難呈祥者，皆以子孫爻爲用神。

## 【164問】可取世應為用神嗎？

答：可以。除了以六親爲用神之外，還有以世應爻爲用神的。世爻：世爻爲主、我身、我家、我鄉、我國、我方；應爻爲客、他身、他家、他鄉、他國、他方。世爻是看自己身體與安危有關的特定爻位，如看自己的外貌、體質、情緒、疾病、災難等。應爻通常爲所要測之事或他人，彼方、對方、仇人、敵人等。應爻有時後也可用來看客戶、賓客，朋友，或風水的朝山、朝向等。

## 【165問】原神的衰旺吉凶，如何看？

答：生用神之爻就叫做原神。例如：父母爻是兄弟爻的原神，兄弟爻是子孫爻的原神，子孫爻是妻財爻的原神，妻財爻是官鬼的原神，官鬼爻是父母爻的原神。原神喜動、喜旺、喜生。宜旺相及日月動爻生扶或臨日月，宜動化回頭生，化進神，不宜休囚空破，動化空絕、化退。同時又需要用神有根，若用神休囚空破，原神再旺也難以生扶它，如無根之枯木，生扶不起。

## 【166問】何謂「有用原神」？

答：原神的作用很大，世爻用神能得原神生之，是吉上加吉，使用神更有力。但原神雖然可以生用神，它是有條件的，即原神本身必須旺相，稱之為「有用原神」，否則難以生助用神。以下為有用原神，可以生用神：1.原神動化回頭生，或動化進神者。2.原神旺相，或臨日月，或得日月動爻生扶者。3.原神與忌神同時發動，形成忌神生原神，原神生用神的局面者。4.原神長生帝旺於日辰者。5.原神雖旬空化空但旺相者。

## 【167問】何謂「無用原神」？

答：原神是來輔助用神的，是用神動力之根源，故原神不宜太弱。原神最喜旺相於日月，動化回頭生，化進神，動爻生之等。原神旺相動空無妨，沖空填空日即有用。若原神休囚不動，或日月動爻沖剋，化退神墓絕等，則為「無用原神」。無用原神詳細說明如下：1.原神休囚動，或有發動但受刑沖剋傷者。2.原神休囚又遇旬空、月破者。3.原神休囚動而化退者。4.原神衰弱又處絕地者。

5.原神動而化絕、化剋、化日月破。6.原神入日墓、動墓或自化墓等三墓。

## 【168問】何謂「忌神」？

答：所謂忌神，就是指卦中剋制用神的卦爻，如用神是金爻，剋金者爲火，卦中火爻即是用神金爻的忌神。若卦中世用爻，被旺相之忌神發動來刑沖剋害，則必有凶災發生。忌神能剋傷世用的條件有下列幾種情況：1.忌神旺相，或遇日月動爻生扶，或忌神臨日月發動者。2.忌神動化回頭生扶或化進神者。3.忌神旺相，臨空化空者。4.忌神臨長生帝旺於日辰且發動者。5.忌神與仇神同動者。以上五種情形，忌神都必須發動才行，發動才有生剋之能力。

## 【169問】何謂「仇神」？

答：仇神就是指剋原神且生忌神之爻，即爲仇神。如：火爲用神；生火者木也，故木爲原神；剋火者水也，故水爲忌神；剋木且生水者爲金，故金爲仇神。仇神爲何取名爲仇神？誰跟誰有仇？《增刪卜易》：「仇神者何？實我剋成仇者也。我剋者或是仇神。生忌神剋原神的仇神的能力，也許就是反剋的原理。木，生木者水，剋木者金，剋水生金者土，應是木剋土，卻成土爲仇。」原來，仇神是我剋它的原神故才成仇。取它對我懷恨，視我爲仇敵也。《卜筮正宗》一書中也有提到仇神：「凡占卦要知仇神，先看制剋原神生扶忌神者，即是仇神也·如卦中仇神發動，則原神被傷，用神無根，忌神倍力，其禍可勝道耶。」占卦時，仇神還是要小心的，因爲只要仇神發動，不但原神被傷，而忌神之力卻是倍增，一旦用神無根，災禍會很大的。

## 【170問】「用神化吉」是何意？

答：凡用神動化回頭生、化長生、化帝旺、化扶助、化日月皆爲化吉，共有五種情形。這五種情形都使用神變強，變旺，變更有力、更有用，故稱之「用神化吉」，其中，1.如用神寅木動化子水，水生木，即動化回頭生。2.如用神寅木動化亥水，亥爲木之長生，即動化長生。3.如用神寅木動化卯木，卯爲木之帝旺，即動化帝旺。4.如用神寅木動化卯木，卯木扶助寅木，即動化扶助。5.如用神寅木動化午火，午爲日月，即動化日月。

## 【171問】「用神化凶」是何意？

答：凡用神動化回頭剋、化絕、化墓、化空、化鬼、化退神皆爲化凶。共有六種情形。這六種情形都使用神變弱，變衰，變得更無力、更無用，故稱之「用神化凶」，其中，1.如用神卯木動化酉金，金剋木，即動化回頭剋。2.如用神卯木動化申金，申金爲木之絕地，即動化絕。3.如用神卯木動化未土，未土爲木之墓地，即動化墓。4.如甲寅旬，用神卯木動化丑土，丑空亡，即動化空。

5.如用神卯木動化戌土，戌臨官鬼，即動化鬼。6.如用神卯木動化寅木，寅爲退神，即動化退神。

## 【172問】占何事一定要看原神？

答：《增刪卜易》：「水要看源，木要尋根。凡占身命、家宅、功名、墳墓、貿易等事，欲其久遠者。用神雖則爲重，而原神必須兼看。用神爲事之體，原神爲事之本。用神雖旺，原神若被傷剋者，即如水無泉源，木無根蒂。」這裡提到占五件事情，一定要看原神，即身命、家宅、功名、墳墓、貿易等五事。爲何？因爲這些事情「吉凶應期都很長」，既然是要長時間的觀察與判斷，就必須考慮到原神的作用。用神有了原神的生助，如木之根與水之源，有根本才能枝葉茂盛，有源頭才能源遠流長。

## 【173問】通常原神喜動，何時最好原神不動？

答：《增刪卜易》：「原神宜於安靜。占壽，世爲根本，原神爲滋生之物，宜旺而靜不宜動搖，其故何也？占他事宜原神動者，動則而有力也，占壽元不宜發動，動則已有限期矣，非原神逢絕墓之年，即在原神被沖剋之歲。」占壽命，原神不宜動。因爲，占壽命時，原神比用神重要，原神一旦發動，動必有生剋沖合等作用產生，所以說「動則已有限期矣」，原神逢絕墓或被沖剋之年，就是大限之年。

## 【174問】何謂用神之「絕生之法」？

答：絕生之法即「用神絕處逢生」，是出自於《易冒》一書。《易冒》：「蓋絕生之法有五：用神受日月之剋，遇動爻之生，一也；受動爻之剋，遇變爻之生，一也；受變爻之剋，遇動爻之生，一也；伏用受日月之剋，遇飛爻動爻之生，一也；伏用受飛爻動爻之剋，遇日月之生，一也。此五者皆謂之絕處逢生也。」一般的絕處逢生如下：世爻與用神，或絕於日，或化絕，如果能得到日月動爻來生者，就稱之爲「絕處逢生」。《易冒》所說的「用神絕處逢生」和一般所說的絕處逢生不同。《易冒》之絕生之法，重點是在「剋」而非絕，即用神遇日月動爻之剋傷要絕望時，而有飛爻等來生，就有生機。

## 【175問】用神逢墓絕，就一定是無用用神嗎？

答：不一定。用神逢墓絕及動而化墓化絕，不能據此就認定是無力無用，主要還是看衰旺，而衰旺是主要是由日月動變來決定的。因此，用神旺者逢墓絕及動而化墓化絕，也都不用擔心。至於用神衰弱者，就算不逢墓絕，還是無用用神一個。

## 【176問】忌神如何才能不忌？

答：1.凡是忌神最宜被剋，被剋則忌神者不能爲害。忌神被剋有四種情形：月剋、日剋、動爻剋及化回頭剋，只要忌神逢此四者之一，它處不見生扶忌神者，則忌神就能不忌。若非如此，用神確實被忌神剋傷，則以凶推。2.忌神不動，自是平安。換言之，卦中出現有忌神，是很普遍的事，只要忌神不發動，就沒事。3.忌神逢空，無法施展其力。4.忌神化退，同樣無力剋用神。

## 【177問】用神與世爻有何關係？

答：用神旺相，一般以吉來斷。但也不能光看用旺就斷卦爲吉，世爻最好也旺相，因爲世爻是事情禍福吉凶的「最終承受者」。世爻若是衰敗或自化退、化破、化絕、化回頭剋等，無論用神有多旺，一切都是空，因爲事成而自己沒得利。除此之外，用神最好還要能生世爻。旺用能生世爻，不但事能成，人也才能眞正獲利與吉祥。「用生世」這是大原則，用若不能生世，只要世用皆旺相，通常也都以吉論。若用剋世，一般以凶斷，但有三種占求，卻是「用剋世」反得吉兆的特殊情況，一是行人之占；二是醫藥之占；三是求財之占。占行人用神剋世者很快就能到家，占醫藥子孫爲用，子孫剋世者卽痊癒，財爻剋世者也是很快能得財。

## 【178問】何種情況稱之「用神無根」？

答：1.卦爻中無用神之原神，稱之用神無根。如用神爲木爻，本卦中無水爻者卽是，這種是眞正無根。2.另一種情形是用神逢月沖日剋，衰敗無氣，雖有原神生之不起者，也稱用神無根，這種屬雖有根，但已無救。

## 【179問】原神空亡表示什麼？

答：1.原神空亡，則護佑失力：原神是生用神者，如水之源頭，木之樹根，一旦原神空亡，等同沒有靠山與奧援，凡事只能靠自己。2.原神空亡，則意識模糊：原神是人的思想，空亡則無從深入思考，只能直覺反應，判斷會失去準確。3.原神空亡，則缺乏穩定：原神是人長期之穩定支持系統，空亡卽當機般，陷入混亂，前景堪虞。

## 【180問】可以不看用神，只憑「何親持世」來斷卦嗎？

答：可以的。《增刪卜易》提到，爲了讓不懂五行生剋者，能很快的進入占卜的世界，《增刪卜易》推薦一種「何親持世法」及「六沖法」，來占斷四件大事。1.占防憂患者，子孫持世則無憂，官鬼持世則憂患難解。2.占功名者，官鬼持世則可成名，子孫持世且時機未到。3.占求財運者，妻財持世者必得，兄弟持世者難求。4.占病者，六沖卦近病痊癒，久病難醫。

## 【181問】何謂「獨發易取，亂動難尋」？

答：此句話出自於《火珠林》，意思是所占問事情的吉凶訊息，都反映在動爻之上。六爻當中只有一個動爻的，稱作「六爻獨發」，卦不妄動，動則有因。只有一個動爻的，卽所謂動爻獨發者，事情的變化比較單純，易於分析與掌握。至於動爻超過兩個以上，稱爲亂動者，整個事件分析起來就複雜多了，處理起來有些棘手。此句話中的「易取」與「難尋」，有人解釋成是在論「取用神」的難易，這種解釋是不對的，因爲「取用」並非最難之處，六爻亂動者之難解，並非取用神，而是多一個動爻就多一個變量，動爻本身有化「生剋沖合刑」，化「空破墓絕退」等問題要考量，變量與其它變量間，又有生剋沖合刑等的變化要處理。因此，所謂「難尋」所指應該是最終的吉凶結論，難以產生。

## 第五篇

# 六親與六神

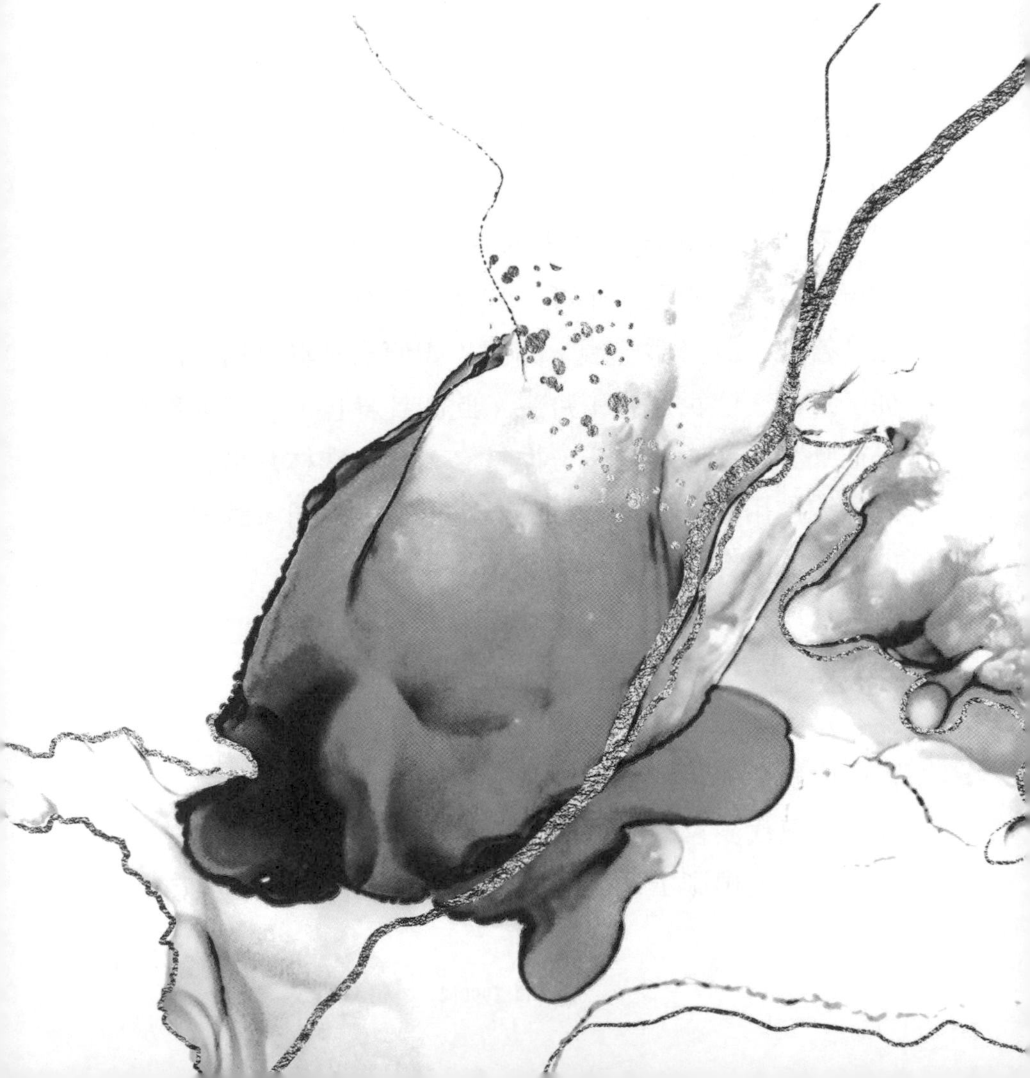

## 【182問】六親只有五位，為何稱六親？

答：六親在六爻預測中是很重要的，沒有六親就無法取用神，沒有用神就不能斷吉凶。六親確實只有五位，卽父母、兄弟、子孫、妻財、官鬼等五位。但爲何稱六親？這要從六親的源頭談起。六親的源頭是五行，五行生剋後才產生六親。所謂剋我者官鬼，我剋者妻財，生我者父母，我生者子孫，同我者兄弟，共五位，再加上「我」本身，故稱之爲六親。

## 【183問】關於六親只有五位，聽說《火珠林》有不同說法？

答：的確如此。《火珠林》：「或問：六親爲主，父母、兄弟、妻財、子孫、官鬼，只有五件，而曰六親何也？答曰：卦身當一親。問曰：如何爲卦身？曰：陽世則從子月起，陰世還當午月生，此卽卦身也。」《火珠林》是把卦身當成六親之一。換言之，《火珠林》是十分重視卦身的作用的，此觀點和《卜筮正宗》相同，認爲卦身爲占事之主，若無卦身，事無頭緒。

## 【184問】六親中，官鬼是何含義？

答：剋我者官鬼，一切拘束我身者是也。女人問卦，官鬼代表丈夫，及丈夫的兄弟、舊輩、朋友。無論男女問卦，官鬼代表官職、單位、功名、官府、司法、領導等，有工作的人預測工作情況，官鬼代表工作。官鬼還可以代表亂臣、賊盜、邪祟、盜賊、壞人、病災。官鬼在天氣中代表雷電、逆風等。所以從官鬼的意象來看，有好和壞兩個方面，從好的方面講，官鬼對我的束縛是有利於我的，比如升職、功名等，從壞方面來講，這種束縛是不利於我的，比如牢獄、病災、壞人等。所以在占測中，一般忌諱官鬼入墓，因爲這會意味著牢獄之災。

## 【185問】六親中，兄弟是何含義？

答：同類者兄弟，兄弟姐妹、競爭對手、同行、同事等。詳細如下：1.在親緣上：兄弟、姐妹、同輩親屬、深交朋友等。2.無血緣上：同事、同學、同僚、朋友。3.在事物上：刮風、財損、同行、對手。4.占事情上：破財之神、阻隔之神，多耗財。5.占姻緣上：旺則花費大，在間爻發動，此事有詐。6.占工作上：同事嫉妒、競爭人多。7.占官司上：爲耗財，爲證人。宜靜不宜動，動則耗財。8.占失物上：發動，難以追尋。9.占求財上：發動必然難求。10.占出外上：不宜發動，動則花費多。11.占疾病上：旺動則妻有傷。旺則藥有效，但藥貴。

## 【186問】六親中，子孫是何含義？

答：子孫是我生者，我喜歡做的，我想要實現的，我的想法等都是子孫。子孫生妻財，所以子孫是財的來源。子孫剋制官鬼，所以能代表所有剋制官鬼的人事物，如醫藥等，也都是子孫。子孫爻的含義。1.對應人物：晚輩、小孩、下屬、僧道等。2.對應事物：唱歌跳舞、旅遊運動、發表著作、藝術創作等。3.對應物品：收音機、玩具、運動器材等。4.對應場所：酒店酒吧、劇院、電影院等。5.動物方面：寵物、六畜、禽蟲等。

子孫持世，靠嘴巴求財，靠規劃、創意等求財。測官司，孫旺能使雙方和解。測災禍，孫爻剋制災禍。測養殖，孫爻旺衰表示養殖物的成長狀況。占身命，子孫持世主一輩子衣食有餘。測財運，發動旺相，主財源滾滾。女測婚姻，子孫持世，有婚災。測疾病，孫爻表示醫藥，當令發動病自安。測家宅，持世其家清安獲福。

## 【187問】六親中，妻財是何含義？

答：我所占有或控制者，卽是妻財。如感情卦中，男測婚，妻財爻就有妻子的含義，同時也有錢財的含義。1.在人事上：妻子、僕人等我掌控、驅使之人皆是。2.在事物上：求財、珠寶、買賣、生意等。3.占天氣上：則指晴朗多雲。4.在測病上：代表飲食及藥物吸收能力，及家庭財力。5.在場所上：飯店、酒店、食堂、銀行等。6.在性情上：現實、物欲重、愛錢等。7.在婚姻上：男占財不宜發動，動則傷公婆。8.占身命上：持世生世，主一生財利發富。9.占財運上：利持世生世，利潤豐裕。10.占官訟上：財去生官，要用財通關。11.占失物上：安靜不空，其物可尋。12.占行人上：爲旅費。

## 【188問】六親中，父母是何含義？

答：父母代表長輩、父母，也代表房屋、書籍、檔案等。生我者爲父母，故凡六爻測我的長輩的，都是父母。1.在心性上：辛苦、操心、費力等。2.在地點上：屋裡、田地、墳墓等。3.在交通上：汽車、火車、飛機等。4.在物品上：衣服、帽子、被子、行李等。5.在文化上：文具、圖紙、考試、設計等。6.在教育上：文化、學位、升學、知識等。7.在證件上：合同、護照、作品、報告等。8.在精神上：理解力、想像力、思考力等。9.在疾病上：頭腦、面部、體質、病理等。

## 【189問】何謂「六親發動訣」？

答：「六親發動訣」出自於《卜筮正宗》。六親在六爻預測中用途很大，沒有六親就無法取出用神。整個六爻占問的過程，幾乎都是繞著六親的生剋衰旺在發展。倘若卦中六親發動，發動之後必有生有剋，含有豐富的訊息在裡面。在預測時，根據六親的發動與生剋，就能準確作出判斷。

## 【190問】父母爻發動，會發生什麼事？

答：「六親發動訣」：「父動當頭剋子孫，病人無藥主昏沉，姻親子息應難得，買賣勞心利不存，觀望行人書信動，論官下狀理先分，士人科舉登金榜，失物逃亡要訴論。」內容是說，父母爻動剋子孫，子孫主醫藥，所以不利於疾病，占病無藥可救，病人昏沉。子孫主子息，子孫被剋則占子息難求。另外，子孫爲妻財之原神，子孫被剋則經營無利可圖。父母主訊息與訴狀，父母動行人有訊息將至，占官司則爲有理。父母主考試，發動金榜題名，占東西掉了或逃亡者，都會貼公告。

## 【191問】子孫爻發動，會發生什麼事？

答：「六親發動訣」：「子孫發動傷官鬼，占病求醫身便痊，行人買賣身康泰，婚姻喜美是前緣，產婦當生子易養，詞訟私和不到官，謁貴求名休進用，勸君守分聽乎天。」內容是說，子孫爻動剋官鬼，官鬼主疾病，所以，有病求醫很快病就好了。官鬼主災禍，占行人在外平安。子孫爲財源，占買賣得利，婚姻美滿。占生產以子孫爲子息，產婦順利子好養。官鬼主官司，占官司私下和解。官鬼主功名，官鬼被剋，不惟升遷無望，恐有官司臨身，只有隨順上天的安排，莫強求。

## 【192問】官鬼爻發動，會發生什麼事？

答：「六親發動訣」：「官鬼從來剋兄弟，婚姻未就生疑滯，病困門庭禍祟來，耕種蠶桑皆不利，出外逃亡定見災，詞訟官非有囚繫，買賣財輕賭博輸，失脫難尋多暗昧。」內容是說，官鬼爻動剋兄弟，官鬼主丈夫，占婚姻時不喜官動，官動生異心，解除婚約。官鬼主病與鬼怪，占病與宅運，病不容易好，家中出鬼怪而引發災禍。占農事沒收成。占外出或逃亡，半途遇災難。占官司，犯小人被刑罰。占買賣，無利可圖，賭博必輸。占失物則難尋。占行人多不歸。

## 【193問】妻財爻發動，會發生什麼事？

答：「六親發動訣」：「財爻發動剋文書，應舉求名總是虛，將本經營爲大吉，親姻如意樂無虞，行人在外身將動，產婦求神易脫除，失物靜安家未出，病人傷胃更傷脾。」內容是說，妻財發動剋父母，父母主考試，占考試，科考無望。妻財主財利，占經營大發利市，占婚姻，婚姻美滿如意。占行人，起身回家去。占孕產爲順利生產，母子均安。占丟失則失物完好。占病人脾胃之疾，病人難進飲食。

## 【194問】兄弟爻發動，會發生什麼事？

答：「六親發動訣」：「兄弟交重剋了財，病人難癒未難災，應舉雷同爲忌客，官非陰賊耗錢財，若帶吉神爲有助，出路行人尚未來，貨物經商消拆本，買婢求妻事不諧。」內容是說，兄弟爻動剋妻財，占病難癒，宜考慮換醫藥爲要。兄弟爲競爭者，占考試爲他人上榜，占官司則小人叢生，白花了很多錢。兄弟動如果帶有吉神，則對所占求之事有幫助。占行人，行人還未動身。占做生意連本都虧了。占妻子或婢女之事，都不順利。

## 【195問】占卦，無官鬼表示什麼？

答：卦中不可無官鬼，官鬼宜靜不宜動。1.占身命：無官鬼，財產聚散無常，因為兄弟沒有制衡。2.占婚姻：無官鬼婚難成，丈夫遭不幸。3.占功名：無官鬼，功名難成，縱有貴人終難貴。4.占失物：無官鬼，自己搞丟了，或賊難獲。5.占求財：無官鬼，兄弟猖狂，有財亦薄。6.占家宅：無官鬼，無氣，鬼者財護也，無鬼無護也，必主破耗多端。7.占疾病：無官鬼，不知何病，難治療。

官鬼，有益於我者，如名譽、地位、官貴、職位等。也有害於我者，如小人、災難、病災、盜賊等，占卦時要善加於分辨才是。

## 【196問】何謂「無鬼無氣」？

答：「無鬼無氣」這句話出自於宋元占卜古籍《通玄妙論》：「鬼者，無形而有用，卦中不可無。宜靜不宜動，帶吉神動，亦能為福；加凶煞動，無不為殃。占身無鬼，資財聚散無常，多招兄弟嫉妒。占婚無鬼，婚難成；縱成，夫當夭折。占官無鬼，兄弟必爭權，主在他人手下趁財，財亦薄。宅無鬼，謂之無氣。鬼者，財之主也，財雖旺，必有主張，然後能聚，無鬼無主也，必主破耗多端、資財不聚。占病無鬼，必無叩告之門，乃天命年盡也，其病難療。惟有占產、出行、行人、田蠶無鬼方為大吉之兆也。」內容主要強調，官鬼雖多不吉，但卦中不可無的道理。

## 【197問】何謂「助鬼傷身」？

答：所謂助鬼傷身，是指卦中妻財發動來生官鬼，結果衰鬼變成旺鬼，旺鬼遇之，其勢愈旺，結果愈凶。凡卦官鬼剋世爻者，若無財凶有限，但若有財，且財官皆動，其禍不可勝言。倘得子孫發動，有福神來解救，反而凶可成吉，轉禍爲祥。

## 【198問】占卦，為何說官鬼最好「不動不空」？

答：引一段《易林補遺》書中的話來說明，卽能明白其中的道理。《易林補遺》：「官鬼爲禍殃凶惡之神，世上官災火盜，無鬼不爲。發動則有傷兄弟兼作禍殃，又不宜空，空則功名不顯，夫主有虧，諸般謀事少成，家貲耗散，此爻不動不空，便爲佳矣！」意思是說，占卦時官鬼一定要有，「有」但「不能動」，爲什麼？一旦鬼動，必剋兄弟或其它諸爻，災禍難免。除了不能動之外，最好官鬼也不能空，官鬼若空，功名可能就沒指望了，做任何事情都不容易成功，家中財產也會散掉。若女占更慘，官鬼主丈夫，夫空，可能連丈夫也沒了。

## 【199問】何謂「六親變化歌」？

答：六親變化，古籍《斷易天機》、《海底眼》、《卜筮正宗》、《易隱》、《碎金賦》等都有收錄，內容大同小異。至於「六親變化歌」則出自於《卜筮正宗》，此一歌訣是說明六親發動之後的「動爻」與「變爻」關係，因爲動爻和變爻之間會有生剋關係，而這些生剋關係，最終是加強或是減弱了動爻的力量，會直接影響到六親做爲用神功能。整個六親變化歌的重點，還是在生剋之後的六親旺衰，乃至於所占問事情的吉凶。

## 【200問】父母爻動化之後的結果有幾種？

答：「六親變化歌」：「父母化父母，進神文書許，化子不傷丁，化鬼官遷舉，化財宅長憂，兄弟爲泄氣。」內容說，父母爻發動化出父母進神者，對文書方面的事有利。如占求文憑、執照之類，馬上可以得到。如化出子孫爻對子孫無礙，因動爻不剋所化變爻。父母爻化官鬼是化回頭生，大吉之兆，有利於工作升遷之事。父母化財爻是化回頭剋，不利長輩之事。父母化兄弟，爲泄氣，不利所占求。

## 【201問】子孫爻動化之後的結果有幾種？

答：「六親變化歌」：「子孫化退神，人財不稱情。化父田財敗，化財加倍榮。化鬼憂生產，化兄謂相生。」內容說，若子孫化退神，不論測事或測財都不好，人和財都不稱心。子孫爻化父母爻是化回頭剋，農作物與田地必受損失。化財爻大吉。化官鬼不利產婦，鬼子互化，嬰兒有危險。子孫化兄弟是化回頭生，大吉之兆。

## 【202問】官鬼爻動化之後的結果有幾種？

答：「六親變化歌」：「官化進神祿，求官應急速。化財占病凶，化父文書遂。化子必傷官，化兄家不睦。」內容說，官鬼發動化進神，占求官之事乃大吉，主求官快速。官鬼化財爻是化回頭生，占病乃是不吉，財生官，官旺主病情加重。官鬼化父母，占求文書之事，可以如意。官鬼化子孫是化回頭剋，占工作之事，則大不利。官鬼化兄弟，鬼兄互化，主家庭不和睦。

## 【203問】妻財爻動化之後的結果有幾種？

答：「六親變化歌」：「財爻化進神，錢財入宅來。化官憂戚戚，化子笑哈哈。化父宜家長，化兄當破財。」內容說，財爻化進神，主財源滾滾。財爻化出官鬼，主有憂心之事。財爻化子孫是化回頭生，主大發財利。財爻化父母，對家長有利。財爻化兄弟是化回頭剋，有破財之兆。

## 【204問】兄弟爻動化之後的結果有幾種？

答：「六親變化歌」：「兄弟化退神，凡占無所忌。化父妾奴驚，化財財未遂。化官弟有災，化子卻如意。」內容說，兄弟乃破財之神，宜化退神爲吉。兄弟化父母是化回頭生，對妻子與錢財都不利。兄弟化財爻，求財不如意。兄弟化官鬼是化回頭剋，主兄弟姐妹有災。兄弟化子孫卻事事如意，因爲兄弟是子孫的原神。

## 【205問】何謂「子孫獨發」？

答：「子孫獨發」一詞出自於《火珠林》：「子孫獨發，爲退爲散；若乘旺相，亦可求財。」意思是，卦中子孫獨發，對於占求功名以官鬼爲用神者，子孫爲制鬼之神，則爲退官散職。對於占測財運者，子孫爲用神妻財之原神，此時子孫若旺相發動生之，則有財利可得。

## 【206問】何謂「兄弟獨發」？

答；「兄弟獨發」一詞同樣出自於《火珠林》：「兄弟獨發，爲詐爲虛；若乘旺相，財破嗟吁。」意思是，卦中兄弟獨發，兄弟爲劫財之神，一旦發動發主虛詐不實之事。若兄弟旺相發動有力，破財情形更爲嚴重，可要憂傷感嘆了。

## 【207問】何謂六神？如何安六神？

答：六神，也稱爲「六獸」。依序爲一青龍、二朱雀、三勾陳、四螣蛇、五白虎、六玄武。這是傳說中的六種神獸，其中青龍、朱雀、白虎和玄武更是作爲風水上的四方神獸，爲人所熟知。具體而言，青龍爲東方甲乙木，朱雀爲南方丙丁火，白虎爲西方庚辛金，玄武爲北方壬癸水。裝六獸主要依據占問日的天干，訣曰：「甲乙起青龍，丙丁起朱雀；戊日起勾陳，己日起螣蛇；庚辛起白虎，壬癸起玄武」。卽如果甲日或乙日占卦，初爻爲青龍，二爻爲朱雀，三爻爲勾陳，四爻爲螣蛇，五爻爲白虎，六爻爲玄武。

## 【208問】六神在六爻卦中有何作用？

答：卦中每爻配一個六神，每神在不同的爻位，都有它的吉凶含義，用以輔助來斷卦細節處。六神的五行屬性：青龍木、朱雀火、勾陳陽土、騰蛇陰土、白虎金、玄武水。六神在六爻預測中雖不能決定吉凶，但可用來輔助預測，在細部論斷卦時不可缺少的成分。它主要是用來與六親配合，產生新的意義。另外，在占問疾病時，能幫助瞭解病因等細節。在六爻預測中，六神應用恰當與否，關係著預測的深度、廣度和準確性，因此必須熟知使用法。

## 【209問】六神中之青龍，含義為何？

答：青龍屬木，代表東方，主大樹、青色，財帛、吉祥、朋友、生子、酒食、新鮮、帥氣、喜慶、玩樂、仁慈、正當、首次，神經、光明正大、消息、仙佛、裝修、飲食、酸痛等。青龍臨世用，旺相，爲人慈祥好善，見人和顏悅色，主此人從事公職，職業正當，愛打扮、個性耿直、光明磊落等人格特性。休囚爲人固執己見、處事死板。

## 【210問】六神中之朱雀，含義為何？

答：朱雀屬火，代表南方，主怨言、說話、名氣、熱鬧、口才、是非、消息、火速、被詛咒、發炎、飲食、學校、口舌、是非、聲響、文書、文明、資訊。代表能發出聲音之類，如歌聲、電話、說話、演講、靠口，靠聲音表達。朱雀臨世用，旺相，爲人急切、熱情、多禮，愛說話、口才好、善於表達。休囚則主急躁、罵人、吵架。職業宜翻譯、老師、律師、傳教士、宣傳、傾銷、廣播等靠口、文化等工作。

**【211問】六神中之勾陳，含義為何？**

答：勾陳屬土，代表中心，主山林、厝宅、勾纏、老實、醜陋、長久、土地、老舊、勾搭、牽連、內心、工程、建築、拐彎、腫瘤、牢獄、不動、不變、停滯、動土、契約、熟識等。勾陳臨世用，旺相，爲人老實、樸實、忠厚。休囚爲人處事死扳呆板，不夠圓滑，自我約束，自我束縛。職業宜專業技術、變動較少的工作或合作事業。

**【212問】六神中之螣蛇，含義為何？**

答：螣蛇屬土，代表中心，主陰沉、已死亡、虛浮不實、心機多疑、陰煞、前世、暗中、奸詐、拐彎、神靈、自殺、虛驚、怪異、牢獄、繩索、軟管、纏繞、小雨、小河、小路、捆綁。螣蛇臨世用，旺相，爲人八面玲瓏、有手腕，休囚主人脾氣古怪、虛僞、虛假、心機、虛浮不實。職業宜適於外交、接待之類公關工作。

## 【213問】六神中之白虎，含義為何？

答：白虎屬金，代表西方，主剛強、好鬥、性急、不仁、強勢、喪亡、刀劍、開刀、血光、白色、強烈、猛烈、勇敢、凶災、橫禍。白虎臨世用，旺相，爲人性格猛烈、勇敢威武、大張旗鼓、威風凜凜。休囚，性格沉穩、城府深、善於心計、嚴厲殺氣。職業宜醫生、律師、屠夫等。

## 【214問】六神中之玄武，含義為何？

答：玄武屬水，代表北方，主言而不實、奸詐貪吝、陰謀、賊星、暗中、偷偷的、桃花、色情、淫亂、廁所、髒臭、風濕、內心、暈眩、潰爛、昏沉、難言之隱、因女人惹禍等。玄武臨世用，旺相，性格機智、圓滑；休囚主人輕浮，說話華而不實，做事沒信用，明一套暗一套、陰險、狡詐。職業宜與水有關的行業，如水電、行船、船員、水上運輸、清潔公司等行業。

## 【215問】何知章中，有提到白虎的有哪些？

答：總共有九句話，如下：1.何知人家父母疾，白虎臨爻兼刑剋。2.何知人家子孫災，白虎當臨福德來。3.何知人家小兒死，子孫空亡加白虎。4.何知人家兄弟亡，用落空亡白虎傷。5.何知人家妻有災，虎臨兄弟動傷財。6.何知人家墓有風，白虎空亡巽巳攻。7.何知人家墓有水，白虎空亡臨亥子。8.何知人家孝服來，交重白虎臨鬼排。9.何知人家損六畜，白虎帶鬼臨所屬。

**【216問】「何知人家墓有風，白虎空亡巽巳攻。」如何解釋？**

答：陰宅風水，墓地應藏風聚氣爲吉，今墓地有風貫入，白虎主毀損，可見墓已破損。世爻爲穴場，在震巽木宮上，墓屬土，易受木土之剋。加上值白虎空亡，空亡表示此墓已無地氣保護，占得此卦須趕緊遷葬爲宜。

**【217問】「何知人家墓有水，白虎空亡臨亥子。」如何解釋？**

答：風水得水爲上，但水要有距離且環抱。尤其墓地絕不能進水，一但進水，表示子孫後代運程不佳，身體也不好，容易得風溼關節骨痛，甚至溺水而亡。白虎主毀損，空亡主沒地氣，世爻臨空亡且地支爲亥子者，就有可能發生墓地及棺材入水之現象。

**【218問】五爻臨官鬼發動，會發生何事？**

答：《卜筮全書》：「五爻爲路。臨官發動，途中必多驚險，出外求財大宜避之。要知有何災咎，以所臨六神斷。如白虎爲風波，玄武爲盜賊類。路爻空亡，亦不宜出外。」內容說，五爻爲道路，臨官鬼發動，即在半路上必有不少驚險發生，想要出外求財的人，盡可能的不要出門，因爲，萬一命都沒了，求財何用？至於會發生什麼事，則要結合六神來看。臨白虎爲意外風波、血光、意外等；臨玄武爲遇到小偷或強盜，臨朱雀爲口舌，臨螣蛇爲中邪等。五爻空亡，也不宜外出，可能一事無成。

## 【219問】青龍臨不同六親，代表何義？

答：1.青龍臨官鬼：代表法律、正直丈夫、員警、法官、神位等。2.青龍臨父母：代表經文、文書、證件、法律條文、英俊長輩、新房子、新契約等。3.青龍臨兄弟：代表英俊兄弟、正大光明兄弟、喜慶中的朋友。4.青龍臨子孫：代表新產品、吉祥兒子、孫有喜慶、正當娛樂、新的藥品、戀愛新對象。5.青龍臨妻財：代表漂亮妻子、喜慶得財、新婚妻子、太太有喜、正當娛樂等。

## 【220問】朱雀臨不同六親，代表何義？

答：1.朱雀臨官鬼：代表官非口舌、咀咒傷人、符咒邪術、明堂有煞、官員幫忙說話、愛說話的丈夫、宣布管理制度、法官說的話。2.朱雀臨父母：代表書信、電報、電話、當老師、唸經、口頭願、父母的交代、長輩講的話、請長輩幫忙講話、談契約內容、熱鬧房子等。3.朱雀臨兄弟：口舌爭端、沒錢靠口才、兄弟說的話、請兄弟幫忙說話等。4.朱雀臨子孫：代表宣揚計畫、放消息、愛說話的子女、對員工講習、產品要宣傳。5.朱雀臨妻材：代表與太太爭吵、吃不好的東西發燒、口才好的太太、靠口才賺錢太太、錢的消息、太太的消息等。

## 【221問】勾陳臨不同六親，代表何義？

答：1.勾陳臨官鬼：代表熟客、舊情人、牢獄之災、長期官司、以前老制度、很黏的丈夫、老毛病、腫脹之病、認識很久的法官、老實丈夫、是非的土地、禍及一生等。2.勾陳臨父母：代表跌倒、長期辛苦工作、長久的土地、簽很長的約、老舊房等。3.勾陳臨兄弟：代表老朋友、老實朋友、兄弟爲了土地、長期的破財。4.勾陳臨子孫：代表長期服藥、醜子孫、老計畫、藥丸、忠厚的法官、丸狀產品、老顧客。5.勾陳臨妻財：代表情敵、土地的錢、前妻、醜妻、老實妻、纏著不放之妻、以前存的錢。

## 【222問】螣蛇臨不同六親，代表何義？

答：1.螣蛇臨官鬼：代表陰煞、陰沉丈夫、摸不著頭緒的制度、法官拐彎抹角。2.螣蛇臨父母：代表祖靈、陰靈之屋、拐彎再簽約、父母有怪病。3.螣蛇臨兄弟：代表陰煞兄弟、對方設圈套害人、平輩公媽。4.螣蛇臨子孫：代表陰德、祭改陰煞、神壇開的藥、彎曲的產品、疑心病的子女、神指示的計畫、自殺的子女。5.螣蛇臨妻財：代表前世之妻、奸詐之妻、已過世之妻、陰靈看守的錢、拐彎抹角的妻、太太鬧自殺、前世因緣。

## 【223問】白虎臨不同六親，代表何義？

答：1.白虎臨官鬼：代表病死、男友受傷、官員強迫、已過世丈夫、強勢丈夫、強勢的制度。2.白虎臨父母：代表強勢父母、血光房屋、已過世長輩。3.白虎臨兄弟：代表朋友有病、兇悍兄弟、兄弟強迫、已過世兄弟。4.白虎臨子孫：代表爆躁子女、開刀子女、爭強鬥勝子女、強勢企劃案、白色方形產品藥丸、已過世子孫、血光子孫。5.白虎臨妻財：代表強勢老婆、快速的錢、已過世老婆。

### 【224問】玄武臨不同六親，代表何義？

答：1.玄武臨官鬼：代表花柳病、暗中幫忙的官員、小偷、桃花官司、有女人緣的丈夫。2.玄武臨父母：代表桃花長輩、暗中長輩、色情行業長輩。3.玄武臨兄弟：代表朋友暗中、風月場所中的朋友、犯桃花的朋友、當小偷的朋友、看不見的兄弟。4.玄武臨子孫：代表非婚生子女、來路不明之藥、偷挖別人員工、偷計畫、桃色糾紛部屬。5.玄武臨妻財：代表情敵、地下情人、同居人、曖昧財、私房錢、色情場所的錢、偷東西的女人、犯桃花的太太。

### 【225問】青龍發動，會發生哪些事？

答：「六獸歌斷」：「發動青龍附用通，進財進祿福無窮，臨仇遇忌都無益，酒色成災在此中。」意思是，青龍主喜事。如逢動爻或是在用神上，表示財富與官祿都將無窮無盡。但若逢忌神，且又是動爻，會因酒色而遭逢災厄。

## 【226問】朱雀發動，會發生哪些事？

答：「六獸歌斷」：「朱雀交重文印旺，煞神相併漫勞功，是非口舌皆因此，動出生身卻利公。」意思是，朱雀主口舌和文書。如逢動爻旺相，有利於公務文書，或是論文寫作。如逢忌神，且動爻旺相，口舌與是非多，或犯小人之災厄，文案等也會受到不利影響。

## 【227問】勾陳發動，會發生哪些事？

答：「六獸歌斷」：「勾陳發動憂田土，累歲屯邅爲忌逢，生用有情方是吉，若然安靜不迷蒙。」意思是，勾陳主土地和家園。如逢動爻，表示田園種植有異動，不是件好事。應凶者，運勢屯邅，前程無望。若來生助用神才爲吉，諸事不顛倒迷濛。

## 【228問】螣蛇發動，會發生哪些事？

答：「六獸歌斷」：「螣蛇鬼剋憂縈絆，怪夢陰魔暗裡攻，持木落空休道吉，逢沖之日莫逃凶。」意思是，螣蛇主陰煞或鬼氣干擾。如逢動爻和官鬼，表示有陰煞的情形發生，會使人做惡夢、失眠、虛驚、失神等現象發生。若臨木再落空亡，或被日辰來沖剋，情況會更糟糕。

## 【229問】白虎發動，會發生哪些事？

答：「六獸歌斷」：「白虎爻重喪惡事，官司病患必成凶，持金動剋妨人口，遇火生身便不同。」意思是，白虎主意外和喪亡。最不利於官司與疾病，如果正逢申酉金來剋傷用神，可能會有家人死亡。若有火來生用神，抵抗白虎金，結果大不同。

## 【230問】玄武發動，會發生哪些事？

答：「六獸歌斷」：「玄武動搖多暗昧，若臨官鬼賊交攻，有情生世邪無犯，仇忌臨之姦盜凶。」意思是，玄武主感情和偷盜之災。逢動爻和官鬼表示會有情色之災，和被偷盜的事發生而心生不安。若玄武動來生世爻，則邪氣不臨身。

## 【231問】六神吉凶與五行有關嗎？

答：有密切的關係，因爲六神本身有五行，遇上不同五行之爻，自然會產生了生剋。1.青龍屬木，遇水爲水生木，大吉；若值金爻非爲全吉。2.白虎屬金，遇土增加其氣勢，若遭午地，則受制不至於大凶。3.玄武屬水，遇金增加其氣勢；如居土位，玄武轉弱，盜賊之患稍可防備。4.勾陳屬土，遇火添加威力；若在木爻，土被剋，田地稻穀欠收成。5.朱雀屬火，見木增加光芒；若入水中，官訟當息滅。6.螣蛇雖附屬於土，原本卻屬火，故遇水難傷它，逢木也不受剋，這或許是螣蛇本身就是怪異的原因吧。

## 【232問】何知章中，有提到螣蛇的有哪些？

答：總共有五句話，如下：1.何知人家雞亂啼，螣蛇入酉不須疑。2.何知人家犬亂吠，螣蛇入戌又逢鬼。3.何知人家痘疹病，螣蛇爻被火燒定。4.何知人家多夢寐，螣蛇帶鬼來持世。5.何知人家出鬼怪，螣蛇白虎臨門在。

## 【233問】「何知人家雞亂啼，螣蛇入酉不須疑。」如何解釋？

答：俗云：「雞叫三遍天下白」。正常的情況下，雞叫第一遍的時間約在三更，叫第二遍在四更，叫第三遍在五更天，約早晨三至五點鐘。結果，現在雞不按時來鳴，反而亂叫，原因爲何？螣蛇主陰煞、驚嚇、怪異等。酉屬雞。以六爻來說，螣蛇在地支酉，就有可能發生這種不正常的情況。

## 【234問】「何知人家出鬼怪，螣蛇白虎臨門在。」如何解釋？

答：家中出現鬼怪，原因何在？以六爻預測來說，螣蛇或白虎出現在三四爻即是。螣蛇主怪異，至於白虎主死亡、凶惡、血光等，與家中不平靜也有關連，三四爻主門戶。所以說當螣蛇或白虎出現在三四爻時，家中就容易有鬼怪產生。

## 【235問】官鬼動占何事吉，何事不吉？

答：1.占卜求官，逢官鬼爻旺相發動，世爻得官鬼生扶，得官無疑。若是再得驛馬等相生，更是很快就可上任。2.官職調動也是一樣，逢官鬼動，遷調可成。3.另外，女未婚占婚，官鬼發動來生世爻，婚姻可成。但若官鬼爻刑剋世爻，皆主婚不成。4.測病，官鬼爻臨白虎動，可能要有心理準備，因爲官鬼加上白虎是大凶，表示家中有喪事。5.占天氣，官鬼爻旺相動，主打雷、冰雹、閃電，並且大雨滂沱。6.占陰宅風水，官鬼旺動剋世爻，最凶。官鬼要休囚安靜爲宜。

## 【236問】官鬼不動或動而不剋世，就不會有災禍發生？

答：卦中鬼不動又不剋世，表面上應是平安無事了，但有兩種狀況仍宜小心。1.用神動化官鬼：如占子息，以子孫酉金爲用神，孫動化爲官鬼寅木，此爲「子鬼互化」，子孫變鬼，顯示無子之兆，爲大凶之卦。2.世持官鬼：除非占功名，否則世持官鬼諸占不利，測病則是疾病纏身，測官司則是訴訟不斷。

## 【237問】占鬼怪之事，以螣蛇為用神對嗎？

答：螣蛇主虛驚之事、陰煞侵襲、神奇古怪之事等，也代表犯陰煞、因果病等。《斷易鬼靈經》：「凡占人家有怪異之物不祥等，凡伏爻中但以螣蛇動入八卦六親友爻依決斷之驗。鬼靈經斷曰：占賢妙決鬼靈經，卦中占出勝如神，乾卦艮巽五行取，先向爻蛇身上尋。」以上內容：凡占怪異、不祥之事，以卦中螣蛇發動爲斷，再配合六親、宮位、五行等，就能知道詳細情形。如何看有無犯陰煞等事？只要看世爻、應爻、用神等，持螣蛇，或刑合螣蛇，即有可能是犯到陰煞。

## 【238問】占陰宅風水，有所謂「虎不能抬頭」，是何意思？

答：風水上有一句話說：「寧可青龍高千丈，不宜白虎亂抬頭。」即墓穴的右邊小山屬虎，是很兇猛的，不能惹。其實不論陰陽宅任何建築，最好都是左邊比右邊的建築稍高一點，諸事才能順遂。若相反，成了右高左低，則往往會有壞人當道、好人受苦、官非口舌、災厄連連之現象。因此，陰宅風水最好的格局即是，左邊稍高青龍旺，帶木主林木茂盛，帶土則山嶺雄偉，秀氣從左而來。右邊白虎略低，臨水主流泉脈遠，加金則岩石奇麗，其秀氣從右而至。

## 【239問】占卦時六親多與六親缺，表示什麼？

答：一個卦中的不同六親，本卦最多就是兩個，不會發生類似八字中滿盤皆財或官等情形，但若含日月及變爻，則有可能超過兩個。六親多，代表此六親的相關人物、事物等，就會是觀察的重點。至於缺六親，同樣也是觀察的重點，如缺官鬼，生病找不到病因。女占，婚姻不明等。缺父母，學歷不高，不喜求醫，與長輩緣薄等遺憾。

## 【240問】父母爻被剋時，要注意何事？

答：依人事物三個範圍來取象。1.人：父母爻主祖父母、父母、長輩等。最近長輩的健康與出入，都要特別小心。2.事：父母爻主契約、文書等。最近不要作保，短期內不要隨意訂合同，簽約等，否則一定有損失。3.物：父母爻主房子、汽車等。最近避免購屋買房等事。

## 【241問】占陽宅風水，六親中以何者為重？

答：最重要的三個是「子孫」、「父母」與「妻財」。《周易尚占》一書中，有一章專門斷家宅，稱之爲「住居宅地章」。提到：「子孫空亡家絕後，父母空亡宅必危，父母身子都旺相，人財資益莫猜疑。更兼天喜青龍助，富貴康寧天賜伊。」白話文：占住宅風水，子孫爻第一重要，一定不能空亡，孫爻一旦空亡，絕子孫，人生沒了指望。第二重要是父母爻，父爻除代表父母長上之外，最主要是代表整個陽宅的宅氣衰旺。父爻空，住在裡面的一家大小，沒有一位會平安地生活度日。第三重要是妻財，妻財是錢財與妻子，若能旺相是再好不過了。如果有青龍及天喜吉神來相助，則是上天賜富貴平安給這個家庭。

## 【242問】占何事會喜「官鬼旺相」？

答：占工作事業與婚姻都喜官鬼旺相，占其它的事情，官鬼大都是負面作用的居多，反而是越弱越好，而且最好安靜不要動。《卜筮全書》：「凡卜求官，官鬼是用爻。宜旺不宜衰。喜日辰扶拱，怕刑害剋沖。宣敕者，父母是也。卦中不可無，最宜旺相扶世，不加凶殺則吉。若被刑沖，根腳不正。」重點是說，占求官貴者，官鬼是用神，要旺不能衰，最好有日辰再來生扶。當然，不要有刑沖剋害等情形。占工作運，父母爻是另一個觀察重點，不能不上卦，最好還能旺相來生世合世等。

## 【243問】逢玄武，就一定有被騙的意思嗎？

答：確實如此，尤其玄武持世或動而剋世時。玄武在五行中屬水，方位爲北方。主曖昧不明、陰私舞弊、違法作亂。若占人的性格，玄武旺相主機智、圓滑；休囚主輕浮、狡詐。因此，無論人或事，逢玄武確實有詐欺的情形。

## 【244問】螣蛇，在六爻中非凶方面有哪些？

答：蛇一般主虛浮驚恐，憂疑怪夢等，都是負面的評價多。其實，占性格時，螣蛇旺相主爲人八面玲瓏，有交際手腕，處事圓滑，適于外交接待工作。可從事外交，接待等工作。螣蛇臨財爻，爲靠手段與機智得財。

## 【245問】白虎，在六爻中非凶方面有哪些？

答：在好的方面來論，白虎利武官與胎產。1.武官：白虎不但勇猛，而且極具威權。若當武將逢白虎，個性強悍，講義氣，皮膚白，性格剛烈，做事快狠準，有效率。主武職升遷，諸行吉利。2.生產時可以順利生產，白虎表示小孩很急的要到人間。白虎動，近日當生。若卦又值六沖，生產過程更是快速。

## 【246問】玄武，在六爻中非凶方面有哪些？

答：玄武一般主陰險、狡詐、盜賊等，好的性質不多。其實，世持玄武，爲人聰明、善於謀算、策劃設計等。所以，可以發揮所長，從事帶投機性質的行業，如金融投資、股票買賣、博奕產業等。玄武五行屬水，故也可從事航運、船業、水上運輸、清潔性等行業。

## 【247問】為何子孫在古書上稱為福神？

答：子孫可以生妻財，可以剋制官鬼，可以解憂愁，故被稱之爲「福氣之神」。如占年卦，子孫持世，今年百邪不侵，吃喝玩樂，吉祥如意。再以占陽宅爲例，若子孫動或持世，卽表示屋宅沒問題。其它，若子孫發動，利求醫治病，出行買賣平安，做生意有客源，男測婚姻美滿，產婦易生易養，官訟易和解等。

## 【248問】女命子孫持世有何缺點？

答：因子孫剋官鬼，男人爲官鬼。因此女命子孫持世者，女人喜歡玩，不喜結婚，不喜歡走入家庭，也會嫌自己的丈夫。子孫發動對考試、找工作、婚姻與愛情等，均不利。女占婚姻卦時，遇世持子孫，往往提出離婚者，都是女主人。

## 【249問】第五爻出現白虎動來沖剋，會有什麼現象？

答：1.第五爻主道路，白虎主血光在路上會有車禍的現象。2.被沖剋時要特別注意血光之災。3.第五爻主人口，五爻被白虎沖剋，爲家人常有意外驚慌、精神異常、怪病癲癇等，甚至輕生自殺等。

## 【250問】男占世持騰蛇子孫，受太歲官沖，表示什麼？

答：子孫持世臨騰蛇，主心機多、虛浮不實、手段高明、處事圓滑。受太歲沖破，稱之爲歲破，表示一整年都不會好過。官來沖剋，表示流年不利，有可能犯官符、犯小人、生重病等凶惡之事發生。

## 【251問】何知章中，有提到玄武的有哪些？

答：總共有五句話，如下：1.何知人家鍋破漏，玄武入水鬼來就。2.何知人家小人生，玄武官鬼動臨身。3.何知人家遇賊徒，玄武臨財鬼旺扶。4.何知人家人投水，玄武入水煞臨鬼。5.何知人家見失脫，玄武帶鬼應爻發。

## 【252問】「何知人家人投水，玄武入水煞臨鬼。」如何解釋？

答：爲什麼這家人，有人投河自盡的事發生呢？玄武官鬼在亥子爻的緣故。玄武爲北方水，主憂鬱，官鬼主壓力，若再逢亥子爻時，形成一片汪洋之勢。水如此之旺，當然不見陽光，心中一片黑暗，沒有了希望，最後投河自盡，結束了自己的人生。

## 【253問】「何知人家遇賊徒，玄武臨財鬼旺扶。」如何解釋？

答：爲什麼這家人，遭逢盜賊來搶劫？玄武妻財動生官鬼之故。玄武主偷盜，臨財表示財被偷盜。財又生官，若官又剋世，則遭逢盜賊之事更加確定。若財不生官鬼，玄武妻財動來沖剋世爻，也是財被偷被盜之象。

## 【254問】如何解釋「財臨虎動必丁憂」？

答：語出自《黃金策》占官運，意思是說，凡占官運不可無財，因爲財是官之原神，亦不可帶白虎發動，否則父母會喪亡，丁憂是指父母死亡之事。本來原神不動是沒什麼作用的，財發動對占求官運是有很大幫助，但財動本來就會剋父母，不能再伴隨白虎動，因爲虎主喪亡，父母衰弱而遇此卦，必有父母親死亡之事。

## 【255問】何謂「六神空亡」？

答：語出自於《斷易天機》：「青龍空亡家虛喜，朱雀空亡訟得理，勾陳空亡無勾連，螣蛇空亡不惹災，白虎空亡病無事，玄武空亡盜無妨。」意思是說，青龍主喜慶，若逢空亡，則喜慶是空歡喜一場。朱雀主爭訟，若逢空亡，則不爭訟而是講道理。勾陳主勾連，若逢空亡，則不再有勾連了。螣蛇主怪異之災，若逢空亡，則不再災難了。白虎主傷病，若逢空亡，則病情好轉無事了。玄武主盜賊，若逢空亡，則不再遭盜賊了。

## 【256問】財爻臨玄武剋世爻，表示什麼？

答：財爻為與金錢、財務、生意、女人等有關的事。玄武主盜賊、違法、詐欺等有關的事。因此「財爻臨玄武」，是非分之財，是與違法的金融活動有關，若是生世爻，則是從事地下錢莊或匯兌走私等；若是剋世爻，則表示求測者本人，受違法的金融上當受騙而破財。

# 第六篇
# 生剋沖合刑

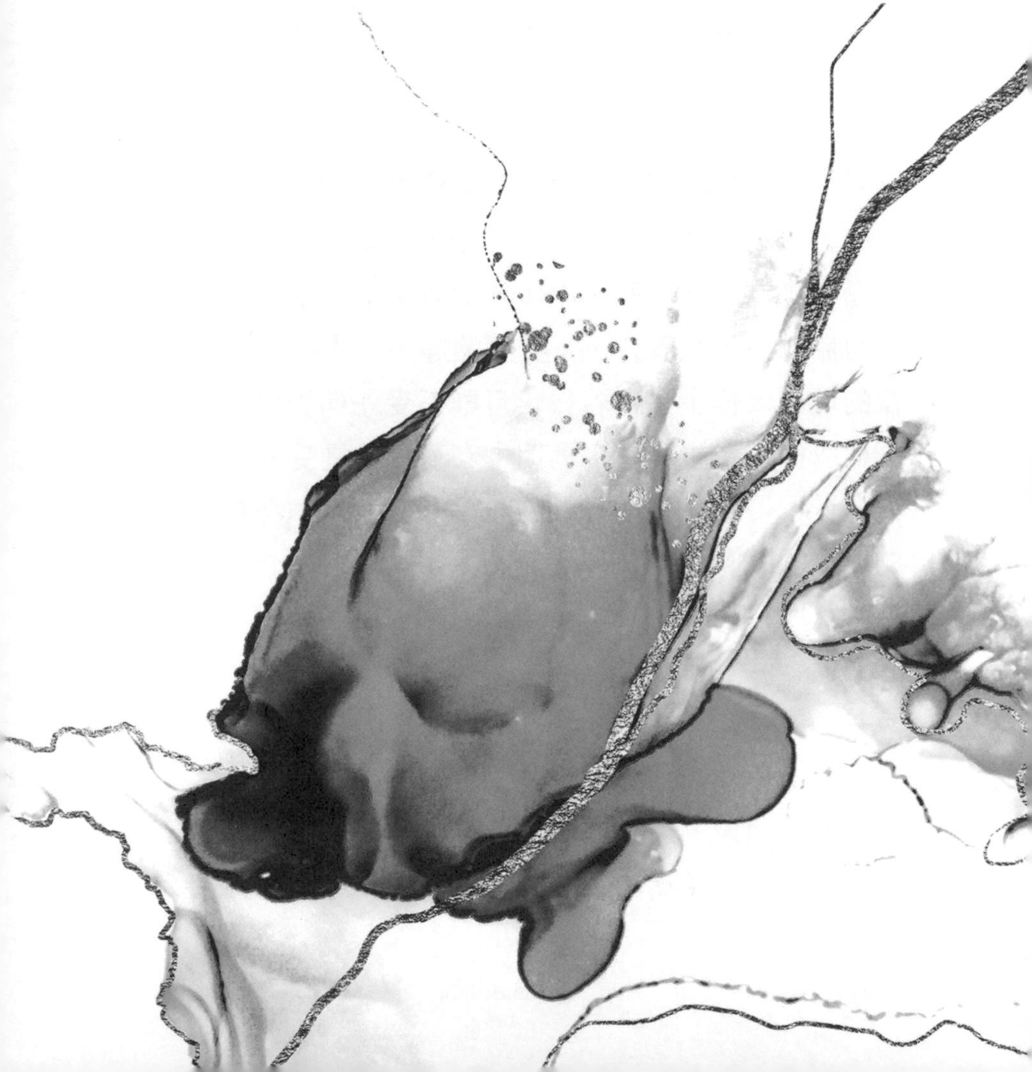

## 【257問】何謂「爻之間的相生」？

答：六爻每個爻都有配上一個地支，地支有五行之屬性，五行間有生剋沖合等關係。爻支間相生即申酉金生亥子水，亥子水生寅卯木，寅卯木生巳午火，巳午火生辰戌丑未土，辰戌丑未生申酉金。生的字面上意思有：生扶養育、獲得享受、關愛照顧、賜予提拔、保護靠山、受到幫助、有人打氣、支持關懷、鼓吹捧場、後盾支持、欣賞讚嘆、受到利益、出力協助、貴人協助、信任支持、追求喜歡等意思。

## 【258問】爻之間的相生可分成幾類？

答：可分成「主生」與「受生」兩大類。1.主生：以申酉金生亥子水為例，申酉金就是主生，主生者對受生者出力協助、生扶養育、支持關懷等。主生者本身有消耗能量的現象，但主生者若為日月則不受任何影響。2.受生：同樣以申酉金生亥子水為例，亥子水就是受生，受生者獲得享受、得到支持、貴人協助等。受生者本身有獲得能量的現象。

## 【259問】用神「日生月剋」或「日剋月生」，吉凶結果一樣嗎？

答：不一樣。雖然有人說日月同功同權，意思是日月兩者一樣大，因此，日生月剋，扯平；日剋月生，同樣也扯平了。這種認知是不對的，日辰與月建兩者對爻的作用並不相同，日辰對爻之五行有十二長生的影響，月建對爻之五行則是旺相休囚死的判定。另外，月建的影響力僅及於一個月，日辰的影響力卻是長遠的。所以測長遠的事項，「日生月剋」比起「日剋月生」，用神就要強一些。

## 【260問】爻之間的相生的原則有哪些？

答：相生的原則共有八點。1.動爻可以與靜爻及其它動爻相生。2.靜爻不能生動爻。3.日月可以與卦中任何爻相生。4.卦中之爻不能生日月。5.變爻只可以與本身動爻相生。6.伏爻之上的飛爻可以生伏爻。7.主生之爻若有下列情形者，爻已衰敗沒有相生之能力：受日月動爻之剋、臨空化空、月破、動而化退神、絕於日辰、入墓於日辰與動變之爻、動化回頭剋化破化絕化空、被日月動合絆。8.受生之爻若有下列情形者，爻已衰敗沒有受生之能力：入墓、日破月破、旬空、伏藏。

## 【261問】當月建或日辰來生用爻時，會發生何事象？

答：當月建或日辰來生用爻時，所測之事爲吉，吉利來自日月，則以日月之爻取事象。日月爲外因，爲天、爲上級機關、爲公司老闆、爲父執長輩、爲外面環境、爲當今社會等。若爻得日月相生，爲得到老闆的看重、長官的提拔、長輩的關照、環境的配合與當前社會的支持等。若忌神與仇神得日月相生，所測之事爲凶，凶來自於日月，則爲政策不利、或長官的阻礙、或長輩拖累等。

## 【262問】當用爻去生日月建時，會發生何種事象？

答：當用爻去生月建或日辰時，所測之事爲不吉，因爲用神會生日月的緣故，而變衰弱，用神一旦轉弱，就不能以吉斷。會發生何事象呢？求測者爲了配合政府的政策，或爲了奉迎上司的喜好，或爲了討好高層的歡心，或爲了長輩的事情，或爲了公家付出等原因。會犧牲自己，委屈自己，去圓滿家庭、公司或社會等大衆的利益。講起來求測者是有點偉大，但這種偉大往往是身不由己的，非出於自願，而是迫於情勢或環境，而不得不所作的一種犧牲。

## 【263問】爻與爻相生，會發生何種事象？

答：爻與爻相生，何事象發生？以自占運勢爲例，若兄弟爻動來生世爻，則這段日子裡，有兄弟朋友之鼎力相助的情形發生。若是世爻動生父爻，則求測者有長輩要照顧。若兩動爻相生，則依六親去斷何人，兩人都有行動，且相互配合。若動化回相生，有受益之象。若動化生出變爻回頭剋，則被所生之六親拖累。總之，爻與爻之間的生剋，是主宰六爻吉凶的關鍵，其中可以看出錯綜複雜的人世間關係，可要詳細觀察才行。

## 【264問】占災難卦，官鬼動但生世爻，主平安無事？

答：《增刪卜易》：「凡遇一切防火慮患者，但得子孫持世及子孫動於卦中，或世動變出子孫，或世動化回頭相生，或官鬼動以相生，即使身坐虎口，管許安如泰山。」內容是說，凡是占問火災等憂患意識等之卦，只要得子孫持世，且子孫發動，或世動化子孫，或世動化回頭生。或官鬼發動來生世爻，就算是身體已經到了虎口，這麼危險的情況，最後還是可以化險爲夷，穩如泰山。

## 【265問】五行相生中，金生水如何解釋？

答：五行相生理論中，除金生水外，其它四行相生都比較好理解，如木生火：火光依靠木柴來燃燒。火生土：泥土依靠火燒後灰燼來形成。土生金：金礦依靠土來儲藏。水生木：樹木依靠雨露來滋養。金生水呢？一種說法是：金礦都在河流附近，即有金的地方必伴有水的存在。另一種說法是：金屬表面能凝結出露水，或金熔化後就變成了水。其實，五行並非指自然界有形象的東西，五行是指「氣的五種運行方式」，金是指氣向內運行的型態而言，寒氣一直向內凝聚運行，最終就產生了我們看得見的水。金生水或者也可以理解成，乾爲金，爲天，天一生水，即黃河之水天上來，水從天也是從金而來。

## 【266問】何謂「爻之間的相剋」？

答：卦爻間五行相剋，分別爲申酉金剋寅卯木、寅卯木剋辰戌丑未土、辰戌丑未土剋亥子水、亥子水剋巳午火、巳午火剋申酉金。地支五行相剋，是一種地支五行對另一種地支五行起剋制、約束、壓抑、打擊等作用，被剋者轉爲衰敗、衰退，失去作用。例如用爻或世爻爲酉金，若在子午日月占卜，謂之用神被日月相剋，結果當然諸般不利。用神與原神其中之一受剋，日月動變之爻不來生扶，則爲不吉之象。忌神與仇神最喜逢日月動爻相剋，化回頭剋。

## 【267問】何謂「主剋」與「受剋」？

答：地支相剋可分成「主剋」與「被剋」，如巳火剋酉金，巳火稱之爲「主剋」，酉金稱之爲「受剋」。主剋者制約受剋者，自身力量被消耗，受損害相對較小。受剋者被受制，力量被減弱，受損較大。有時受剋者得令，受剋者雖敗盡無餘，主剋者雖勝亦受重傷，所謂兩敗俱傷是也。無論主剋或受剋都須遵循一定的規則行之。

## 【268問】用神化回頭生剋的力量，有多大？

答：回頭生剋的力量非常之大，甚至大過日月的力量。《易冒》：「有日月動爻剋用，是謂不救，而用爻得化生扶，非危也。日月動爻，與用神不生不剋，而用神化剋則危矣。故曰用神有一生則生，有一死則死。」這理說得很清楚，有日月動爻來剋用神，看起來好像沒救了。結果，用神動化回生，解除危險了。另外一種情形，日月動爻和用神不生也不剋，用神自己化回頭剋，結果面臨極大危險。最後有一句：「故曰用神有一生則生，有一死則死。」所指卽是用神回頭生剋這件事，可以來決定生死，回頭生則生，回頭剋則死。

## 【269問】主剋的規則是什麼？

答：地支五行的相剋，非任意行之，有一定的規定與法則在運作。地支主剋的規則如下：1.日月可以剋卦中之靜爻、動爻、變爻等。卦中任何爻不能剋日月。2.動爻可以剋靜爻。靜爻不能剋動爻。3.變爻可以與發動之本爻相剋，稱之爲動化回頭剋。4.變爻，除本位動爻之外，不能與其它動爻或靜爻相剋。5.主剋之爻有下列情形者才可剋它爻：旺相者能剋它爻，爻臨日月者能剋它爻，得日月動爻生扶者能剋它爻，化進神或化回頭生者能剋它爻，旺相旬空出空者能剋它爻。6.主剋之爻有下列情形者不能剋它爻：休囚受剋者不能剋它爻，月破者不能剋它爻，被日月剋制者不能剋它爻，化退神者不能剋它爻，墓絕於日辰者不能剋它爻，化回頭剋破絕空等者不能剋它爻。

## 【270問】受剋的規則是什麼？

答：1.空爻不被剋，此爲「避空」。2.伏藏之爻不被剋，此爲「避剋」。3.休囚衰弱者能被主剋之爻所剋。

4.逢月破者能被主剋之爻所剋。5.入三墓者不能被主剋之爻所剋。6.絕於日辰與變爻者能被主剋之爻所剋。

## 【271問】當日月來剋用爻時，會發生何事象？

答：月建與日辰爲天、爲上級機關、爲公司老闆、爲父執長輩、爲外面環境、爲當今社會等，若爻與日月相剋，可分下列數種事項說明：1.工作運時相剋之事象：日月與用神相剋，爲有關政策於所占求之事不利，公司老闆阻止反對，政府有關單位不同意，本人現有條件與有關規定不符合等。2.婚姻家庭等事物時相剋之事象：家中長輩不同意等因素，導致所占求之事不能如願。

## 【272問】何謂「六爻的相沖」？

答：爻之間的相沖卽是地支間的相沖，地支相沖卽所謂六沖，分別爲：子午相沖、丑未相沖、寅申相沖、卯酉相沖、辰戌相沖、巳亥相沖共六組。沖主散，合主聚。沖的字義有沖擊、沖犯、衝突，互不相容的意思。沖主動遷、反覆、不安。而被沖之爻則有被沖散、被沖掉、被沖起等意思。

## 【273問】何謂「主沖」？與「被沖」？

答：爻沖可分爲「主沖」之爻與「被沖」之爻兩種。何謂主沖之爻？主沖之爻包括日辰、月建、動爻與變爻四者，簡稱爲「日月動變」。日月沖卦中之爻，日月所臨地支爲主沖之爻，而卦中之動爻、靜爻與變爻均爲被沖之爻。卦中動爻沖靜之爻時，發動之爻爲主沖之爻，安靜之爻爲被沖之爻。動爻化出之變爻回頭沖時，變爻爲主沖之爻，動爻爲被沖之爻。

## 【274問】爻之六沖具體內容有哪些？

答：爻之六沖具體內容如下：1.月建沖卦中之爻，此爲「月破」。2.日辰沖卦中休囚衰弱之爻，此爲「日破」。3.日辰沖卦中旺相之爻，此爲「暗動」。4.動爻與所化之爻相沖，此爲動化「回頭沖」。5.兩爻發動相沖，此爲動爻相擊，旺相動爻擊傷休囚動爻，使休囚動爻變成無用之廢爻。6.動爻與靜爻相沖。靜爻旺相有氣者被沖起有力有用，無氣者則被沖散無用。

## 【275問】「沖帶剋」與「沖不剋」，如何區分？

答：酉沖剋卯，子沖剋午，申沖剋寅，亥沖剋巳。以上四者，又沖又剋，稱之爲「沖帶剋」。六沖剩下的二個：丑未沖、辰戌沖，則沖不剋。另外，卯沖酉，午沖子，寅沖申，也屬則沖不剋。凡日辰、動爻、變爻爲主剋之爻者，且沖而帶剋。如日辰爲酉金沖卦中卯木、日辰爲子水沖卦中午火，動爻爲寅木化出之爻爲申金。以上三者爲酉沖剋卯，子沖剋午，申沖剋寅，卽又沖又剋，故主凶災嚴重。但若如日辰爲卯木沖卦中酉金、日辰爲午火沖卦中子水，動爻為申金化出寅木。以上三者為卯沖酉，午沖子，寅沖申，只沖而不剋，則只是反反復復，動盪不已，而沒有大的凶災發生。

## 【276問】何謂「六沖卦」？

答：六沖卦中包括八純卦，即乾為天、坎為水、艮為山、震為雷、巽為風、離為火、坤為地、兌為澤，以及雷天大壯、天雷無妄，共十個卦。沖者，散也。占得此卦，諸事難成。好事不宜六沖，沖則散，凶事反喜六沖，沖則止。如測近病逢六沖卦，忌神病魔被沖去，則病痊癒。但久病逢沖，則彷彿病人被沖走，病情加重，甚至命危。

## 【277問】占父母病，逢六沖卦要如何判斷吉凶？

答：占父母病以父爻為用神。若是父爻旺相，或者有日月動爻來生父爻，或父爻動化回頭生。有以上情形者，不管久病或近病，看醫生服藥後，很快就會好。近病者父爻空亡，或父動化空，或逢六沖卦，不藥而痊癒。久病者父爻值空亡，或月破，或父動化空、化破者。卦逢六沖，則要趕緊求醫，情況恐不樂觀。

## 【278問】何謂「六合卦變六沖卦」？

答：六合卦有：天地否、澤水困、火山旅、雷地豫、水澤節、山火賁、地天泰、地雷復，共八個卦。若六合卦發動，變卦爲六沖卦，就爲六合卦變六沖卦。這種六合變六沖的卦，一般不管預測什麼事情，都是不利的一種卦象，不用再論用神衰旺，可以直接以凶斷。六合變六沖主先得後失、先榮後枯、成而復敗、先吉後凶、先合後分，終將不吉。六合變六沖之卦，只有預測官非、是非糾纏、壞事牽扯等時反爲吉利之象，取「逢沖則事散」之義。

## 【279問】何謂「爻之間的相合」？

答：爻之間的相合即「地支六合」。地支六合，爲子與丑合、寅與亥合、卯與戌合、辰與酉合、巳與申合、午與未合。六合還可分爲：1.「生合」：辰酉合、寅亥合、午未合。2.「剋合」：子丑合、卯戌合、巳申合。3.「刑合」：巳申合等區別。地支之六合，如人之男女，一陰一陽，相互調和。故相合有相和好之意，一般論吉，如用神旺相，原神生旺又逢合，則事成而長久，應吉無誤，正所謂：占名名成，占利利就，占婚必成，占身發跡，占宅興旺，占風水聚氣藏風，占求謀遂心合意。但若用神休囚死墓絕，合也無益。總括來說：吉事喜合，凶事忌合。

## 【280問】何謂「合起」？

答：靜爻與日月動爻合，得合而起，謂之「合起」。合起有使之變旺之意，就算是休囚之爻，也能使之變爲旺相。但有人誤以爲「合起」是使靜爻「發動」，其實並非如此。合起並不是發動，旺相之靜爻被合起更爲有力，休囚之靜爻被日月合起也算是變成旺相，但還是與動爻不同。如測父母病，卯父母獨發，剋去世爻之官鬼。逢戌日，卯戌合，合起父母卯之戌日爲應期，果然於戌日不藥而癒。

## 【281問】何謂「合絆」？

答：所謂的「合絆」是針對「動爻」而說的，即本來發動之爻，因爲日辰或動爻的相合，而由動轉靜。被合絆之動爻暫時失去了動能。合絆可分成下列三種方式：1.合絆：動爻或變爻被日所合，此爲動爻或變爻被「合絆」，不能與動爻發生剋作用，必待沖開相合時，才能作用。2.相絆：動爻與動爻相合，此爲「相絆」，兩者均不能發揮正常作用。待沖開，才能恢復正常作用。3.化絆：動爻與化出之爻相合，此爲動化回頭合，也稱之爲「化絆」。變爻與動爻相合，能合住動爻，使它失去動能與作用，必沖開之日動爻才能恢復作用。變爻如果合中帶剋，則以剋論。「化絆」在《增刪卜易》稱之爲「化扶」，並認爲不會被絆住，反而因化扶而得它扶助而變有力。

## 【282問】日月與爻相合，會發生何種事象？

答：日月爲天、爲上級機關、爲公司老闆、爲父執長輩、爲外面環境、爲當今社會等，日月與爻相合之事象，可分下列二種情形說明：1.日月與靜爻相合，有上司提拔下屬，極力推薦，委以重任等事象。2.日與動爻相合，或卦中動爻、變爻被日合絆住，則有被上司牽制不放，不願放人等。在占測工作調動時容易被上級牽絆，或長輩拖累等象。

## 【283問】動爻與月相合，也會合絆嗎？

答：合絆只發生在動爻與日合，或動爻與動爻之間的合。至於動爻與月合，不管是靜爻、動爻或者是變爻，只要與月合都是「合旺」，即越合越旺之意，而沒有絆住不動之意。

## 【284問】何謂「合處逢沖」？

答：卦遇「合處逢沖」表示先好後壞，先成後敗，先聚後散。合處逢沖有三種：1.六合卦變六沖卦。如「天地否」之「天雷無妄」，主卦初爻未土動，變出無妄卦爲六合卦變六沖卦。2.日月沖六合卦卦中之爻。如酉日占得「天地否」卦，世爻卯木逢日沖。3.六合卦動爻化回頭沖。如「坤爲地」之「地風升」，二爻巳動化亥回頭沖，三爻卯動化酉化回頭沖。4.區別「合處逢沖」與「沖中逢合」的方法，要先理解卦的形成，是先有本卦，再有變卦，最後才是日月，故六合卦逢日月沖，即合處逢沖等。

## 【285問】何謂「沖中逢合」？

答：卦遇「沖中逢合」表示先壞後好，先敗後成，先散後聚。沖中逢合有三種：1.六沖卦變六合卦。如「坤爲地」之「雷地豫」，四爻丑動化午，變出雷地豫爲六合卦。2.本卦爲六沖卦，或者用神動化出六沖，但用神受日辰或月建所合。如「雷風恆」之「雷地豫」，世上酉化卯相沖，得日辰辰生合世爻，此謂沖中逢合也。變卦爲六合卦。3.六沖卦動爻化回頭合，如「巽爲風」之「天水訟」，四爻未動化午回頭合。

## 【286問】占問感情婚姻或工作運時，若逢合處逢沖是何事象？

答：1.占問感情婚姻時遇合處逢沖之事象如下：表示雙方感情先聚後散，先得後失，先濃後淡。本來很順利，但要論及婚嫁時，受外面各種因素影響而後來導致破散收場。2.測工作運時遇合處逢沖之事象如下：表示工作運本來正常運作，但後來變得反反復復，極不穩定。

## 【287問】占問財運或官司、疾病等事時，若逢合處逢沖是何事象？

答：1.占問財運時遇合處逢沖之事象如下：表示卽將到手的財利，有人從中破壞，無緣無故的又失去。2.占問官司時遇合處逢沖之事象如下：一開始，官司複雜難解，不知如何下手，但最終纏身的官非獲得瞭解決。3.占問疾病時遇合處逢沖之事象如下：起初病情不樂觀，醫療手段都無效，最後竟然將病給痊癒了。

## 【288問】何謂「三合局」？

答：六爻預測中的「三合局」，是指四個三合局，如下：申子辰合水局、巳酉丑合金局、寅午戌合火局、亥卯未合木局。三合比六合力量大，三合含義爲「多人成合一夥」的意思，是多方人馬會合，團結力量大。三合其局者，若用神旺，則無不爲吉，尤其世爻在局內時更是大吉。如果有月建與日辰在局中者，更是吉中之吉。若世爻不在於局內，則須要局來生世爻才行，如果局來剋世爻，則以凶推論。另外，若世雖在局內，但局卻去生應爻，也是以凶斷。

## 【289問】成立三合局須什麼條件？

答：1.卦中有三個爻動而合成局。例如：卦中寅午戌三個爻都動，則可以合成火局。其餘仿此。2.卦中只有兩爻動。則可與日月或暗動之爻合成局，甚至，等待未來日月來合局。3.內卦初爻、三爻動，與動而變出之爻而合局。例如初爻丑動化巳，三爻酉動化丑，合成三合金局。4.外卦四爻、上爻動、與動而變出之爻而合局。例如四爻未動化亥，上爻卯動化未，合成三合木局。5.動爻及其變爻，與日或月成合局。例如申動化辰，與子日月合成水局。

## 【290問】六爻預測是否有論「三會局」？

答：地支三會局，即寅卯辰三會木局，巳午未三會火局，申酉戌三會金局，亥子丑三會水局。三會局的力量比三合局的力量更大更有力。三會局在四柱命理預測學中有很大作用，但在六爻預測法中並未使用。雖然歷來諸書只論三合，不談三會，有人認爲這是一種缺陷，應該把三會局納入才對。但遍查六爻經典古籍，均未出現三會局的應用，茲事體大，故目前仍不宜引用才是。

## 【291問】占卦得三合局皆論吉嗎？

答：不一定。六爻之吉凶，主要是由用神衰旺來定奪。三合者有凶有吉，例如占功名，合成官局稱之官旺，合成財局，財旺來生官就是好事。倘若合成子孫局，這就不妙了，因爲子孫是傷害官鬼的忌神。又例如占求財，合成財局者謂之「財庫」，表示財力很雄厚的意思。合成子孫局者，謂之「子孫局生財」，是吉利之事。但若是合成了兄弟局，就變成破財與耗財了。另外占陰陽宅，宜父母爻而合局也。至於占婚姻，則宜財官旺而合局。

## 【292問】占得六合或本身動化合，就一定以吉斷嗎？

答：一般來說，卦爻占得三合或六合，都以爲吉斷。所謂的「占名名成，占利利就，占婚必成」，所占求的一切事物都能夠遂心合意。但是，還是要回到六爻吉凶的關鍵因素，即用神一定要有氣有力才行，如果用神休囚衰弱，甚至被傷被剋，又值空亡刑害沖破，則縱使逢合，也無濟於事。

## 【293問】何謂「三刑」？

答：刑是由刑罰、刑傷引申出來的一種傷害概念。三刑由來，根據《陰符經》記載，三刑的理論生於三合。有所謂刑是「側面摩擦」而不是「正面頂撞」，這種側面摩擦，往往是長期性的內心折磨，因此在斷卦時仍應注意刑的出現。三刑有三刑、互刑、與自刑三種。1.三刑：有兩組，寅巳申三刑、戌丑未三刑。2.互刑：子刑卯，卯刑子。3.自刑：辰刑辰，午刑午，酉刑酉，亥刑亥。

## 【294問】三刑含義為何？

答：刑本義爲彼此妨害、相互折磨、內心痛苦之事，主凶，另主傷病災，還有牢役之災等，凡測遇世、用神遭刑者，要遵紀守法，處事小心爲佳，否則容易犯法受刑。六爻預測主要以用神生剋沖合爲重，三刑爲輕。卦中三刑具全而不動，或用神不傷且有生扶，則三刑不爲害。《增刪卜易》與《卜筮正宗》等書對於單獨使用三刑來斷吉凶，都持保留的態度。《增刪卜易》：「夫三刑者，餘屢試之，或因用神休囚，再兼他爻之剋，內有兼犯三刑者，則見凶災。若只獨犯三刑，得驗者少，占過數十年來，只驗一卦。」意思是說，只有犯三刑是不能直接拿來論斷凶的。

## 【295問】有書把三刑看的很嚴重的嗎？

答：有，《易冒》一書就是這樣認爲。《易冒》：「夫刑之爲象，於物若斃，於心若憂，於事若漓，猶退神之例，而不及旬空月破之凶也。身命遇之，恐骨肉之相殘；婚姻遇之，懼門第之相壓；宦憂內喪，病防帶疾；官剋世而問訟，五剋世而問疏，若世刑而大凶也。」《易冒》雖然認爲三刑沒有像空亡且月破的凶險，但還是提醒我們，在占求婚姻、功名、疾病、官司等事項時，世刑則有大凶之虞。

## 【296問】月破查法與種類為何？

答：月破查法如下：正月申破，二月酉破，三月戌破，四月亥破，五月子破，六月丑破，七月寅破，八月卯破，九月辰破，十月巳破，十一月午破，十二月未破。月破細分成底下三種：1.只沖不剋：如寅月沖申爻，卯月沖酉爻，巳月沖亥爻，午月沖子爻等，這種只沖不剋的月破，對於用爻的損傷較輕。2.既沖又剋：如申月沖寅爻，酉月沖卯爻，亥月沖巳爻，子月沖午爻等，這種月破既沖又剋，對於用爻的損傷最嚴重，若再無日建生扶臨值，就逢傷更傷，逢生不起了。3.同類相沖：至於辰戌破，丑未破，是同類相沖，幾乎沒損壞力。

## 【297問】「月破」的含義為何？

答：1.爻以月令相沖爲月破。2.爻逢月破，以爻失功用，無用之爻也。3.爲凶者，月破之爻，休囚不動，力量變小，甚至變無，起不了作用。用神逢之則凶，忌神逢之則吉。4.若月破之爻，旺相發動，或遇生扶則爲有力，仍可以發生作用。用神逢之爲吉，忌神逢之爲凶。5.月破之爻目前雖破，出了月就不破。6.後遇與月破地支相同的日辰與月建，爲實破。7.與月破相合的地支所應的日月年來臨時爲合破。8.合破與實破，往往是判斷事情吉凶發生時間之應期。

## 【298問】日月破有何事象？

答：日月破中的「破」字有破滅、破壞、毀壞、破敗、破損、破裂、剷除、去掉等意義。若論其事象，可根據不同的占求事項，分成七點說明：1.測婚姻與情感：用神或世爻逢日月破，表示婚姻或感情破裂。2.測工作：遇財破表示帳務有問題，工作出現貪腐現象。3.測房屋：表示房屋有破損之情形等。4.測身體健康：表示動手術、骨折、皮膚潰爛等。5.測官司：世爻逢破被剋，被司法部門抓到把柄。6.測六親吉凶：父母爻逢破，長輩死亡。7.測生意：財爻逢破，重大財損等。

## 【299問】爻被日沖或月沖，有何不同？

答：1.日辰沖旺相之靜爻，爲「暗動」，沖衰弱之靜爻爲「日破」。爻之旺而靜者沖之則爲暗動，愈得其力，爻之衰而靜者，沖之則爲日破，愈加無用。2.月沖則不分爻之衰旺，一律以月破論，乃無用之爻也。3.月沖是當月被沖破，出月就不再是月破了。4.日沖是永久之沖，沒有出日就不沖的說法。5.日沖的嚴重性，比月沖大很多。6.變爻被日沖，稱沖脫或沖散，連動爻本身都會有極不利之影響。

### 【300問】月破之爻，有沒有解救的方法？

答：只有臨日能救。《易林補遺》：「凡月破之爻決無解救，惟獨日主臨之，不爲月破。且如正月申日，二月酉日，占者不犯也。」內容是說，凡是月破之爻是很難有解救之辦法，月破之爻幾乎都成了無用之爻了，惟有臨日辰之爻，才不爲月所破。例如正月申日，申爻爲寅月所破，但申爻臨日建，占者等於沒有犯月破一樣。從這裡也可以看出日與月，何者的力量較大。

### 【301問】占卦只要逢六沖，就一律以凶斷嗎？

答：占卦逢六沖，沖者散也，凡占凶事宜沖散，占吉事而不宜。因此，還是要先看占問何事，占凶事如官非、近病、鬼怪等事，六沖反而大吉。另外，六沖卦必兼看用神，用神旺雖沖不破，用神失陷沖而大凶。

### 【302問】變爻遭日沖，結果會如何？

答：變爻遭日沖結果如何，有兩種情形。1.變爻旺相者，被日沖爲「沖起」，結果是本位動爻化沖起，動爻仍有用。2.變爻休囚者，被日沖爲「沖散」，爲「破敗」，結果是本位動爻化無用，或可稱之爲「變廢的動爻」。

### 【303問】動爻月破與變爻月破，有何不同？

答：1.若僅有動爻月破，則不能以此論凶，因爲動爲始，變爲終，動爻月破表示事情剛開始時，遇到困難，若所化變爻爲化生，或化合，或化進等吉兆，則動爻月破算不了什麼。2.若變爻月破，變爻則代表最後結局，動而化破表示事情在結局階段破敗，已經沒有挽回機會，所以變爻月破是眞正的大凶。

### 【304問】「卦值六沖，半世求謀蹭蹬」如何解釋？

答：這句話出自於《卜筮全書》的《天玄賦》：「卦值六沖，半世求謀蹭蹬；爻逢六合。一生動用和諧。」主要是分別六沖卦與六合卦的吉凶差異。先解釋「蹭蹬」這兩個字，意思是遭遇挫折，困頓失意。因此，整句話的意思說，占得六沖卦，前三十年作事有始無終，少成多敗。後三十年遭遇挫折，一世不能成就。若占得六合卦，就截然不同了，前三十年一帆風順，後三十年到老榮華。

### 【305問】靜爻與靜爻可以相沖嗎？

答：動爻才有生剋沖合之能力，靜爻與靜爻在吉凶上是不能論相沖的。但在靜卦中，可以注意靜爻沖靜爻的現象，這種現象並未涉及影響爻之衰旺與事之吉凶，僅是一種「意象」而已。何謂意象？主觀上已有意向，但並未在客觀行動上呈現的一種潛藏之象。如自占工作卦得靜卦，卦中兄弟酉金剋世爻寅木，表示同事中有人不友善，但尚未顯現出來，不過隱約中可以感受到。對於這些未顯現的生剋意象，可以採取不理會的態度，否則要在意的事情未免太多了。

## 【306問】何謂「生扶拱合」？

答：「生扶拱合」這句話出自於《黃金策》，生扶拱合四者能幫助用神與原神，如弱遇之則強，如衰遇之則旺，如伏遇之則起。1.生：即相生。如卯木遇亥水來生。2.扶：即幫扶。如卯木遇寅來扶。五行同類則稱爲扶。3.拱：即拱合。三合局缺少中軸字的情況下上見生墓二支，如見「申辰」，則可以拱出「子」來，增強氣勢。4.合：即三合與六合。相合有相和好之意，也能增強氣勢。總之，生扶拱合，用神見之則吉，忌神見之則凶。

## 第七篇

# 旬空伏藏絕

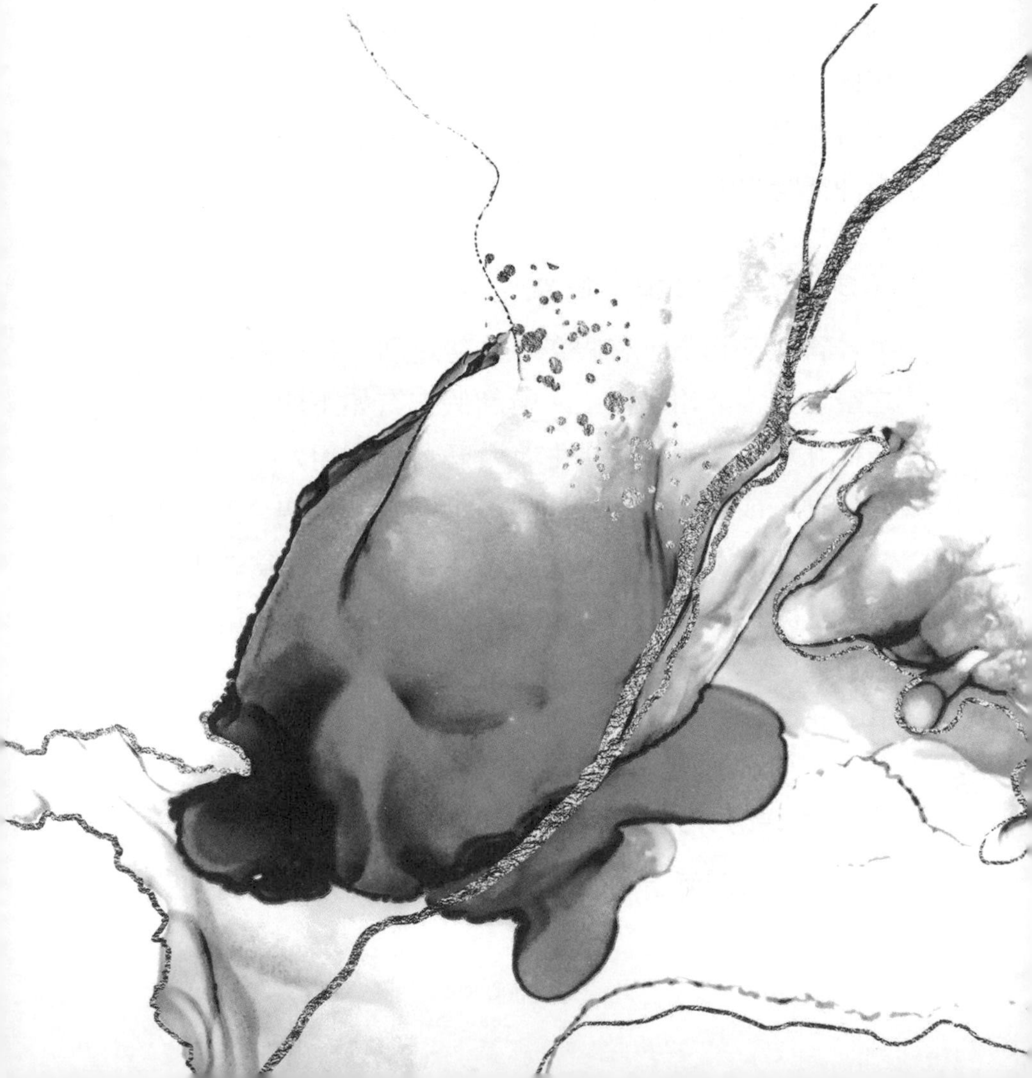

## 【307問】何謂「旬空」？

答：何謂旬空？旬空也稱空亡。日辰的干支組合爲十個天干配十二個地支，所以十日之內有兩個地支沒有天干來配，這兩個沒有天干來配的地支就稱爲空亡，而十日爲一旬，所以叫旬空。以甲子旬爲例，從日建甲子這一天起，乙丑、丙寅、丁卯、戊辰、己巳、庚午、辛未、壬申、癸酉共十天，這十天都是在甲子旬中。在這十天的任何一個天起卦，卦中有只要有戌、亥兩爻就爲旬空，其他仿此。空亡是六爻中的特殊規定，爻無論旺衰如遇空亡，都會使該爻不具生剋之力，亦不受它爻生剋，要等到塡實或沖空時才恢復能正常作用。

## 【308問】何謂「假空」？

答：爻旬空，有假空、眞空之別，也可稱之爲「有用之空」與「無用之空」。所謂假空有如下四種：1.空爻臨旺相旺地，或値日辰長生、帝旺，爲有用之空。2.空爻旺相發動，或休囚發動不被剋傷，爲有用之空。3.動爻化出之爻旬空而不被剋傷，以及旬空發動化空，爲有用之空。4.空爻伏藏臨日月旺地，或有動爻相生，爲有用之空。以上四種空亡爲暫時之空，待出空、塡空、沖空之日仍然有用，此爲有用之空。

## 【309問】何謂「真空」？

答：所謂眞空有如下三種：1.空爻又逢月破，爲無用之空。空爻有氣，但安靜不動，爲無用之空。2.空爻伏藏被日月、動爻或飛神相剋，爲無用之空。3.春天占卦，卦中土爻逢空：夏天占卦，卦申金爻逢空；秋天占卦，卦中木爻逢空：冬天占卦，卦中火爻逢空：辰戌丑未月占卦，卦中水爻逢空，爲無用之空。以上三種空亡是徹底的眞空，永無可用之期。因此，用神、原神、世爻不喜眞空；忌神、仇神宜逢眞空。占事不宜眞空，凶事喜逢眞空。另外，雖然有些書說，動空不爲空，旺空不爲空，但在旬內，還是應該當作空看，必須出空之後，才不作空論。

## 【310問】何謂「避空」？

答：避空是針對世用神空亡，暫時躲避忌神的沖剋而說的。卽遇日月動變爻，刑沖剋世用神，而世用爻空亡，不遭其刑沖剋之害而無事，就是避空。有人說避空卽避剋，這是多此一舉的說法，沒有必要。甚至有人說避空只避剋不避沖，這更是隨意說說，毫無依據。避空在《黃金策》一書，稱之爲「在空避之地爲吉」，就是世爻或用爻，彷彿躲在地下的避難室，暫時躲避忌神的追殺，這可算是一件好事。

## 【311問】何謂「六神旬空」？

答：《卜筮全書》云：「青龍空亡家虛喜，朱雀空亡無官事。勾陳空亡無勾連，螣蛇空亡不惹殃。白虎空亡傷無事。玄武空亡病無妨。」白話意思是：青龍逢空亡，家中喜慶之事，結果是空歡喜一場。朱雀逢空亡，沒有官非等事。勾陳逢空亡，本來的勾纏分開了。螣蛇逢空亡，不會遭惹災殃之事。白虎逢空亡，本來的傷災變成無事。玄武逢空亡，生病最後終能痊癒。

## 【312問】何謂「六親旬空」？

答：《斷易天機》：「父母空亡有損傷，子孫空亡有災殃，兄弟空亡不相睦，財落空亡難把捉，官鬼空亡公事停。」白話意思是：父母逢空亡，父母之中必有損傷，卽父母之中有人早死。子孫逢空亡，子孫當中有人遇到災殃。兄弟逢空亡，兄弟間相處不相睦。財落逢空亡，財富難以圓滿。官鬼逢空亡，公事無法順利進行。

## 【313問】六親空亡有什麼現象？

答：1.父母空亡：沒證書、沒房子、沒車子、沒權利、沒店面。2.子孫空亡：沒醫藥、沒貨源、沒顧客、沒子女、沒原料。3.兄弟空亡：沒朋友、沒關門、沒花錢、沒對手、沒爭奪。4.妻財空亡：沒錢財、沒嫁妝、沒女友、沒太太、沒食物。5.官鬼空亡：沒丈夫、沒工作、沒人管、沒制度、沒壓力。

## 【314問】爻位空亡有什麼現象？

答：1.上爻空：測家宅，爲開有天窗，房子滲漏。測身體，爲頭腦昏沉。2.五爻空：測出行，爲道路暢通，坐飛機。測身體，為心臟無力，乳房切除。3.四爻空：測家宅，為無房門。測身體，為胃穿孔。4.三爻空：測家宅，為家無香火，沒有大門，大門有孔洞。測身體，為腰無力。5.二爻空：測家宅，為家中人少，廳堂寬大。火空家中光線昏暗。測身體，為膝蓋無力。6.初爻空：測家宅，下有暗室，有地下室。測身體，為腳抬不起來。

## 【315問】如何才能「出空」？

答：旬空之爻無論旺衰，在旬空期間都無生剋能力，也不受其它爻之生剋，謂之「避空」。只有出空、塡實或者沖空時才能恢復生剋能力。出空有三種情形：1.出空：旬空只限於一旬之內，過了此旬為出旬，就是出空，出空即實，有生剋能力者恢復生剋能力。2.塡實：出旬後，逢日辰臨旬空之爻，為塡實。如占卦的日子是寅卯空，出旬後逢寅卯日，即為塡實之日。3.沖空：如寅卯空，逢申酉日為沖空，因為寅申相沖、卯酉相沖。空逢沖則實，不為空。

## 【316問】動化空破墓絕，詳情為何？

答：一、化空：是指動爻所化之變爻為旬空。動爻化空，並非一定是無用之爻。1.動爻旺相不空，變爻出空值日時，動爻仍為有用。2.化空之變爻旺相逢日沖，動爻當日則有用。3.化空之變爻逢合，逢沖之日應吉凶。4.動爻自空又化合，得日辰合之，出旬值日應吉凶。有以上四種情形者，動爻仍有用。但若動爻休囚受剋又化空，或動爻自空又化空，或動爻化退化空又化破等三種情形者，動爻難以爲用，成爲「無用動爻」。二、化破：是指變爻被日或月沖，因逢沖而破，失去了對動爻回頭生剋沖合之能力。至於動爻本身有認爲不受影響，也有認爲成了無用廢爻。三、化墓：動而化墓，如巳火化戌爻。入墓之爻如旺相，待墓庫沖開時，可重見天日而爲用，反之靜而休囚，則終不能用。四、化絕：是指變爻爲動爻的絕地。化絕則此動爻無生剋它爻之能力。

## 【317問】空亡之爻，在卦有何重要性？

答：1.爻空不受它爻生剋沖合，同時無法去生剋沖合它爻。這種空亡的性質在世爻空亡時，更顯出重要，因爲一旦世空，與財官等皆無感應，無論所占求何事皆不相應。2.空亡是未來的動爻。目前沒有作用，將來才有作用，如同一顆定時炸彈，應期到了，就爲發生生剋沖合的作用。所以空亡在卦中扮演重要的角色。在空破墓絕退中，旬空被排在首位，可見其重要性。3.另外，在占斷靜卦時，因爲缺少動爻，很難下手判斷，遇到靜卦一般都會注意，是否有暗動與空亡之爻，何謂暗動？短暫之動爻也，何謂空亡？未來之動爻也。

## 【318問】財空持世，表示什麼？

答：財空持世可分成兩種情形來說明：1.世持財，旺而空：表示本人有錢，但都是不動產或股票之類，目前無現金，暫時拿不出錢來。2.世持財，衰而空：表示本人外表穿的光鮮亮麗，看起來有錢，但口袋空空。空亡代表無錢、沒女人、無食物甚至是老婆死亡。總之，世持財之人，外表上看起來就是個有錢人，旺而空者，財旺而暫時有困難；衰而空者，財衰而未來也拿不出錢來。

## 【319問】何謂「無故勿空」？

答：語出《黃金策》：「有傷需救，無故勿空。」第一句容易了解，「有傷需救」的意思是說，若世用受到傷剋，如果有日月動爻來生助，則以吉論。第二句要稍微深入思考才能解，「無故勿空」，如果世用不受到傷剋，世用最好不要遭逢空亡，因爲空亡以凶論。反過來說，有故要空，何謂有故？有事故，受傷剋也。若是世用受到傷剋，則逢空就是避空、避剋，反而以吉論。

## 【320問】占流年為何最怕世破與世空？

答：占流年是預測未來一整年的運勢。許多人算命時都會說，我只求平安不求發財，聽起來好像願望不大，很有機會可以達成，眞的是如此嗎？其實，在這無常的世間，求平安是很不容易的一件事。占流年爲何最怕世破？世破卽有日月動之官鬼發動來剋，表示未來這一年很多煩惱事會發生，從最輕微的心理壓力到意外、血光，乃至於喪亡都有可能。占流年也最怕世空，何謂世空？自我放棄、自我迷失、自我逃避等皆是。世空者與外界沒有連結，再好的財官運，也與你無關，哀莫大於心死，說的就是世爻空亡者。

## 【321問】自占近病世逢空，如何斷？

答：自占近病世逢空，病很快就好了。《增刪卜易》：「近病者世值旬空或世動化空，或卦逢六沖及卦變六沖，不須服藥，卽許安痊。」理由是什麼？空的本義是空洞、空無、不存在。對於類似自占病災這種不好的事項，反而變成是好事，因爲世値空亡，所以病痛空無了，病災不存在了，這當然是好事。近病逢沖也是相同得的道理，病毒被沖散了，病魔被沖走了。世間的吉凶禍福，都不是絕對的，都有兩面。以旬空與六沖來論，看起來占什麼似乎都不好，自占近病世逢空，卻又變成了好事。

## 【322問】何謂「空而不空」？

答：空而不空，白話文的說法就是，卦爻如世用雖然遇到旬空，但因爲空爻旺相發動，或臨旺相旺地等，完全不受空亡的影響，所以就把它當成沒有逢空亡一般看待。類似的說法還有「破而不破」、「墓而不墓」、「絕而不絕」等，道理大同小異。

## 【323問】空化空，一定是無用且事難成嗎？

答：不一定。所謂空化空，卽動爻本身遇旬空，動化出的變爻又逢空，稱之爲空化空。若動不爲空，旺不爲空，剩下來的就是變爻旬空這部分。若動爻旺相，當變爻出空逢沖逢值時，仍然爲有用。故關鍵處還是在於動變爻本身的衰旺，才能決定有用無用，事成不成。

**【324問】「伏居空地，事與心違」，有無道理？**

答：此句話出自於《黃金策》，意思是說，若用神伏藏又空亡，則所占求之事，皆不會成功。《黃金策》的觀點認爲已經伏藏無力了，又遭逢空亡，應該一無是處了。《增刪卜易》一書中討論過這句話，並認爲它沒道理。因爲用神旺相而遇旬空者，出空之日則出了。伏藏之爻也是一樣，只要遇生助則能出伏。其實，「旬空」、「伏藏」與「入墓」等三者，皆與生剋沖合不相關，爻遇旬空、伏藏與入墓等，都只是暫時性的失去作用而已，重點在於入空伏墓之前，此用神是否旺相有用，如果回答是，則出空、出伏與出墓，就恢復一切了，卽用神依然有用。倘若在於入空伏墓之前，此用神已衰敗無用，則出空、出伏與出墓，則用神依然無用。

**【325問】占功名，為何世空破休囚就不可能成就？**

答：世空破休囚，是說世爻遭逢空亡、日月破及休囚等三因素，功名就無望。這當中以日月破最爲嚴重，世爻被沖剋，失陷無力。其次是休囚，休囚是因月令五行之氣剋害所導致。至於空亡，應該不是關鍵因素，若世旺相空亡，出空之日仍能獲取功名。

**【326問】「世居空位，終身作事無成」，如何解釋？**

答：此句話出自於《黃金策》，意思是說，凡占終身卦，大忌世爻空亡，主一生作事無成，多謀少遂。這句話在《增刪卜易》一書中討論過，並認爲它說得不完整。要分出旺與動者不在此限，因爲動旺不爲空，遇到日建來沖空，則實空之年，還是可以發福，不能說作事無成。論來論去還是一句，不要把旬空視爲洪水猛獸，旬空只是一時的困頓，而非澈底的摧毀。

**【327問】占婚，世空動化退為何不成？**

答：所謂「動則不空」只是在強調動爻雖空，把它視爲不空卽可，但與事情成不成沒關係。事情要成功的關鍵因素是世用之衰旺。以占婚爲例，世爻與財官爻旺相，世應相生合，婚姻可成。本題重點在於動化退，退神表示所占之事一直不斷的衰敗倒退，雙方感情越來越冷淡，婚事當然不會成。

**【328問】「男空則遠行不利」，理由為何？**

答：此句話出自於《易林補遺》：「男空則遠行不

利，女空則近日多殃。」意思是說，凡男自占，世値空者，不宜出遠門，因爲出外謀事不成，反遭意外。若是女占，同樣世値空者，近期內有災殃亦不宜出門。總之，世逢空人六神無主，沒有方向感，如何出門？

## 【329問】「事事宜空中之有氣」，如何解釋？

答：語出自於《易林補遺》：「事事宜空中之有氣，般般忌合處亡逢沖。」意思是說，空亡之爻若臨旺相，或得日月動爻來生，便爲有氣，凡事可成。六合卦若被日辰等沖世或沖用，皆爲合處逢沖之象，以凶斷。此句話同樣在強調，空亡不可怕，也不是重點，重點在世用有氣無氣，有力無力，有氣則有力有用，則吉。

## 【330問】占陽宅，為何世父不宜動或空？

答：世爻動，就是心動，就是想改變之意。世爻空，對於未來不會想太遠，或者根本沒有在想，遇挫折怪東怪西，怪風水不好，就很容易經常在搬家。父母爲宅，不宜動也不宜空。動或空皆主住居不久。總之，沒有人喜歡經常搬家的，都想找一個可以安身立命之處，老死於此。

## 【331問】「財空鬼旺，千水萬山」，如何解釋？

答：語出《火珠林》：「財來扶世，求之不難；財空鬼旺，千水萬山。」內容是說占求財運，倘若財動來生扶世爻，則求財不難。但若財爻空亡，表示無財可得，若加上官鬼旺相，官鬼爲耗費之神，想要求財恐怕走過千山萬水也得不著。

## 【332問】何謂「彭城密訣」？

答：「彭城密訣」對於空亡有專門的論述，此訣出自於《斷易天機》：「彭城密訣：男值空亡憂遠行，女值空亡憂病生，暴病空亡宜作福，久病空亡身不眞。財被空亡難把捉，鬼値空亡官事停，被他空亡徒事縷，賊來不至空有聲。妻値空亡妻有厄，室女空亡有外情，宅值空亡急作福，父母空亡憂病生。兄弟空亡不得力，子孫空亡主伶仃。」內容說，男值空亡最好不要遠行，男值空亡憂慮會生病，近病空亡病好轉，久病空亡恐命亡，財爻空亡很難賺到錢，官鬼空亡功名不可得，占事空亡亂紛紛，占賊空亡只聽到風聲不見賊，妻値空亡有災殃，未婚女子空亡有旁人不知的戀情，宅爻空亡要趕緊造福，父母空亡憂慮會生病，兄弟空亡無力相助，子孫空亡老來孤獨。

## 【333問】何謂「伏藏」？

答：伏藏也叫「伏神」，藏者從字面上看，就有躲藏、躲閉、埋伏、不爲人知等的意思。用神一旦伏藏不現，用神等同無用，不管預測什麼事物，均爲不吉或暫時不吉的一種現象。若用神伏藏同時又逢空或逢破，基本上即事情衰敗的徵兆。因此，判斷伏神能否出伏恢復原有功能，在六爻預測上是非常重要的一件事。當占卜時，所求之事用神伏藏不上卦，即六親發生欠缺必在八純卦中尋用神借之，所借之用神稱爲伏神，而伏神之前爻則稱爲飛神。例如占測父母運勢得鼎卦，鼎卦中無父母爻，鼎卦屬於離宮，故以離卦初爻父母卯，借之寫在鼎卦的初爻丑下，丑是飛神，卯是伏神。

**【334問】測工作或學業時，用神伏藏有何事象？**

答：1.預測工作運時，以官鬼爲用神，官鬼爻一旦伏藏，即用神休囚無氣，爲求測者沒有工作。若僅是父母爻伏藏，則有工作但沒權力。2.預測學歷時，以官鬼爲用神，官鬼爻伏藏，爲求測者學歷不高。3.預測高普考等時，以官鬼爲用神，官鬼爻伏藏，爲求測者難錄取。

**【335問】測戀愛婚姻時，用神伏藏有何事象？**

答：1.預測戀愛婚姻時，男測以妻財爲用神，妻財伏藏，女測以官鬼爲用神，官鬼伏藏，爲對方不在家中或沒生活在一起，也可能目前沒有婚姻。2.預測婚姻外遇時，財官鬼已經出現在卦中，男測世下伏財，女測世下伏官，表示自己有外遇的情況。

**【336問】何種情況伏神得以出伏？**

答：伏神得以出伏，共有五種情況：1.伏神得日月相生，得以出伏，爲有用伏神。2.伏神臨日月，得以出伏，爲有用伏神。3.伏神得飛神相生，得以出伏，爲有用伏神。4.伏神得動爻相生，得以出伏，爲有用伏神。5.日月動爻沖開飛神，伏神引現，爲有用伏神。

## 【337問】何種情況伏神不能出伏？

答：伏神不能出伏，共有五種情況：1.伏神休囚，不得日月動飛之生，不得出伏，爲無用伏神。2.伏神休囚被日月沖剋，不得出伏，爲無用伏神。3.伏神被飛神剋，稱之飛來剋伏，不得出伏，爲無用伏神。4.伏神墓絕於日月，不得出伏，爲無用伏神。5.伏神休囚空破，不得出伏，爲無用伏神。

## 【338問】伏神與飛神有何關係？

答：用神不上卦，從八純卦中尋用神借，此借來之用神稱之爲伏神，原卦之爻稱爲飛神或飛爻。伏神與飛神的生剋關系很重要，飛來生伏謂之「得長生」，主吉。伏去生飛名曰「泄氣」，不吉，伏剋飛名曰「出暴」，以吉論，飛剋伏謂之「傷身」最凶。用神伏藏有吉有凶，如果伏神旺相，得日月動飛爻生扶，或有日月動爻沖剋飛神者，或飛神休囚、空破墓絕者，伏而得出，主吉。

## 【339問】如何解釋「財伏鬼鄉，買賣遭殃」？

答：語出《火珠林》：「財伏鬼鄉，買賣遭殃；日辰福德，方始榮昌。」意思是說，占求財運，若財爻伏在官鬼之下，則財爻生官爻，財生官的結果財變無氣，不論買賣，一旦財爻無氣無力，不但不能獲利，反而要大破財。要避免這種情形，須是子孫旺相，透出日辰，子孫能剋官鬼，同時也能生扶財爻，獲得榮耀昌盛。

## 【340問】如何解釋「用財伏兄，口舌相侵」？

答：此句同樣語出《火珠林》：「用財伏兄，口舌相侵；若在世下，旺相可成。」意思是說，占求財運，若財爻伏在兄弟之下，是財被他人控制，故易生口舌紛爭。倘若財伏世下，而世持兄弟，變成我去剋財，財又旺相，當然財爲我所得。

## 【341問】伏爻就是伏神嗎？

答：兩者不一樣。伏爻，指的是藏伏於主卦各爻之下，補足卦象所缺失五行六親的爻。至於伏神是指當占卜時，所求之事用神不上卦，卽六親欠缺必在八純卦中尋用神借之，所借之用神稱爲伏神。換句話說，一卦有六個爻，每爻之下都有一個伏爻，爻爻有伏有飛，故有六個伏爻，但六個伏爻中，只有一個是伏神。伏藏之爻，占卜古籍都稱之伏神，很少會稱伏爻。

## 【342問】如何解釋「鬼伏財鄉，因財有傷」？

答：此句同樣語出《火珠林》：「鬼伏財鄉，因財有傷；官吏阻節，獨發乖張。」意思是說，占求官運，當以官鬼爲用神，如官鬼爻休囚無力，則喜妻財爻發動以生助。若官爻伏在妻財之下，正好財來生官，但若官鬼已旺相有力，則忌妻財發動以生之，生之等於傷之，因爲使之太旺太過。官運有阻礙的另一種情形是，如官鬼衰弱無力，忌父母爻獨發以洩之。總之，六爻預測原則是求平衡，太旺則剋洩，太弱則生扶，當生而生則吉，不當生而生則凶，當剋而剋則吉，不當剋而剋則凶。

## 【343問】何謂「伏居空地，事與心違」？

答：此句話最早出自於《黃金策》：「伏居空地，事與心違」，意思是說，若用神未上卦，而伏神又值旬空，倘若伏神無提拔者，謀事決難成就。其它如《卜筮正宗》等書也有引這句話，並未提出異議。不過《增刪卜易》並不認同此說。《增刪卜易》：「黃金策曰：伏居空地，事與心違。予得驗者，非此論也。凡用神旺相而遇旬空，出空之日則出矣。」內容是說，《黃金策》書中提到「伏居空地，事與心違」，我自己實際驗證的結果是，用神未上卦，而伏神空亡，謀事難成。這種說法是不對的。只要用神旺相，雖伏又空，出空之日，仍爲有用。《增刪卜易》的論點很簡單，即決定事情成不成的關鍵點，既不是用神伏也不是空，而是用神之衰旺，因爲伏易引出，空也不能空一輩子，終究要出伏出空。最後還是回到六爻預測斷吉凶的關鍵點，用神的衰旺。

## 【344問】何謂「世下伏官病根常在」？

答：占病時，最怕一種情形，就是「世下伏官」，伏神有隱伏之義。占病遇官鬼伏在世下，表示此病一直跟隨著你，常相左右，其病不能斷根。雖有尋醫治療，但僅能取效於目前，過後伏鬼旺相之日月，其病必再發。

## 【345問】「絕」在六爻預測中，如何運用？

答：絕在六爻預測實際操作中，可運用在以下四種情況：1.絕於日辰。如寅日占卦，酉爻卽絕於日辰；日爲外因，故諸占不利。2.絕於變爻。如子動化巳，卽絕於變爻；變爻爲結果，表示結果令人失望。3.絕於飛爻。如酉下伏寅，卽爲伏爻絕於飛爻，主伏不能出。4.引絕至爻。如孫引至二爻爲絕，主無子。

## 【346問】何謂「化絕」？

答：何謂化絕？爻之化絕就是動爻因發動化出絕地，如酉化寅；子化巳等。人有生老病死之規律，同樣的道理，任何事物都有生旺消亡的過程，這是一種自然的規律。五行生旺消亡的過程稱之爲「十二長生」，十二長生依次分別是：長生、沐浴、冠帶、臨官、帝旺、衰、病、死、墓、絕、胎、養。其中六爻只用到長生、帝旺、死、墓、絕等四個過程。若只論「絕」這個過程，其規律如下：申酉金絕在寅，寅卯木絕在申，巳午火絕在亥，亥子水及辰戌丑未土絕在巳。而所謂的「絕」，在十二長生中是排在「死」之後，即氣死後，還剩有一點點的餘氣，但到了絕這個階段，才算是眞正滅盡。所以卦爻逢絕，生機斷盡，除非絕處逢生，否則爻已澈底壞死無用。

## 【347問】何謂「絕處逢生」？

答：大凡世與用神，或絕於日，或化絕，如果能得到日月動爻來生者，就稱之爲「絕處逢生」，臨危而有救。如寅日占卦，酉爲用神，酉金絕於寅，若在辰戌丑未之月，或爻中動出辰戌丑未，以土生酉金，則絕處逢生。

## 【348問】絕處逢生，會發生何事象？

答：1.如預測婚姻，遇世爻或應爻絕處逢生，婚事將破散，而後來卻變成功，感情也由淡薄變密切。或男女雙方因貧窮而不能成婚，偶得貴人金錢相助終成眷屬。2.預測工作運與官運等，遇父母爻絕處逢生，雖就職、升等等有阻礙，但最終有貴人幫助，得以實現。3.預測官災訴訟之事，遇官鬼爻臨絕，主官司不成，若得財爻發動與官爻相生，表示官鬼爻臨旺的年月，仍可打贏官司。4.預測生意與求財之事，若妻財爻絕處逢生，則表明其財運先難而後易，且利益豐厚。5.預測家宅風水，父母爻絕處逢生，主家宅家道中衰，後來轉爲興隆之象。

## 【349問】何謂「絕而不絕」？

答：凡爻神臨月建時，逢破而不破，逢傷而不傷，逢絕而不絕，動逢沖而不散，旬逢空而不陷，用神遇此而吉，忌神遇此而凶。月將當權，豈能衰絕？旺相如剛，豈能沖散？總之，這是在強調月令之強大，掌一月之權，司三旬之令，所以才能逢絕者不絕。

### 【350問】何謂「生旺墓絕」？

答：生旺墓絕是十二長生中的四個，十二長生又是什麼？十二長生是五行的十二個衰旺運勢，以起首之「長生」代表整個十二運，描述了五行的一生，也用來比喻萬事萬物產生、發展、衰敗消亡的過程。十二長生名稱如下：長生、沐浴、冠帶、臨官、帝旺、衰、病、死、墓、絕、胎、養等。其中與六爻預測有關的僅及於長生、帝旺、墓、絕等四項，簡稱「生旺墓絕」。

### 【351問】何謂「不絕不空神久在」？

答：語出自於《易林補遺》：「不絕不空神久在，不沖不動聖常安。」講的是占安奉神位。占神位以官鬼爲用神，官鬼不絕，乃香火不絕之象。香火不空，則承祀不空之象。官鬼若不沖，則坐在廳堂中而位常存。官鬼若不動，則神明常在護宅而人均安。

### 【352問】五爻陽爻動化絕，表示什麼？

答：五爻以爻位來論爲家長，陽爻爲父親之意。卦爻逢絕，生機斷盡，除非絕處逢生，否則爻已澈底壞死無用。動化絕有已死亡之意，所「五爻陽爻動化絕」此句，爲父親已死亡之象。另外，陽動主過去，陰動主未來，這裡爲陽動卽表示此事已發生了，故斷爲父已死亡。

## 【353問】「空化空雖空不空」，是什麼意思？

答：這句話出自《黃金策》與《增刪卜易》。《增刪卜易》：「空化空雖空不空。予得驗者，不獨空化空則不爲空，動亦不爲空。動不爲空，爲禍爲福，沖空實空之月日必應。」這一段話是說，動爻本身空亡，化成變爻後也是空亡，其實都是不空的。爲何？因爲動爻本身就不會是空亡了，凡動爻值空，或動爻變空，皆不作眞空論，出旬有用矣。只要逢沖，或逢値之日月，就是吉凶應期。空是針對有用之爻而言的，如遇空亡之象存在時，會使該爻不具生剋之力，亦不受它爻生剋影響，要在塡實或沖空時應事，恢復正常作用。

## 【354問】「飛伏生剋吉凶歌」，在說些什麼？

答：「飛伏生剋吉凶歌」出自於《卜筮正宗》：「伏剋飛神爲出暴，飛來剋伏反傷身，伏去生飛名泄氣，飛來生伏得長生。爻逢伏剋飛無事，用見飛傷伏不甯，飛伏不和爲無助，伏藏出現審來因。」內容說，若用神伏藏卻來剋飛神，是一種「出暴」的現象，出暴是伏神很快引出之意，以吉論。若用神伏藏卻飛神所剋，是用神被傷害與被壓抑的現象，以凶論。若用神伏藏卻又來生助飛神，是一種用神「洩氣」的現象，以凶論。若用神伏藏卻被飛神來生助，是一種「長生旺相」的現象，以吉論。若用神伏藏卻有忌神要來剋，不會傷害到伏爻與飛神。若飛神被忌神所傷，用神伏藏也會受影響。飛伏相剋對用神沒有幫助，伏神要出伏，是另要有條件與原因的。

第八篇

# 入墓出墓

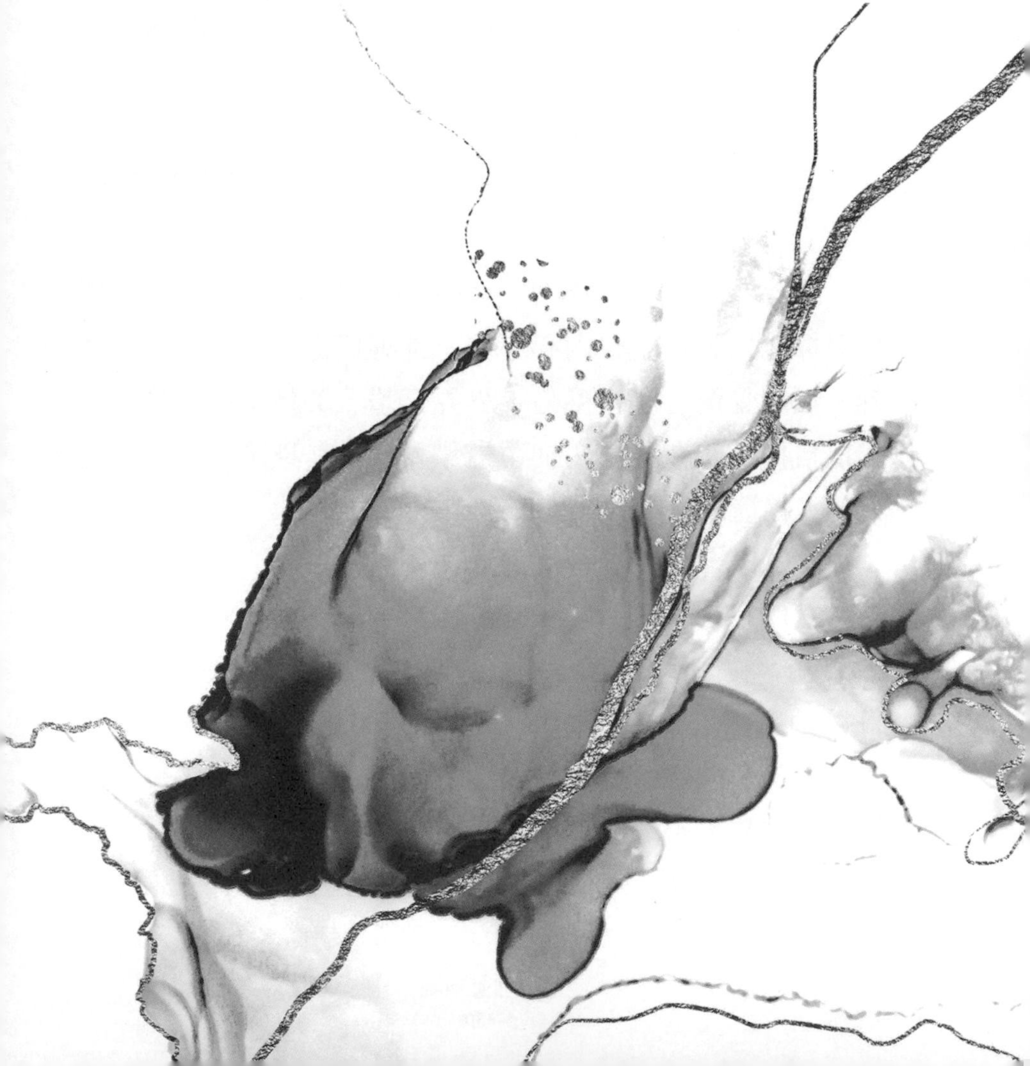

## 【355問】「入墓」的含義是什麼？

答：何謂入墓？爻之入墓，就是爻被收藏起來，被關閉起來，被捆綁起來的意思。卦爻入墓時，在入墓的這段時間內，會暫時失去生剋能力，出墓後才能恢復。如用爻屬木，臨未日爲用神入墓。用爻屬水，臨辰日爲用神入墓。餘仿此。墓有金墓、木墓、水土墓、火墓等。金墓在丑，木墓在未，水土墓在辰，火墓在戌。墓有收藏、遮蔽、暗昧、墳墓、牢房、醫院、洞穴、困住、沉迷等之義。

## 【356問】世爻空破墓絕，對身心有何不同影響？

答：1.空：心裡落空、躲避、虛無、若有若無、難以發揮、六神無主、內心不實、精神恍惚。2.破：遭受意外、無端受傷、心裡壓力、外界打擊。3.墓：癡迷嗜好、難以自拔、躺在病床、拘留監獄。4.絕：身體虛弱、內心絕望、絕情沒望。

## 【357問】何謂「入三墓」？

答：爻入墓有三種：1.入日墓：無論動變靜爻，逢日爲墓，都入日墓。如戌日占卜，用神爲午，則午火入戌墓。2.入動墓：靜爻可入卦中動爻之墓，而不入靜爻之墓，但動爻也不入動爻之墓。如辰爻動，則卦中靜爻亥入辰墓。3.入化墓：動爻可入本位變爻之墓。動爻只入本位變爻之墓，不入旁爻變出之墓。如卯木動化未土，則卯木入未墓。

## 【358問】如何才能「出墓」？

答：出墓方式有三：即沖墓、合墓、沖入墓之爻。1.沖墓：用神卯木，入未墓。遇丑日月沖開未墓，用神卯木可出墓。2.合墓：用神巳火，入戌墓。遇卯日月相合戌墓，用神巳火可出墓。3.沖爻：用神亥水，入辰墓。遇巳日月沖亥爻，用神亥水可出墓。

## 【359問】何謂「人墓」？

答：《斷易天機》：「何爲人墓？且如占兄弟病，辰爲墓，當日是戌，雖合入墓不死。又人旺墓衰不死，兄弟旺墓爻衰不死。」這裡所說的人墓就是說，凡占人之吉凶，如占病、占外出等，只要用爻入了墓，此墓即爲人墓。《斷易天機》所舉之卦例，占兄弟病，兄爻屬水，辰爻發動，兄弟水入辰墓，此墓即爲人墓。

若當天爲戌日，辰戌沖，人出墓矣。故說入墓不死，因爲已經出了墓，脫了困，解了危。另外，還提到人旺墓衰也是不死，因爲死不死與人的衰旺關係較大，入墓只是一時而已，只要人旺相，入不入墓，都能保平安。

## 【360問】何謂「事墓」？

答：《斷易天機》：「何爲事墓？但所卜之事，爲難成費力。」這裡所說的事墓就是說，凡占事之成敗，只要用爻入了墓，此墓即爲事墓。《斷易天機》沒舉卦例，只說「所卜之事，爲難成費力」，爻之入墓，就是休囚，爻被關閉起來了，卦爻入墓時，在入墓的這段時間，會失去生剋能力，無力也無用，所以所占之事難以成功。人墓、事墓與鬼墓，也稱之爲三墓。與通稱之入動墓、日墓、化墓等三墓，完全不同。

## 【361問】何謂「墓而不墓」？

答：爻之入墓，就是爻被收藏起來，被關閉起來，被捆綁起來的意思。卦爻入墓時，在入墓的這段時間內，會暫時失去生剋能力，出墓後才能恢復，因此用神一旦入墓就失去了當用神的功用，是不吉之象。如未日占卦，用神金入墓於動爻丑，但得當日未沖開丑，使用神得以出墓爲用，此乃墓而不墓也。因此，所謂「墓而不墓」，即雖有入墓之象，但無入墓之實，就把它當做沒入墓這件事就好了。

## 【362問】測目前運勢，當用神入墓時有何事象？

答：墓之本意有藏匿、收藏、關閉、存放、管束、困住等意思。所以在斷卦出現入墓時，針對所測不同事物，來做推論。預目前運勢時，遇用神或世爻入墓，又有其它如日月動變之爻不利用神與世爻者，可推斷其人有沉迷嗜好，或自我囚禁之凶象。

## 【363問】測官司災禍，當用神入墓時有何事象？

答：預測官司災禍時，遇用神或世爻入墓，又有其它如日月動變之爻不利用神與世爻者，可推斷其人有被關押之凶象。至於只是暫時失去自由或已經被拘留，甚至收押等，可根據卦中其它爻象、六獸、六神等訊息來決定。

## 【364問】測疾病健康，當用神入墓時有何事象？

答：預測疾病健康時，遇卦中用神或世爻入墓，又有其它如日月動變之爻不利用神與世爻者，可推斷其人有已住院，已經是臥病在床，甚至昏迷不醒之凶兆等。

## 【365問】金爻遇丑土，論丑土生金，或金入丑墓？

答：原則上，還是論金入丑墓，但也有論生而不論墓的時候。《增刪卜易》：「金爻雖墓於丑土，若得未土沖動，或卦中土多生金，論生不論墓也。」當遇到未日月動爻來沖丑時，則金可出，且丑土可生金。另外，當卦中土多生金時，也論生而不論墓。

## 【366問】若用神入日墓，但值月建，如何論衰旺吉凶？

答：若用神入日墓，但値月建，月建的力量相當大，可以敵抗用神入墓之凶，而呈現無吉無凶之象，如果有它爻發動，來生扶世爻者則爲吉兆。若它爻來剋制用神，雖臨月建，亦難敵對而以凶論。

## 【367問】「太旺者逢墓逢沖為應期」，理由是什麼？

答：這句話是在說「吉凶的應期」，如用神是巳火，遇到巳午之日月來占卦，或卦中巳午爻已太多，則應期取逢亥子日應之，或逢戌日應之。其理論就是用神爻太旺爲病，不利於所測之事。所以要等待它轉弱的時候才會有好結果，而轉弱的時間點有二個，一是逢亥子水日來剋火，一是逢戌日，讓火入火墓。

## 【368問】「墓中人不沖不發」，如何解釋？

答：此句話出自於《總斷千金賦》：「墓中人不沖不發，身上鬼不去不安。」是說用爻入墓，則多所阻滯，諸事費力難成。須待日辰或動爻沖剋其墓之日月，用神出墓，方可有用。至於「身上鬼不去不安」，講的是官鬼爲凶神，若世爻臨官鬼，則爲身上有鬼，如果不是有官職者，一般人身上有鬼，都是凶多吉少，須等待日動爻剋去官鬼才能無憂無慮。

## 【369問】從三合局如何理解「墓庫理論」？

答：三合之局以申子辰三合水局爲例，以軸心字子水爲主，長生於申，墓於辰，若得三字全眞三合。若只有「申子」無辰字者，雖成半水局而少收藏。若只有「子辰」而缺申字者，也成半水局，而少根源。三合局中取中字爲主，前一字生而「主發」，後一字墓而「主藏」，有發有藏，故爲三合。其中有「發而不藏」者，事當有始無終，但有「墓而無生」者，事必先難後易。結論：辰戌丑未四庫墓，主收藏，萬事萬物拼命地生長，永無止盡的生長，最終會資源耗盡，自取滅亡。辰戌丑未四庫墓，就是在防止這種毫無制約的「爛生」情形發生，四墓庫有它在五行生剋制化中，不可取代的功能。

## 【370問】「何知人家病要死，用神無救又入墓」，如何解釋？

答：這是何知章中的一段。五行之氣，旺而衰，衰而病，病而死。占病專看用爻衰旺，卦中若得用爻有氣，原神發動來生，忌神安靜，便主一切無妨。若相反日月動爻來剋，原神不動，用神沒救，甚至又入墓，命危矣。用爻不是不能入墓，太旺之時入墓才吉，如今是太弱，當然不能入墓。

## 【371問】「死墓絕空，乃是泥犁之地」，是在說什麼事？

答：此段話出自於《黃金策》：「長生帝旺，爭如金穀之園；死墓絕空，乃是泥犁之地。」長生、帝旺、死、墓、絕均爲十二長生中的階位。金穀之園來比喻氣旺強盛。泥犁就是地獄，表示其凶。整句話是說，用爻遇長生、帝旺等，雖衰弱也作有氣論，所占事成。但若用爻遇死墓絕及空亡，則主陷溺，雖得時旺相也不能成事。

## 【372問】為什麼「入墓難剋」？

答：「入墓難剋」出自於《千金賦》裡的一句卦理，意思是本來受剋之爻入了墓庫，就剋不到他了，也就是一般所說的「避剋」概念。一個動爻入了墓，它不能去剋它爻，它爻入墓，也不受動爻之所剋。入墓彷彿躲進防空洞一般，找不到也傷不到，除非它出墓。

## 【373問】為什麼「墓多暗昧」？

答：暗昧本義是昏暗，看不清楚的樣子。入墓爲何暗昧？因爲一旦入墓，未來如何發展與演變，看不清楚。通常吉爻不要入墓的道理，即是吉爻本來應吉，所占事將成，但入墓後一切轉爲未知數。因此凶爻最好要入墓，如此一來，趁一切混沌未明之時，可以多爭取一些時間。

## 【374問】何謂「隨鬼入墓」？

答：入墓有三：入日墓、入動墓、入化墓。入日墓之中，又以世爻隨鬼入墓最凶，即世持官鬼爻，占卜日又是世爻之墓，如官鬼巳火持世，戌日占卦，即爲世爻隨鬼入墓，大凶。逢隨鬼入墓，不問占何事，皆不吉。占終身，須防目下有災，終身不能顯達。占婚，男家貧乏。占產，須防妻命入黃泉。求官，難成。占訟，恐有牢獄之災。求財，勞而無功。占出行，去不成，或去後有病。占行人，必有災險。占家宅逢之，須防宅長有災。占病逢之，十占九死。

## 【375問】「多財反覆，必須墓庫以收藏」，如何解釋？

答：語出《卜筮全書》：「多財反覆，必須墓庫以收藏。」說的是，當卦中財只有一位時，旺相有氣，不空不破，生合持世皆美。但若卦中出現三五個財爻時，反而是太過了，表示其財反覆無常，難以求得。必須卦中有財庫爻發動，引財入墓，謂財有庫藏，必得厚利。

## 【376問】占問請家庭教師，父母爻入墓表示什麼？

答：占問請家庭教師，以父母爻爲用神，最好是旺相有力，表示教師有學問與教學能力。若父爻空絕，必然教誨無功效。若父母爻入墓表示教師貪圖安逸，懶於教學，這種教師不請也罷。

## 【377問】不論爻之衰旺，入墓的結果都一樣嗎？

答：1.有一樣的地方，也有不同之處。所謂一樣的地方，就在於無論衰爻或旺爻在入墓期間，都是沒有作用的，同時也避開了它爻的生剋沖合作用。2.不同的地方在於衰爻入墓更衰，若爲用神則更不利，但旺爻則無礙，入墓只是暫時休息而已，沒有變衰之問題，出墓之後與入墓前沒兩樣，恢復所有功能。衰爻則入墓前無用，出墓也無用。

## 【378問】男世持官入墓於日財，表示什麼？

答：世持官鬼，除非是已當官者，或找工作，或女占婚，否則都不是好事情。官鬼主官司、壓力、病災等。入墓於日財，入墓有被困住、無法脫身等之義。「日財」是日辰臨妻財，指大環境的經濟情況，或外面的女人等。所以整句話的意思是，此男因大環境經濟不佳，被錢財所困住，動彈不得，壓力很大。或被女人所迷惑，神魂顛倒。不管是被錢財困或女人迷，都使得此男人內心壓力大到空前。

# 第九篇
# 進神退神

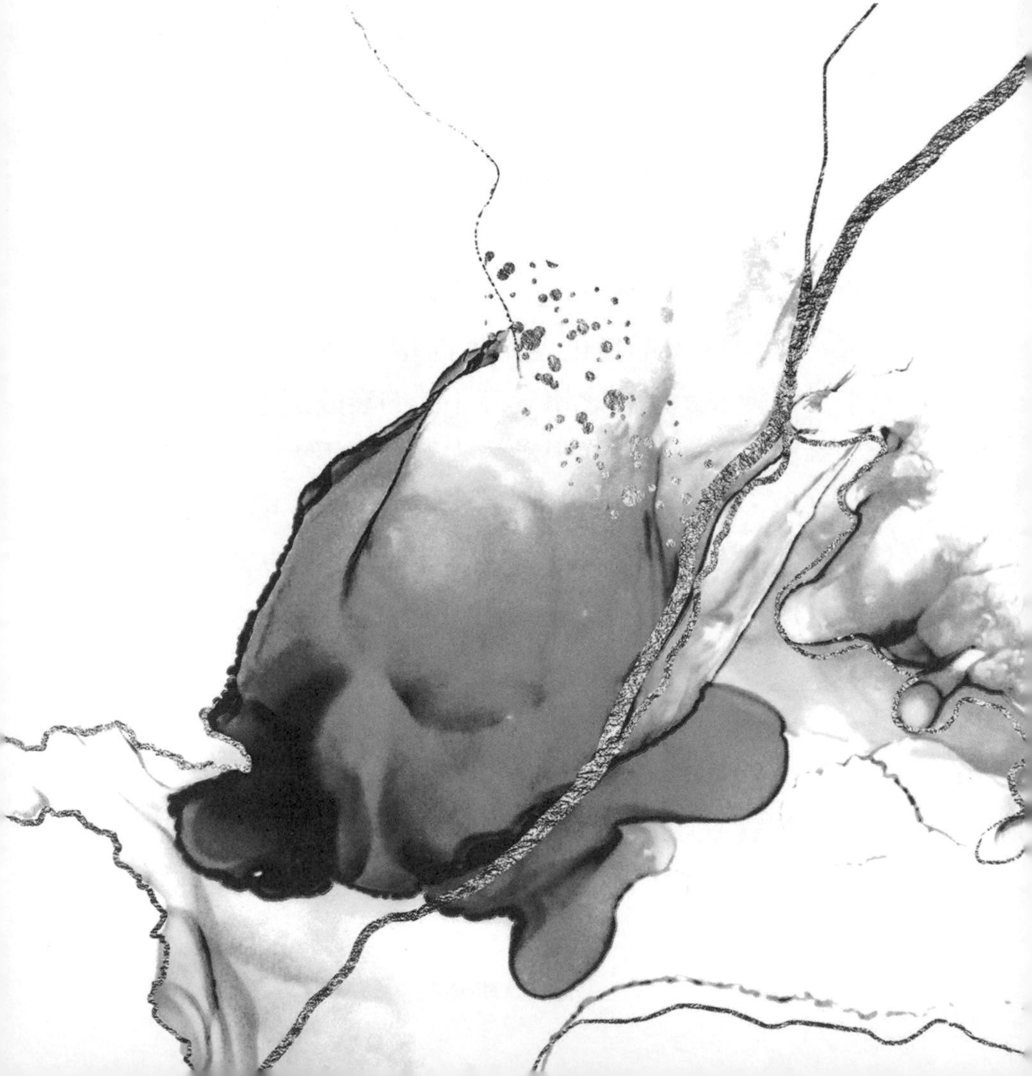

## 【379問】何謂「進神」？

答：何謂進神？進神者，乃卦爻動而化進之意，卽寅化卯，巳化午，申化酉，亥化子，丑化辰，辰化未，未化戌，戌化丑，都是化進神。其中，要特別注意的是所謂的化進，一定要是「化成同五行」，例如寅化卯，寅卯都屬木。若寅化辰，辰屬土，這樣就非化進神。進神表示所占之事一直不斷的向前發展，如春木之榮，有源之水，久遠長久之象。占財，錢越賺越多；占官，官越做越大等。卦爻逢進神，占喜則更喜；占凶則更凶。

## 【380問】何謂「退神」？

答：何謂退神？卦爻動而化退，恰好跟進神相反。卯化寅，午化巳，酉化申，子化亥，辰化丑，戌化未，未化辰，丑化戌，都是化退神，同樣一定要是「化成同五行」。退神表示所占之事一直不斷的衰敗倒退，如秋天花木，漸漸凋零。卦爻逢退神，占喜則喜不大；占凶則凶不大。其中，辰土爻動化戌土爻，看似化進，隔了未土，不屬進退之化，而是化沖或化破。而爻化退神，若退神值臨日或月建，占短期事還是有用，但占長期事仍然不吉。

## 【381問】何謂「進神的規則」？

答：進神者，吉凶倍增其勢也。進神不是占求完之後，吉凶就立卽快速地激增了。進還是要有進的規則。《卜筮正宗》：「吉神宜於化進，忌神宜於化退，進神之法有三：旺相者乘勢而進一也，休囚者待時而進二也，動爻變爻有一而逢空破沖合者，待期塡補合沖而進三也。」進神要增強其勢，有三種不同的情況。1.進神爻本來旺相有氣者，一下子就能增強起來了，應期較快。2.進神爻休囚者者，就要「待時而進」，等待得令值日之天時到才能進，應期較慢。3.動變爻中有遇到空亡、日月破、被沖被合者，就要「空待出」、「沖待合」、「合待沖」，慢慢等待應期到才進了。

## 【382問】何謂「退神的規則」？

答：退神者，吉凶漸減其威也。退神不是占求完之後，吉凶就立即快速地減退了。退還是要有退的規則。《卜筮正宗》：「退神之法亦有三：旺相者或有日月動爻生扶，占近事暫時而不退者一也，休囚者實時而退二也，動爻變爻有一而逢空破沖合者，待期塡補合沖而退三也。」退神要減退其勢，有三種不同的情況。1.退神爻旺相或有日月動爻生扶者，如果所占求的是近期之事，則暫時還不會減退。2.休囚者，時間到了就減退了。3.動變爻中有遇到空亡、日月破、被沖被合者，就要「空待出」、「沖待合」、「合待沖」，慢慢等待應期到才退了。

## 【383問】何謂「不能進」？

答：所謂不能進，是指進神爻本身受日破散，自己現有的位子都沒了，如何能再前進？此名稱出自於《易冒》

一書。《易冒》：「夫進神之法有三：一曰大進，二曰不進，三曰不能進。蓋動旺相而變日月，乘勢得位，謂之大進；動日月而變空破，無階無路，謂之不進；動破散而變日月，我位既失，何以得前，謂之不能進。」《易冒》把進神分成三種：大進、不進與不能進。大進是進神爻旺相，且變爻臨日月。不進是變爻空破，沒台階可再前進。

**【384問】測婚姻用神化進神，有何事象？**

答：以未婚者爲例，用神喜化進神，表示男女雙方關係漸漸加深，感情生溫，漸入佳境。若同時忌神化退神，更是錦上添花，因爲忌神化退，表示不利的因素漸減少，婚姻出現好的轉機，反對的人開始不反對，贊成的人更加支持等。

**【385問】測婚姻用神化退神，有何事象？**

答：以已婚者爲例，用神不喜化退，用神化退就表示夫妻間感情變淡，開始因爲生活中的各種瑣事，逐漸消磨掉了激情，雙方變的不願交流。之後就事會互相數落對方，先前的包容，已蕩然無存。雙方都不太喜歡回家，更喜歡待在外面，和朋友聚會聊天。若沒有及時挽救，慢慢地會想是否已經到了，考慮分居或離婚的時候了。通常，化退神的過程都是緩慢進行的，若沒警覺，等到發現不對勁時，已太遲而無法挽回了。

## 【386問】測公司經營化進神，有何事象？

答：預測預測與事業，若用神旺相動而化進神，取象爲事業正向前發展，前景可觀。公司能提供高薪厚職和優越的福利，來留住員工。另外，公司和員工的目標一致，秉持共同的核心價値，才能眞正留住員工的心，一起爲公司來奮鬥。總之，化進神者，公司呈現一片欣欣向榮的景觀。

## 【387問】測公司經營化退神，有何事象？

答：若用神休囚發動化退神，取象爲事業開始走下坡，甚至出現虧損，停滯不前。公司不再有效地完成投入產出的功能，產出的產品和服務不被社會所接受，公司的財務狀況不佳，員工對公司沒有向心力。其它，還包括多元化經營失敗，個人決策失誤，管理能力薄弱，公司有名無實等，都是公司經營化退神之事象。

## 【388問】化進神的應期為何？

答：用神化進，通常都以吉斷。化進神者，其吉應期是「逢値逢合」，即進神値之日或合之日。如寅動化卯，乃爲化進神，逢寅之日月爲應期，或逢亥之日月爲應期。

## 【389問】化退神的應期為何？

答：用神化退，通常都以凶斷。化忌神者，其凶應期是「忌値忌沖」，即退神値之日或沖之日。如酉動化申，乃爲化退神，逢申之日月爲應期，或逢寅之日月爲應期。

**【390問】「卦爻發動須看交重。動變比和當明進退。」如何解釋？**

答：此句出自於《黃金策》：「卦爻發動須看交重。動變比和當明進退。」內容是說，卦爻發動有兩種情形，一是遇「交」，即由陰極變陽；一是遇「重」，由陽極變陰。交主未來才發生，重主過去已發生。動變比和是講動爻變出同類五行，須分別進神和退神。以火爲例，巳火化午火爲進神，午火化巳火爲退神。進主吉凶其勢倍增加，退主吉凶漸減其威力。

## 第十篇

# 伏吟反吟

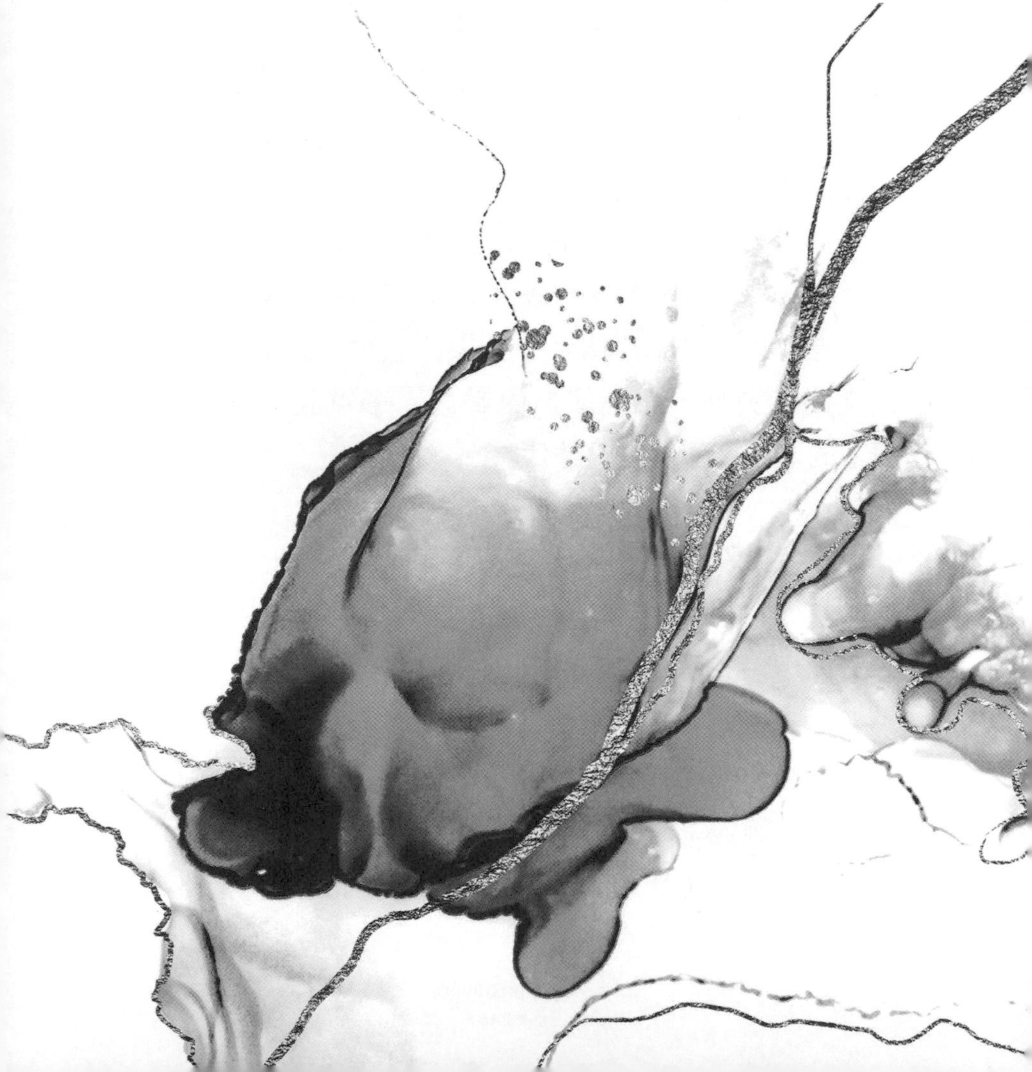

## 【391問】何謂「伏吟」？

答：伏吟是六爻中動爻發動之後，變爻與動爻「地支完全相同」的一種形式。伏吟主停滯不前、原地踏步、憂慮纏身、痛苦呻吟、憂患難解之象。欲動而不能動，欲靜而不能靜，守之不能，動之無益之困境。內卦伏吟，內不安。外卦伏吟，外不寧。內外伏吟，內外皆不安寧。

## 【392問】何謂「內卦伏吟」？

答：內卦伏吟內不利。能構成內卦伏吟的卦分別爲：火天大有變火雷噬嗑、火雷噬嗑變火天大有；水雷屯變水天需、水天需變水雷屯；山天大畜變山雷頤、山雷頤變山天大畜；澤雷隨變澤天夬、澤天夬變澤雷隨；風天小畜變風雷益、風雷益變風天小畜；地天泰變地雷復、地雷復變地天泰。以上共十二個卦，卦象的互變，都是內卦二爻與三爻同時發動，而且都是內卦之「子寅辰」化出「子寅辰」的形式，所以叫內卦伏吟。

## 【393問】何謂「外卦伏吟」？

答：外卦伏吟外不利。外卦伏吟分別爲：雷澤歸妹變天澤履、天澤履變雷澤歸妹；天山遁變雷山小過、雷山小過變天山遁；天地否變雷地豫、雷地豫變天地否；雷火豐變天火同人、天火同人變雷火豐；雷風恆變天風姤、天風姤變雷風恆；雷水解變天水訟、天水訟變雷水解。以上共有十二個卦，卦象的互變，都是外卦五爻與六爻同時發動，而且都是外卦之「申戌」化出「申戌」的形式，所以叫外卦伏吟。

## 【394問】何謂「內外卦伏吟」？

答：內外卦伏吟內外皆不利。內外伏吟分別爲：乾爲天變震爲雷、震爲雷變乾爲天；天雷無妄變雷天大壯、雷天大壯變天雷無妄。以上共有四個卦，卦象的互變，都是內卦二爻與三爻、外卦五爻與六爻同時發動，而且都是內卦與外卦「子寅辰午申戌」化出「子寅辰午申戌」的形式，所以叫內外卦伏吟。

## 【395問】測工作運或財運遇伏吟時，有何事象？

答：1.測工作運遇伏吟時，主運程停滯、原地徘徊。若測調動，則難以如願、呻吟悲傷，多爲不吉之象。2.測財運遇伏吟時，主聚散無常、虧掉老本、無法獲利，多爲凶象。遇此伏吟機運時，不能躁進，怨天尤人也與事無補，不如利用此停頓之機，充實自己，投資現在，以待天時。

## 【396問】測婚姻遇伏吟時，有何事象？

答：伏吟在六爻預測中多是負面的訊息，測婚姻時更是不吉。主婚姻觸礁，雙方相互折磨，內心有苦難言。遇此伏吟運期，多主心情不好，情緒不佳，內心痛苦沒人瞭解，雙方鬧矛盾，甚至吵架。吵架後想和解沒有進展，不順利，心想離婚，猶豫不定。伏吟卦也常出現在因外遇，而引起的苦惱與失和等事象。

## 【397問】遇伏吟，要如何化解？

答：六爻測事，以用神的旺衰爲主要判斷依據，絕不能一見伏吟卦就斷凶。當用神旺相或爲吉時，待「沖用神」之年月日時，主事情可以獲得解決，所求之事能夠成功。爲何是「沖用神」之年月日時呢？因爲用神伏吟就是不變不動，事情就停滯在那裡，毫無進展。這種情況與「用神遇合」類似。相合一般都以吉斷，但當占求之事如調動、出國、般家、拆夥等時，用神被合住與被合絆變成了大麻煩了。應期法則中「合帶沖」，伏吟類似合絆，故化解之法同樣是合帶沖，故待「沖用神」之年月日時，爲吉應期。

## 【398問】何謂「反吟」？

答：反吟是爻變反吟，是地支發動後，與自身化出的地支相沖。反吟主反覆顛倒、反覆無常、不安不順、反反覆覆等。反吟多主謀事不利，用神或世爻若在大象反吟之中且休囚無氣，爲大凶之兆。反吟卦用神不化回頭剋者，雖反覆波折仍可成功，如化回頭沖剋用神者，則所謀皆凶。

## 【399問】何謂「卦變反吟」？

答：卦變反吟，是主卦卦象的卦宮五行與變出之後的五行相沖。乾爲天變巽爲風、巽爲風變乾爲天；天風姤變風天小畜、風天小畜變天風姤。以上爲「乾巽」兩相沖反吟卦。坎爲水變離爲火、離爲火變坎爲水；水火既濟變火水未濟、火水未濟變水火既濟。以上爲「坎離」兩相沖反吟卦。艮爲山變坤爲地、坤爲地變艮爲山；山地剝變地山謙、地山謙變山地剝。以上爲「艮坤」兩相沖反吟卦。震爲雷變兌爲澤、兌爲澤變震爲雷；雷澤歸妹變澤雷隨、澤雷隨變雷澤歸妹。以上爲「震兌」兩相沖反吟卦。以上共十六個卦，爲卦變反吟。卦變反吟，反覆向下之象。主謀事不利，百事不順。

## 【400問】何謂「爻變反吟」？

答：爻變反吟，是地支發動後，與自身化出的地支相沖。如子變午、丑變未、未變丑、寅變申、申變寅、卯變酉、酉變卯、戌變辰、辰變戌、巳變亥、亥變巳。六爻預測主要還是看爻變反吟，爻變反吟應用廣，應驗準。卦變雖反吟，但爻的關係有時沖剋，有時生合，但爻變反吟必回頭沖剋。

## 【401問】爻變反吟有哪幾種形式？

答：爻變反吟有三種形式：1.內卦反吟：卦中二、三爻同時發動，此爲內卦反吟之象。如坤爲地變地風升、地風升變坤爲地；水地比變水風井、水風井變水地比；巽爲風變風地觀、風地觀變巽爲風。2.外卦反吟：卦中五、六爻同時發動，此爲外卦反吟。如風水渙變地水師、地水師變風水渙；地澤臨變風澤中孚、風澤中孚變地澤臨；風地觀變坤爲地、坤爲地變風地觀。3.內外反吟：內外都爲反吟的卦，卽內卦二爻、三爻與外卦五爻、六爻同時都發動，稱之爲內外反吟之卦。如風地觀變地風升、地風升變風地觀；坤爲地變巽爲風、巽爲風變坤爲地。內卦反吟主內不安，外卦反吟主外不安，內外都反吟，內外皆不安。

## 【402問】測工作運或財運遇反吟時，有何事象？

答：1.預測工作運遇反吟時，主升降反覆，終難如願。反吟伴隨回頭沖剋，沖剋的結果必然事情散去，事與願違。卦逢反吟除了事情沖散之外，另外一個特徵卽是反覆，反反覆覆，時好時壞，令人難以作出決定。2.預測做生意遇反吟時，主經營事業興衰起伏無常，時而生意興隆，時而門可羅雀。同樣是反覆無常，每當想要把店收了不做時，突然過來幾天生意特別好。正期待榮景能持續不斷時，生意又跳水式的跌下來。

## 【403問】測婚姻遇反吟時，有何事象？

答：預測婚姻遇反吟時，反覆波折，難以美滿。反吟本主事情反覆，放在婚姻上來看，更可看出反吟的本質。

婚姻以感情爲基礎，而情這個字本身就屬於起伏不定，時好時壞的特質。占求婚姻卦得反吟者，非要謹愼以對不可，因爲相愛熱戀期已成過去，未來一定是顚沛流離的不順歷程。多次的不和與爭吵，分手又和好，和好又分手，在所難免。

**【404問】遇反吟，要如何化解？**

答：伏吟須沖開乃解，反吟宜見合始寧。伏吟的情形像被合住不動，所以要靠「沖」來解開，反吟則是沖的一種形態，所以要靠「合」來處理。等待「合用神」之年月日時，主事情可以獲得解決，所求之事能夠成功。不合就等者散，人生本如此，什麼個性造成什麼命運。如何合？除了等待天時之外，人這方面能做的，就是和，故稱天時、地利、人和。合者和也，一點都沒錯，用心平氣和的態度去處理，再怎麼困難的事都能解決。

## 第十一篇

# 遊魂歸魂

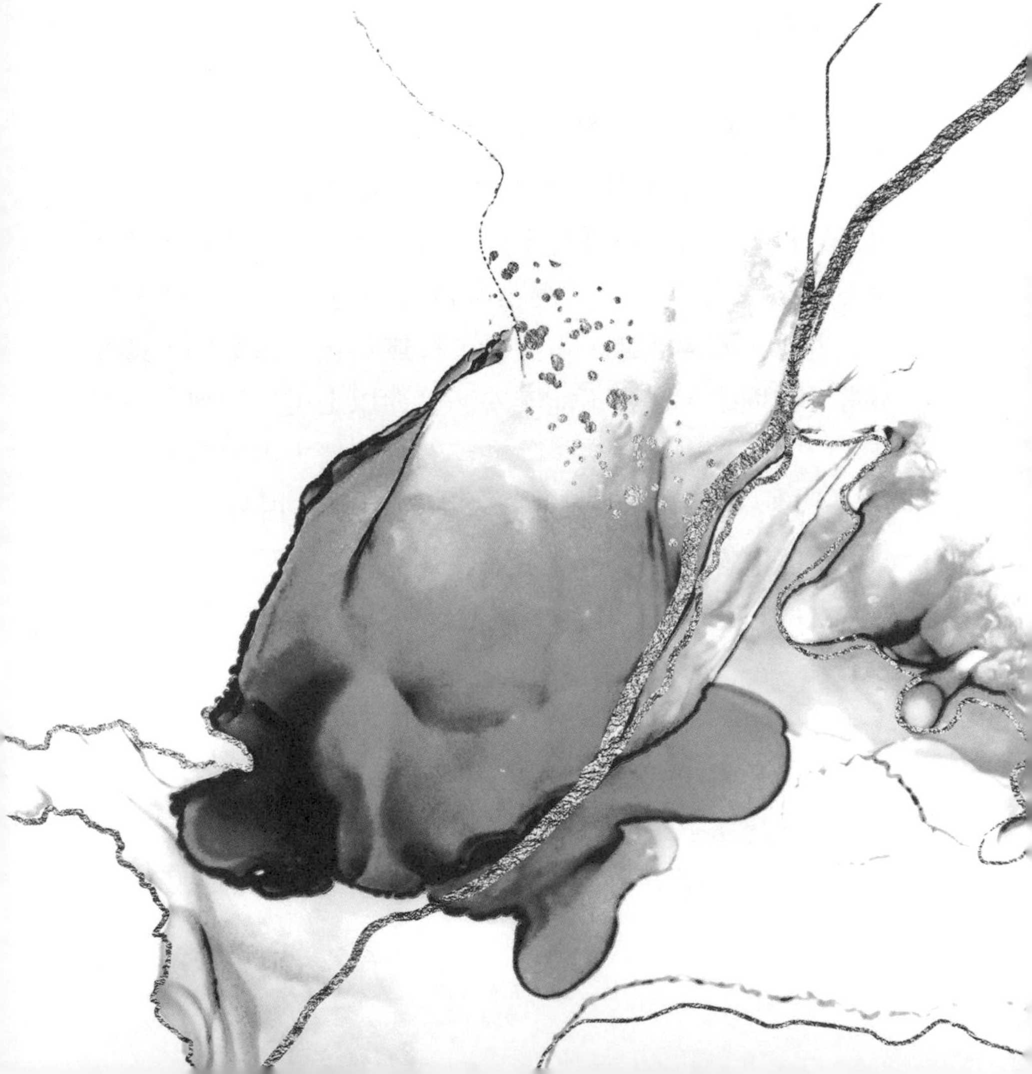

## 【405問】何謂「遊魂卦」？

答：遊魂卦是指八宮中每宮的第七卦。六十四卦中，遊魂卦有：火地晉、水天需、澤風大過、山雷頤、地火明夷、天水訟、風澤中孚、雷山小過，共八個卦。遊魂卦不能決定事情成敗吉凶，而是用來斷細節用的。遊的本意就是往來變化，經常移動。遊魂卦多主事物處於不穩定的狀態，主人心緒不寧、精神不佳、魂不守舍、向外變化、遊離不歸等現象。

## 【406問】占得遊魂卦就一定不好嗎？

答：占得遊魂卦，對有些事情來說確實不好。《增刪卜易》：「古以遊魂行千里，我行此事而欲久者，遊魂而不能久，心無定向，遷改不常。占身命無安家樂業之所，占行人遊遍他鄉。占出行，行無定止。占家宅，遷變不常，占墳塋，亡靈不能安妥。」從以上可以知道，占終身、行人、外出、陽宅、陰宅等五項事情，占得遊魂卦不好。占終身居無定所，占行人不想回家，占外出沒有目標，占陽宅經常般家，占陰宅亡靈不安。但除了這五項之外，占得之卦究竟好不好，還是以用神衰旺爲斷。

## 【407問】測財運得遊魂卦如何斷？

答：若財爻持世，財旺相有氣，可斷爲求財四處奔走，求財想法多，但能得財。投資管道多，投資想法多，爲財外出多等現象。如見財爻持世，被刑沖剋害嚴重，則以凶推，爲財奔波而不得財。此時遊魂卦代表的只是變動的、漂泊的、多方的狀態，而無法決斷吉凶。具體能否得財以及得財多少，仍應以用神衰旺等來推斷。

## 【408問】測婚姻得遊魂卦如何斷？

答：遊魂卦主向外尋覓、猶豫不決、三心二意、神魂顚倒等。占得此卦對於已婚者是個大危機。不論男女，將婚姻當兒戲，隨隨便便、沒有主見、不知珍惜，婚姻早已空洞無根基。遊魂卦飄泊不定，這和婚姻須要兩人堅定的感情當基礎，是相互違背的，占婚姻遊魂卦者，要非常的小心處理。

## 【409問】何謂「歸魂卦」？

答：歸魂卦是指八宮中每宮的第八卦，即最後一卦，六十四卦中歸魂卦有火天大有、水地比、澤雷隨、山風蠱、地水師、天火同人、風山漸、雷澤歸妹，共八個卦。歸魂卦與遊魂卦相反，爲安定保守、守舊穩定、回心轉意等意思。歸魂卦同樣不可以單獨用，必須以用神爲重的大原則下，結合在一起來看，來斷吉凶。歸魂卦同時代表著一種安定之象，也代表著心態保守，不易改變的狀態。

## 【410問】遊魂卦為變，歸魂卦為不變，對否？

答：基本上，這樣的認知是對的，或改成遊魂爲「動」，歸魂爲「靜」，也行。遊魂主不定，爲人心思變，歸魂主不出，為保守不變。但如果說占得遊魂卦為凶，歸魂卦為吉，這就不一定了。逢歸魂卦心有定向，不想變更，預測出行逢歸魂卦，卻往往難以成行，如果勉強出行則會帶來不順。因此，不能單憑歸魂或遊魂之象來斷吉凶，而是要根據所問之事的性質而定。事須靈活變化者，喜遊魂；事須保守穩定者，喜歸魂。

## 【411問】占病得遊魂卦，好不好？

答：《火珠林》：「八純、遊魂、歸魂卦，占病沉重。」這裡指的是久病占得八純卦、遊魂卦、歸魂卦等三類的卦，都不好。1.八純卦不好，理由是六沖，久病逢沖，把命沖掉了。2.遊魂卦的特點是變。遊本意是來往變化、不固定之意。占病時病情變來變去，當然也是以凶推。3.至於歸魂卦，它雖然與遊魂卦的「變」不同，歸魂卦為「不變」，感覺上對於占病應該是好事，但病情都一直不變，這樣好嗎？尤其用爻在上爻時，占得歸魂卦恐怕真的要魂歸上天了。

## 【412問】占工作運得遊魂卦，應如何解讀？

答：遊魂卦主變。因此，對於自己所占求之事，逢遊魂卦一定要在短時間內爭取做好，否則就會出現變化。例如應徵工作占得遊魂卦，如果有錄取了，就趕快去報到，除非你根本沒急得要上班，否則不要多拖一天，因為，拖久了絕對會有變化。

# 第十二篇

# 斷卦技巧

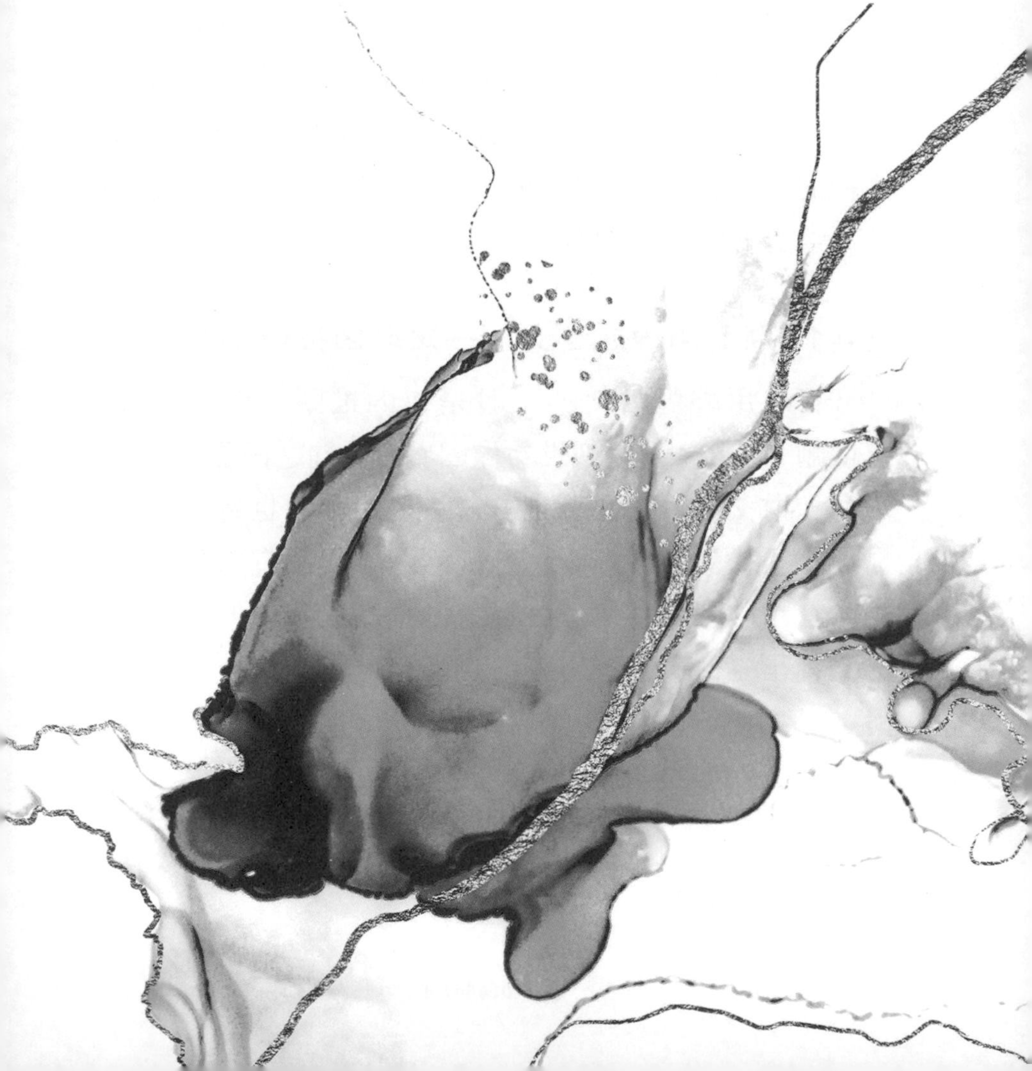

## 【413問】何謂六爻「太極轉換法」？

答：六爻預測有一種「太極轉換法」，或稱之爲「六親飛宮斷卦法」、「太極裂變法」等。這種太極轉換法就以世爻或用神爲太極點，重新進行五行生剋，產生新的一組六親關係，用來判斷事物之吉凶。《易隱》斷妻妾一節：「以本宮內卦出現妻財爲主，不現，則看內卦伏神，如不現，又無伏，則取飛宮論之。以世剋之爻爲妻，妻剋之爻爲妾。」《易隱》這裡所論述的「以世剋之爻爲妻」，就是太極轉換法。太極轉換法在八字學中也普遍在使用，可以從一個八字斷出其它六親的概況，當缺少其它六親的生辰時，不失爲一種權宜的算法。六爻的太極轉換法可豐富訊息，增加判斷之依據。

## 【414問】用神剋世爻，一定以凶推斷嗎？

答：用神剋世爻，一般是以凶推斷，但有例外。《增刪卜易》：「用剋世勿作凶看者，餘之得驗者，如占求財，財爻剋世者必得；占行人，用神剋世者卽歸；占醫藥，子孫剋世者卽癒。外此數占，俱不宜用神而剋世也。」用神剋世爻，一般是以凶推斷無誤，但《增刪卜易》指出三件事情，用神剋世爻反而以吉斷，一是占求財，財爻剋世得財。二是占行人，用神剋世人歸。三是占醫藥，子孫剋世病好。

## 【415問】六爻預測使用六害嗎？

答：六害即子未害、卯辰害、寅巳害、丑午害、申亥害、酉戌害。爲何取名爲害？還是與五行沖合有關，以子未害爲例，包含「子害未」與「未害子」。先說子爲何害未？害了它什麼事？原來午未合，子沖午，害午未不能合，故子害未。再說未爲何害子，害了它什麼事？原來子丑合，丑未沖，害子丑不能合，故未害子。六害其它五組都是一樣的推理，都是彼此害對方無法六合，故互爲六害。六害與三刑有點類似，主親情不和、骨肉相殘等。經典古籍普遍都有提到六害，如《卜筮全書》〈天玄賦〉還有一節特別介紹六害，但在實際卦例上有應用的，並不多見。或許是占卜範圍太廣，占斷親情只占其中一小部分而已。另一原因，有可能是五行的生剋沖合，空破墓絕等，對衰旺吉凶的判定已經足夠，三刑六害等影響力較小，所以較少使用。

## 【416問】占哪些事，原神與用神要一起看？

答：凡占身命、家宅、功名、墳墓、貿易等事，這些事情的完成與影響，都非常的久遠。所以，用神雖然爲重，而原神則必須兼看。用神雖旺，原神若被剋傷，就好像水無泉源，木無根蒂一樣，最後結果必然不佳。

## 【417問】占得之卦多爻亂動，要如何推斷？

答：《易冒》：「生生剋剋，當明中有破散而生不相續者，中有制伏而剋不相繼者，中有暗動爻以綿其生者，故雖諸爻亂動，以用神求之，則一貫矣。」本段內容即是告訴我們，當面臨很多個動爻時，要如何處理。動爻除了能生剋它爻之外，更重要的是動爻本身化回頭生剋，及化空破墓絕等的問題。因為動爻一旦因變爻因素，而成「無用動爻」時，則會造成原本動爻間，輾轉相生剋的中斷。無論如何，用神是聚焦的重點，動爻間的生生剋剋，最後還是要與用神衰旺起作用，最終再來斷吉凶。

### 【418問】伏神伏於世爻或其它，有差別嗎？

答：是有差別的。若要細分伏神，可分成三種，即「世下伏爻」、「動下伏爻」，與「靜下伏爻」等三種。其中以世下伏爻的力量最大，動下伏爻只有它的一半力量；靜下伏爻又只有動下伏爻之一半力量。

### 【419問】回頭沖剋，日月在動爻或在變爻，有何不同？

答：如卯化酉，逢卯之日月，即日月在動爻，變爻日月破，動爻受傷輕微，動爻仍是有用動爻。同樣卯化酉，逢酉之日月，即日月在變爻，變爻值日月，動爻受傷嚴重，動爻變成無用動爻。

### 【420問】能捨用神，而以獨發之爻來斷卦嗎？

答：不可以。六爻預測定吉凶，仍須以用爻衰旺來決定，絕不可以「捨用爻而求動爻」。五爻不動，一爻獨動，謂之獨發，卦遇獨發還算普遍，若以時間起卦，則每次占卦都是獨發。獨發可以拿來斷應期，但不能取代用神的地位與作用。

## 【421問】占求子息，如何斷卦？

答：1.占求子息取子孫爻爲用神。子孫旺相得日月動爻生扶者，很快就能得子。2.若孫爻伏藏安靜者，得子之年可能要拖上很多年了。3.至於子孫空破散絕者，大概今生得子無望矣。4.還有世爻不可空亡，若空亡是自己的身體出了問題，應爻及財爻同樣不能空，空則不育。

## 【422問】沒生育想領養小孩，如何斷卦？

答：1.領養小孩以子孫爲用神，子孫旺相者，能陪我到老。2.子孫爻生我者，對我孝順又貼心。3.卦爻遇沖則事無始終，子孫爻空亡則領養不成立，子孫爻入墓則恐會有夭折，此三者不可領養也。

## 【423問】男占世持父母戌與日妻財卯合，表示什麼？

答：先看「男占世持父母戌」，父母爲辛苦之神，主勞碌奔波，戌土爲人善良、率性、忠心、信用、固執等人格特質。再看「日妻財卯合」，日主外界，合主合好，即求測者和一位女士友好。財來合，有以金錢支助之意。

但卯戌爲合中帶剋，爲女剋男，剋有控制、掌握之意。至此，整個爻象爲：一位辛苦工作，善良固執的男生，結交了一位女友，此女友用金錢支助且掌控他。

## 【424問】人的壽命長短，如何斷？

答：1.凡世用爻、父母爻，旺靜而無刑害剋破者，必長壽。雖衰而得月日動爻生合者，也是長壽。2.若世持空死墓絕胎，又逢月日動爻來刑害剋破者，或用神本衰，又動變出空死墓絕胎，與刑害剋破，而原神不現者，或原神現而被傷者，壽命皆不長。

## 【425問】何謂「剋處逢生」？

答：卦爻受此處之剋，得它處之生，即爲「剋處逢生」。大凡用神、原神剋少生多爲吉。忌神者以剋少生多爲凶，所以忌神宜剋不宜生也。生與剋是一組，彼此間相互消長。換言之，剋並不可怕，只要有生來救應即可。最怕是只剋無生，而且是多剋無生，則此卦大凶，無庸置疑。卦爻被動變爻剋，但又受到日月生助，爲剋處逢生。月日是外因，時間上後作用於卦爻，代表事情先凶後吉，反敗爲勝。

## 【426問】何謂「卦中多者取來情」？

答：語出《斷易天機》：「卦中多者取來情，或向空亡無處尋，又看世爻沖剋處，於中一事破來心。」內容說，當占問者有所隱瞞，不願說出此次來占卦之主要用意時，我們可憑藉三個卦象來推論。1.是卦中出現最多的六親：如連日月動變都算，妻財最多，有可能爲了財運或男占時爲女友等而來占求。2.是空亡爻：空亡逢沖逢值卽塡實，如同未來的動爻，也是斷卦的核心，如空亡是子孫，則有可能爲子女之事而來。3.是世爻沖剋何爻：若世沖父母，則與父母相關的父母、文書、長輩、考試、合約等之事而來。

## 【427問】「月沖」與「日沖」有何不同？

答：月建掌一月之權，可以作用當月的任何一天，可以生剋沖合卦中的任何一爻，爻逢月沖謂之月破，以休囚看。月建沖爻，力量直接而無轉圜餘地，目標明確。故只要月沖者，一律稱月破，無一例外。但日沖者，有例外，稱爲暗動。故日沖分爲「日破」與「暗動」兩種情形。卽旺相之爻日沖是暗動；休囚之爻逢日沖是日破。

## 【428問】何謂「月往日來」？

答：月往，是指月建能夠提供以往的和已經發生的資訊。日來，是指日辰能爲我們提供馬上的和將來的資訊。在占卜中，事情所發生之時間序列是很重要的訊息，比如說，從卦象占斷出有出破財之兆，此破財是已經發生，或未發生但卽將發生呢。這當中的差異是非常巨大的，若是已經發生，對求測人來說，只是再次證明六爻預測很靈驗，準確度很高而已，完全與事無補，因爲已發生。但如果事情未發生，卻被預測出來，則可以來未雨綢繆，防範未然，兩者在價値與功能的差異就天壤之別了。既然月看過去，日看未來，在斷卦的時，就必須多一點注意在日辰上所顯現的訊息才是。

## 【429問】卦爻月破日生，如何解卦？

答：從月往日來的分析，讓我們知道在時間序列上，月是已發生，因此月破是已經發生的事，故此卦先以凶斷，卽到目前爲止是不好的結果。至於日生，在時間序列上是屬未來式，卽不久的將來，會有好事會發生。

## 【430問】何謂「用忌互化」？

答：「用忌互化」是用神發動自變出忌神；或忌神發動自變出用神者卽是。例如父化財、財化父、兄化鬼、鬼化兄、兄變財、財化兄、父化子、子化父等皆是，如出現此象則多爲凶兆。其中一半是化回頭剋，另一半則是動剋變。總之，以五行來論都是相剋。

## 【431問】女占世持朱雀妻財帶羊刃，表示什麼？

答：女求測人，世持三項東西，朱雀、妻財與羊刃。每一項都會深深影響求測人。1.朱雀主爭吵、抱怨。2.妻財，表示她自己想扮演好妻子之角色。3.羊刃主痛苦如刀割。因此，女占世持朱雀妻財帶羊刃，這整句話在爻象上，所顯示出來的是：有位妻子，一心一意想當好妻子的角色，但某些因素使她痛苦萬分，心如刀割，於是與丈夫大吵一架。

## 【432問】出現騰蛇官鬼就一定犯陰煞嗎？

答：騰蛇爲陰邪、鬼怪，官鬼爲災難、禍害。所以當騰蛇官鬼加在一起時，就有犯陰煞的可能，但占卦逢騰蛇官鬼的機率不低，並非卦中出現就表示有，一定要配合二個條件，一是發動，有發動才能有沖剋之能力。二是沖用或剋用，沖剋用神，才有犯煞之可能。

## 【433問】「值月」與「臨月」有何不同？

答：所占之卦爻中，若爻與月建同一地支，即稱爲「值月」。若爻與月建不同一地支，但同一五行，即稱之爲「臨用」。例如卯月占卦，卦中世爻持卯，則世爻爲值月，或稱月入卦持世。若爻寅則與卯月同五行木，則稱寅臨月建。值月之爻比臨月之爻，在力量上要強大很多。

## 【434問】何謂「月破逢生不起」？

答：卦中之爻不論旺相休囚，只要與月建相沖，就爲「月破」。用神被日月破事情不成，日月破中的破字有破滅、破壞、毀壞、破敗、破損、破裂、剷除、去掉等意義。爲何月破之爻逢生不起，逢傷更傷？因爲月令的力量很大，月建掌一月之權，司三旬之令。一月三十日內當權得令，只要被它所沖破，成爲無用之爻，除非臨日辰或有日動爻來合，否則難以解救。逢「生」通常都來救應「剋」的，所謂「剋處逢生」，生是無法來救月破的。

**【435問】動化空，還能化回頭剋嗎？**

答：例如丑土化寅木，寅空亡，寅木還能回頭剋丑土嗎？答案是：不行。空者，在空亡這段時間內，是沒有生剋之能力的，否則空爻隨意都還能生剋，定下空亡這種規定，變成沒有意義。

**【436問】原神不動，能生用神嗎？**

答：當然不能。爻一定要動才有生剋之能力，所以《周易繫辭傳》：「吉凶悔吝者，生乎動者也。」卦爻沒有動，就沒有生剋沖合，也就沒有衰旺的變化，何來吉凶禍福？所以原神不動就失去了當原神的意義，從這個角度來看人的原神。人的原神是什麼？就是先天的靈性，要能覺醒過來才行，如此才能身心靈三者合一，產生巨大的能量。如果原神一直都不動，靈魂沒有覺醒過來，我們這一趟的人生之旅，就完全得不到自身原神，即先天之靈覺與其中蘊藏大智慧的幫助與庇佑，最後的結局，就是身心俱疲，憂苦以終。

### 【437問】日月為官鬼金，洩世爻土表示什麼？

答：日月爲外因，爲當前，爲外在環境，爲公司領導等。若日月爲官鬼，表示當前工作很忙碌，心理壓力很些大。洩世爻不是剋世爻，世土去生日月金，生表示去支援，去照顧，是心甘情願的。換言之，這種忙碌是主動的爲公司付出，爲團體打拼，沒什麼好怨言的，就算有些心理壓力，也還能承擔與應付。

### 【438問】玄武官鬼為何是黑道？

答：玄武主暗中不明，違法走私，不能光明正大做事。官鬼表示控制、約束之意，也代表盜賊、小人、流氓、騙子、罪犯等。兩個加在一起，故有黑道之產生。其它如走私販毒，違法亂紀之人也都適用。

### 【439問】子化丑是化合，還是化回頭剋？

答：子化丑，是化六合，但丑土剋子水，所以也是化回頭剋。在六爻論衰旺吉凶時，遇此情形，生剋比沖合要優先來考慮，故子化丑視爲化回頭剋。但在測應期時，卻會把子化丑是化合優先來考慮，從合待沖，逢沖去找應期。

### 【440問】何謂「子時不起卦」？

答：子時不起卦，最早出自於「彭祖百忌」口訣，也是古代擇日的基礎。彭祖百忌，分成十天干和十二地支所對應的日子，與做事情的一些宜忌。關於天干的有「甲不開倉，財物耗亡；乙不栽植，千株不長」等，至於關於地支有「子不問卜，自惹禍殃；丑不冠帶，主不還鄉」等。子時，是今明兩天的交界時辰，在子時前後是一個磁場較爲混亂的時區，故不宜占卜，是有道理的。

## 【441問】何謂「子孫獨發，為退為散」？

答：語出《火珠林》：「子孫獨發，爲退爲散；若乘旺相，亦可求財。」意思是說若占求官運，而卦中子孫獨發，子孫爻能剋官鬼爻，則爲退官降職。若占問憂慮之事，則憂慮之事退散而去。若占測財運，妻財爻休囚，此時子孫爻發動生財，則終能如願得財。

## 【442問】何謂「測來意」？

答：測來意是求測者不講明欲測何事，而解卦者則根據卦中顯示的各種訊息推測、判斷求測者欲測何事。總之，在不知道求測者欲測何事下的預測，都可稱之爲測來意。至於求測者爲何不願意明說來意？原因很多，有的是求測者本性如此，講話不乾脆。有的帶有來考問的性質，看看解卦者的功力如何。有的是根本自己都搞不淸楚究竟發生何事。不管什麼原因，六爻預測還是能從卦爻透露出的卦象變化中，看出求測者來意。

## 【443問】何謂「占來情」？

答：占來情與測來意，兩者的意思是一樣的。《火珠林》五十九到六十有兩章在講占來情，內容頗多，摘錄如下，給大家參考：「占來情：思慮未起，鬼神莫知；不由乎我，更由乎誰？夫易本無八卦，只有乾坤，本無乾坤，只有太易，太易者，在天爲日月，在地爲水火，在人爲耳目。煉其耳而耳自聰，修其目而目自明。易曰：聖人以此洗心，退藏於密。先達人事，後敷卦爻；人事亨通，卦爻自曉。眞喜合宅母，必問孕事。隔角剋青龍，無氣動是死事。鬼伏臨酉沖宅長本命，主官非牢獄公事。玄武臨門勾陳動，是失脫事。世應合五爻、水土動，風水事。卦內剋鬼、沖全生財，犯刀砧六畜事。天財帶天火，必占失火事。怪合見月鬼，爲驚恐怪異事。喪車臨怪動，人口死不明事。鬼剋沖基，爲宅不安事。鬼剋沖基或合太歲，爲起造事。祿馬合月鬼動，占謀望事。卦內驛馬旺剋門，問出門事。遷移臨旺衝動，問移居事。月鬼陰喜動，爲婦人妊怪事。世應和合、祿馬帶財，問代某謀事。文書乘朱動五爻重隔角，爲代名告狀事。時鬼動沖人口，問住宅不安事。來意俱不上封，憑變斷之，重主過去，交主未來。」

## 【444問】測來意有何技巧？

答：主要還是從世應、六親、六神、動爻等來推論卽可。1.世爻：世爻爲求測者，從世爻所臨之六親與六神，大概可以看出求測者所關心的一些問題。2.應爻：應爻代表所占之事，應臨兄弟，卽兄弟或求財之事。應臨官鬼，卽有官司、工作、或疾病等之事。應臨妻財，卽有關財運與婚姻等之事。3.動爻：爻不妄動，動爻的產生，才能觀察出事情變化的樞機。獨動之爻要特別注意；六靜卦看暗動之爻；動爻所臨六親或變爻所臨六親都是測來意的重點。

## 【445問】初爻在測來意中有何重要？

答：初爻主心事。因初爻是卦中第一爻，爲所占之事的起因，故代表人們的心事，看初爻所臨六親、六神、卦象等，就能大概知道求測者所問之事。如初爻臨父母，父母爻代表雙親、工作、房子、文書、車輛等，如父爻臨勾陳，進一步確認爲占房子之事。如父臨青龍或朱雀等，則可確認爲問學業、文書之事。若父爻臨螣蛇、白虎，居震坎坤且在外卦者，則問車輛或車禍之事的可能性很大。

## 【446問】從「旺相休囚」也能測來意？

答：《斷易天機》卷一的最後卽有「占來意休囚旺相吉凶要訣」，內容很多，摘錄前面第一段如下：「欲知卜者來何意，先看旺相休囚氣，旺相婚姻宜官職，休囚爭財官退位。」內容是說，要想知道求測者的來意，先看世爻之衰旺，卽旺相休囚卽知來意。旺相者，大概問婚姻、求職等事。休囚者，大概問求財、退休等事。

## 【447問】六爻如何斷人的身形？

答：身形即身體的形態。六爻斷人的身形，主要以卦身爲用神，以五行來分類斷之。1.卦身五行屬金者，身形瘦小。2.五行屬火者，身形尖。3.五行屬木者，身形長。4.五行屬木土者，身形矮。5.五行屬水者，身形柔而剛且多汗。另外，還可以用五行衰旺來加以細分。6.木旺相者則身形胖長，木衰弱者則身形瘦長。7.土旺相者則身形矮胖，土衰弱者則身形短小。8.勾兄來刑剋者，必是矮個子。9.金木臨死絕，更被刑害剋沖者，瘦到不行。10.化出水木鬼者，身多濕氣酸疼。11.土金逢合者，行坐都很從容。

## 【448問】六爻如何斷人的容貌？

答：六爻斷人的容貌，主要以「五爻」爲用神，因爲從爻位來論，五爻的位置恰好就是臉。從五行、六神、沖剋、六親等來推斷。1.如無受沖，即以五行斷之，如下：水爲口，火爲目，木左耳，金右耳，土爲鼻。2.如五爻不臨螣蛇，而蛇動來沖剋五爻者，則以六親分成五類型來斷之。加兄弟者，脖子必有喉結。加父母者，臉上有麻痣。加妻財者，頭髮蓬鬆、捲曲。加官鬼者，必麻臉或有破相。加子孫者，耳目口鼻破相。3.青龍容貌細膩滑潤，白虎容貌粗醜，勾陳容貌局促，眉目擠在一起。朱雀長帶笑容，逢六沖，則言語神色粗暴急躁。玄武帶有愁容，受刑剋，必是哭形臉。螣蛇相必古怪。4.再以來沖者斷之。玄武來沖下巴尖，朱雀來沖眼必露，青龍來沖左耳異常，白虎來沖右耳異常，勾陳來沖鼻子古怪。

## 【449問】何謂「吉處藏凶」？

答：如卦中用神發動，原神旺相又無忌神者，表面上看是大吉之卦，豈知用神化出忌神，或日辰剋制原神，或卦變成反吟、伏吟及墓絕者，便稱之爲「吉處藏凶」。總之，判斷一卦之吉凶，不能只看部分，盡量全面觀察，反覆推敲。卦爻是現象的符號，實際的人生萬象，比卦象要複雜多了，同樣要愼思明辨才行。

# 第十三篇

# 應期判斷

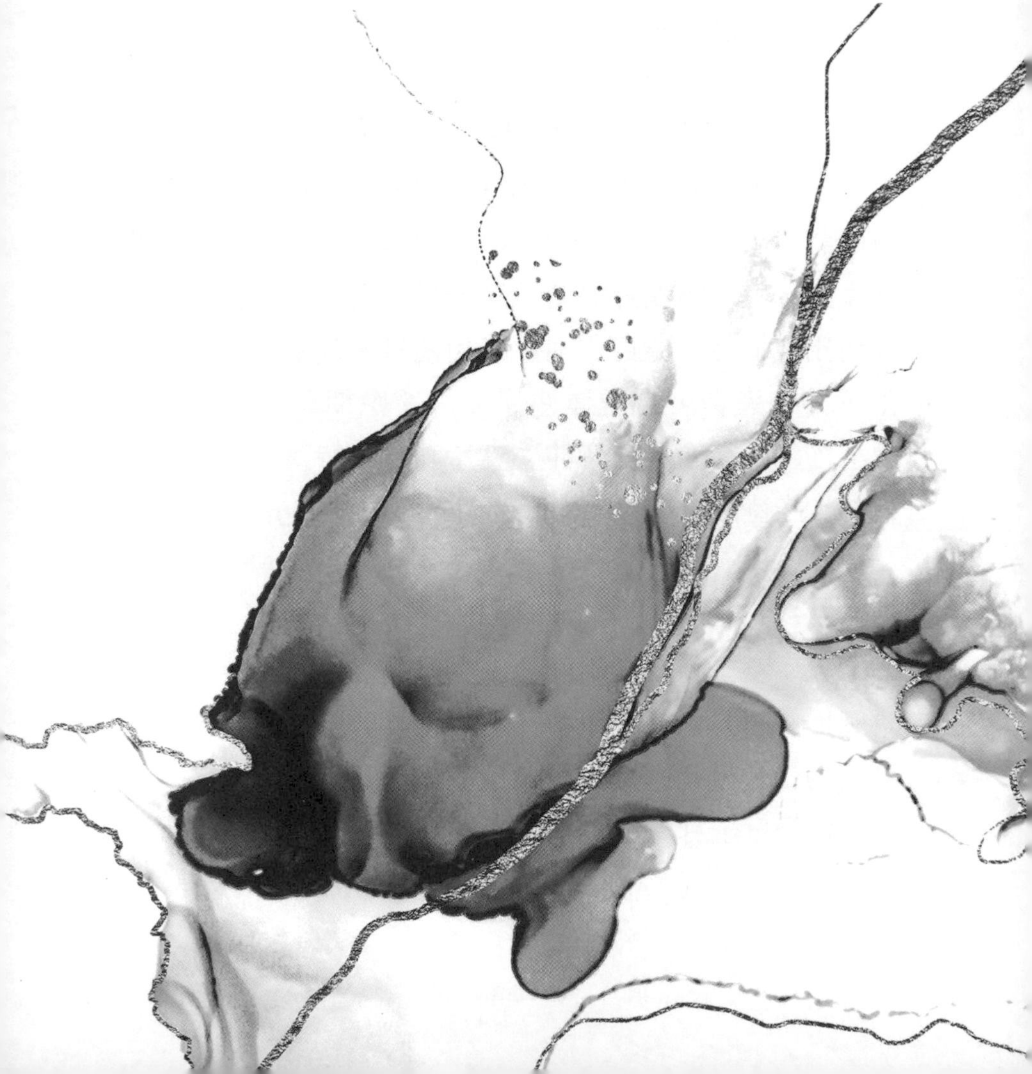

## 【450問】何謂「應期」？

答：應期卽「應吉應凶的時間」。卦有卦的病處，找尋時間流程中，那個時間解除了這個病處，此時間點卽爲應期。應期是六爻預測中重要的一環，因爲預測的目的，主要除了能算出人事物吉凶成敗的結果外，其次就是要能定出結果的應驗時日。當然也有沒有應期的情形，如預測有無孩子，結果是終生沒有小孩，像這種就無應期可言，因爲結果就是應期了。

## 【451問】應期的「平衡理論」是什麼？

答：應期的原理主要還是從卦理來的，卦爻之理中有所謂「中和之道」，卽一種平衡理論。如何平衡？假如爻亂動，就要看獨靜之爻。爻安靜，看逢沖之日。月破，要看出破塡合。空亡，則要出旬值日。剋處逢生，絕處逢生，沖中逢合，合處逢沖等。六爻應期有一個三十字總訣，卽「動待合，靜待沖；衰待旺，旺待墓；沖待合，合待沖；空待出，墓待破；伏待引，吟待沖。」

## 【452問】動待合，如何解釋？

答：爻動待合卽用神動，動是病等待合來治，以合來定應期。日月合住了用神，解除了動的卦爻象，能合住用神動的日月就是應期。例如預測婚姻，世應宜靜，若丑應動，逢子日子月，合住應爻爲吉。子之日月就是應期。

## 【453問】靜待沖，如何解釋？

答：靜待沖即爻靜爲病，等待沖來解，故以沖來定應期。看何日月沖用神，解了這個靜的卦爻象，這個日月就是應期。暗動就是「靜待沖」的一種。例如用神酉爲靜旺之爻，無生剋之能力，必須等待卯月卯日來沖使之發動起用，卯之日月就是應期。

## 【454問】占行人得靜卦，用神生世合世，應期為何時？

答：六爻安靜，人必然還沒有歸來。若用爻生合世爻者，身雖未動已有歸意，何時是歸期？但看日月動爻來沖起用神，就是起程之日。以用神酉爲例，逢卯之月日，即是應期。

## 【455問】衰待旺，如何解釋？

答：衰待旺即爻衰爲病，用神或世爻休囚，待旺相時才能起用應事。衰弱之爻，通常要等待值月值日或生助之月日時，才能由衰變旺，由無用變有用。例如用神寅，申日酉月，用神衰弱無力，等待寅日亥月，轉弱爲強。寅日亥月就是應期。

## 【456問】旺待墓，如何解釋？

答：旺待墓即用神爻旺爲病，這種旺不是一般的偏旺，而是超過太多，太旺，反而是一種病，不利於所測之事。例如午火為用神，午月巳日，動爻寅化進神卯，又來生助，這樣就叫太旺，旺為病。等待戌之日月，火入墓，恢復平衡。戌日月即為應期。

## 【457問】沖待合，如何解釋？

答：沖待合即沖是病，用神或世爻逢沖，待合去沖神的日月，解除卦爻象的沖就是應期。例預測行人歸期，用神丑逢未沖不回，待子之日月，合住用神即回。子日月即是應期。

## 【458問】合待沖，如何解釋？

答：合待沖即合是病，用神或世爻逢合，待沖去合神的日月，解除卦爻象的合就是應期。例如預測調動職位，用神或世爻辰被日月酉相合，有被上司牽制不放，不願放人等事象。等卯之日月沖去酉時，即是應期。

## 【459問】空待出，如何解釋？

答：空待出即空亡是病，用神或世爻逢空亡，待出空的日月，解除卦爻象的空就是應期。例如寅卯空，出旬後逢寅卯日，即為塡實之日。或逢申酉日為沖空，充空則實，所以寅卯申酉之日就是應期。

## 【460問】辰月午日占財運，亥獨發化財辰空亡，應期為何？

答：獨發所化往往就是應期，本例亥獨發化辰，用神臨月建且日生之，用神旺相有力，但辰爲空亡，空待出，隔年逢辰月，塡實爲應期。故本例從獨發來斷應期是辰，從旬空逢値爲塡實來斷，應期也是辰。如此就很確定隔年辰月爲應期。

## 【461問】墓待破，如何解釋？

答：墓待破卽入墓是病，用神或世爻逢入墓，待沖入墓之爻或沖墓之日月，解除卦爻象的墓就是應期。例如亥爻入辰日墓，巳沖亥，戌沖辰，所以戌巳之日月就是應期。這理所謂「墓待破」的「破」，其實就是「沖」之意。因此「月沖」也稱之爲「月破」。

## 【462問】伏待引，如何解釋？

答：伏待引卽伏藏是病，用神或世爻逢伏藏，待被引出伏的日月，解除卦爻象的伏藏就是應期。例如午伏在寅下，伏神午得寅卯日月相生，或得飛神寅相生，或得寅卯動爻相生，或日月動爻申沖開飛神寅，伏神引現。以上皆是伏神可引現。所以寅卯申之日月就是應期。

## 【463問】辰月巳日占僕人逃跑，財卯伏於午下，如何斷應期？

答：僕人以妻財爲用神，伏於午下，表示有人窩藏他。伏待引，如何引出？卯在日月休囚衰弱，得亥子動來生卯，可以出扶。或日月動爻子沖開飛神午，用神卯可引出。結果七天後的子日，抓到了僕人。應子日者，子午沖，沖開飛神午，同時又可生用神卯也。

## 【464問】吟待沖，如何解釋？

答：吟待沖卽伏吟是病，用神或世爻逢伏吟，待沖伏吟之爻的日月，解除卦爻象的伏吟就是應期。例如用神或世爻巳動化巳，卽伏吟。等亥之日月沖巳，卽是應期。

## 【465問】以「逢值」為應期的情形有哪些？

答：有九種情形都是以逢「逢值」爲應期，包括爻靜、爻動、日月破、旬空、爻遇沖、變爻、化進神、伏反吟、爻藏伏等。也可以說，利用「逢值爲應期」這個原則，就可以掌握百分之七八十以上的應期判斷。

## 【466問】「爻靜、爻動、日月破」三者，為何以「逢值」為應期？

答：1.爻靜：所謂爻靜指的是爻安靜不動，這種情況則以所臨地支的年月日時爲應期，其中「所臨地支」就是「值」。例如辰爻安靜，則當逢「辰」之年月日時，爻就能起用，吉者應吉，凶者應凶。2.爻動：所謂爻動是指爻發動，這種情況以爻所臨地支的年月日時爲應期。例如酉爻發動，則當逢「酉」之年月日時，就是吉凶之應期來臨時。3.日月破：例寅日占卦，申爻爲日破，而逢申年月日時爲塡實，申爻逢申年月日時就是「值」。月破也一樣，逢月破之爻的年月日時爲塡實，爲值。

## 【467問】「旬空、爻遇沖、變爻」三者，為何以「逢值」為應期？

答：1.旬空：旬空卽空亡，空亡者逢日辰臨旬空之爻，爲塡實。如占卦子日寅卯空，出旬後逢寅卯日，卽爲塡實之日，同樣也是值日。2.爻遇沖：例如卦中用神午爻安靜，受動爻子來沖，則逢午或子之年月日時，都有可能是吉凶之應期。3.變爻：卦中只有一個動爻，卽所謂的「獨發」。這個動爻或變爻所值的年月日時便是應期。

## 【468問】「化進神、伏反吟、爻藏伏」三者，為何以「逢值」為應期？

答：1.化進神：化進神者，以化進神的動爻所臨地支爲應期。卽所臨地支所值的年月日時，便是應期。2.伏反吟：伏反吟通常以凶斷者居多，而其應期往往也是伏反吟之爻，逢值或逢合的時候。3.爻藏伏：用神爻伏藏時，若伏可被引出，則用神逢值就是應期。

**【469問】「太旺、三墓、爻靜」三者，為何以「逢沖」為應期？**

答：1.太旺：主事爻太旺者，逢墓、逢沖就是應期。如主事爻午火，巳午月日占卦；或卦中巳午爻太多，後逢亥子日或戌日爲其應期。2.三墓：三墓即入墓，包括入日墓、入動墓、入化墓等三墓。入墓就是爻被收藏起來，被關閉起來。卦爻入墓時會暫時失去生剋能力，一定要出墓才能恢復。至於如何出墓，主要的方法卽是沖入墓之爻或沖墓本身。例如午爻入戌墓，子沖午，辰沖戌，所以子辰之年月日時卽是應期。3.爻靜：主事爻臨子水不動，後逢子日、午日應之，午沖子就是以沖爲應期。

**【470問】巳月寅日占財運，得靜卦酉財不動，應期為何？**

答：酉金財爻安靜，隔天卯日卯時就得財。理由如下：酉金財爻安靜，靜待沖，隔天卯日卯時，沖安靜之財爻。此沖是一種沖起、沖動。爻靜爲病，等待沖來解，故以沖來定應期。

**【471問】「化退神、爻藏伏、爻合、旺不動」四者，為何以「逢沖」為應期？**

答：1.化退神：《增刪卜易》：「化進神逢值逢合，化退神忌值忌沖。」表示當用神化進神時，必須是在進神之日或合之日，也就是說在用神旺相之日爲應期。但當用神化退神時，則忌值忌沖。因值和沖都是衰弱之象。2.爻藏伏：用神或世爻逢伏藏，待被引而出伏。例如巳伏在卯下，伏神巳得寅卯日月相生，或得飛神卯相生，或得寅卯動爻相生，或日月動爻酉沖開飛神卯，伏神引現。以上皆是伏神可引現。所以沖卯之酉年月日時就是應期。3.爻合：如主事爻與日月動合，或動而化合，必待沖開之月日應之。如主事臨子，與丑作合，後逢午未日即爲應期。4.旺不動：如用爻旺相不動，則以沖動之月日爲應期。

**【472問】「爻動、三墓、月破」三者，為何以「逢合」為應期？**

答：1.爻動：如主事爻臨子水發動，後遇丑日應之。子丑合，即以合爲應期。2.三墓：入三墓後如何出墓，主要的方法即是沖入墓之爻或沖墓本身。另外，合墓也是方法之一，合住墓後，入墓之爻即可出。3.月破：如子月占卦，主事爻臨午火，乃爲月破，後逢未日應之，謂之破而逢合爲應期。

**【473問】「化進神、三合局、反吟、獨發」四者，為何以「逢合」為應期？**

答：1.化進神：當用神化進神時，進神值之日或合之日，即用神旺相之日爲應期。2.三合局：若三合局中有一爻被沖破，必待此爻塡實、遇合之日爲應期。3.反吟者如同爻被沖一樣，須逢合之日爲應期。4.獨發：獨發之爻，以合獨發之爻的時間爲應期。

**【474問】「衰絕」、「忌神」二者，為何以「逢生」為應期？**

答：1.衰絕：主事爻衰絕者，遇生、遇旺就是應期。如主事爻屬金，占於巳午月日，即是休囚無氣。後逢土月日，或秋令，則爲應期。2.忌神：大象凶而受剋，須防忌神逢生，如用神辰，無日月動爻生扶，再逢寅卯剋制，後逢寅卯亥日則爲凶應期。

**【475問】辰月子日占借錢，世持財卯動化申，應期為何？**

答：占借錢，世持財卯得日生之，有希望借得到，但嫌卯動化申，申是卯木之絕地。用神化絕，用神衰弱無力，須待長生之日，十一天後逢丁亥日，終於借到錢了。應亥日者，亥爲卯之長生，絕處逢生爲應期也。

**【476問】「忌神」、「爻太旺」二者，為何以「逢剋」為應期？**

答：1.忌神：卦中顯示吉，但用神被忌神所剋，以忌神被剋之時爲應期。例如用神辰，得日月動爻生扶，大象吉。若辰被寅卯剋害，後逢申酉日，沖剋忌神則爲應期。2.爻太旺：主事爻太旺者，逢剋就是應期。如主事爻酉，申酉日占卦；或卦中申酉爻太多，後逢巳午日爲其應期，剋制之使歸於中和。

**【477問】「爻太旺」、「爻衰絕」二者，為何以「逢墓」為應期？**

答：1.爻太旺：主事爻太旺者，逢墓、逢沖就是應期。如主事爻亥，亥子月日占卦；或卦中亥子爻太多，後逢巳午日或辰日爲其應期，辰爲亥之墓。2.爻衰絕：用神休囚遇絕，以用神再入墓時爲凶應期。

**【478問】子月卯日占財運，子財伏未下，得財應期為何？**

答：占財運，財未上卦，子財伏未土之下受剋，卯日又刑之，所以財被人阻隔而得不到。幸子財臨月建，本月之內有機會得之，但用神衰弱無力。弱待旺，弱爻逢値應事，果然於當月丙子日得財。

**【479問】應期的基本原理是什麼？**

答：不論是「應期總訣」或「値沖合生剋墓」等六字訣，應期的基本原理就是使用神能作用而已。用神若無法作用，還能稱爲用神嗎？什麼情形之下，用神會失去功用？主事用爻安靜、衰敗、伏藏、旬空、逢沖、太旺、合絆、逢絕等時，用爻就失去功能，無法作用。如此才須要等待時機，等待物換星移，好讓安靜起動，衰敗轉強，伏藏引出，旬空塡實，逢沖化合，太旺收斂，合絆解除，逢絕遇生等。當然，有些時候用神衰弱至極或受剋傷嚴重，根本無藥可救時，遇到此種情形，就屬於終其一生，都遇不到應期的一種了。

## 第十四篇

# 占財運

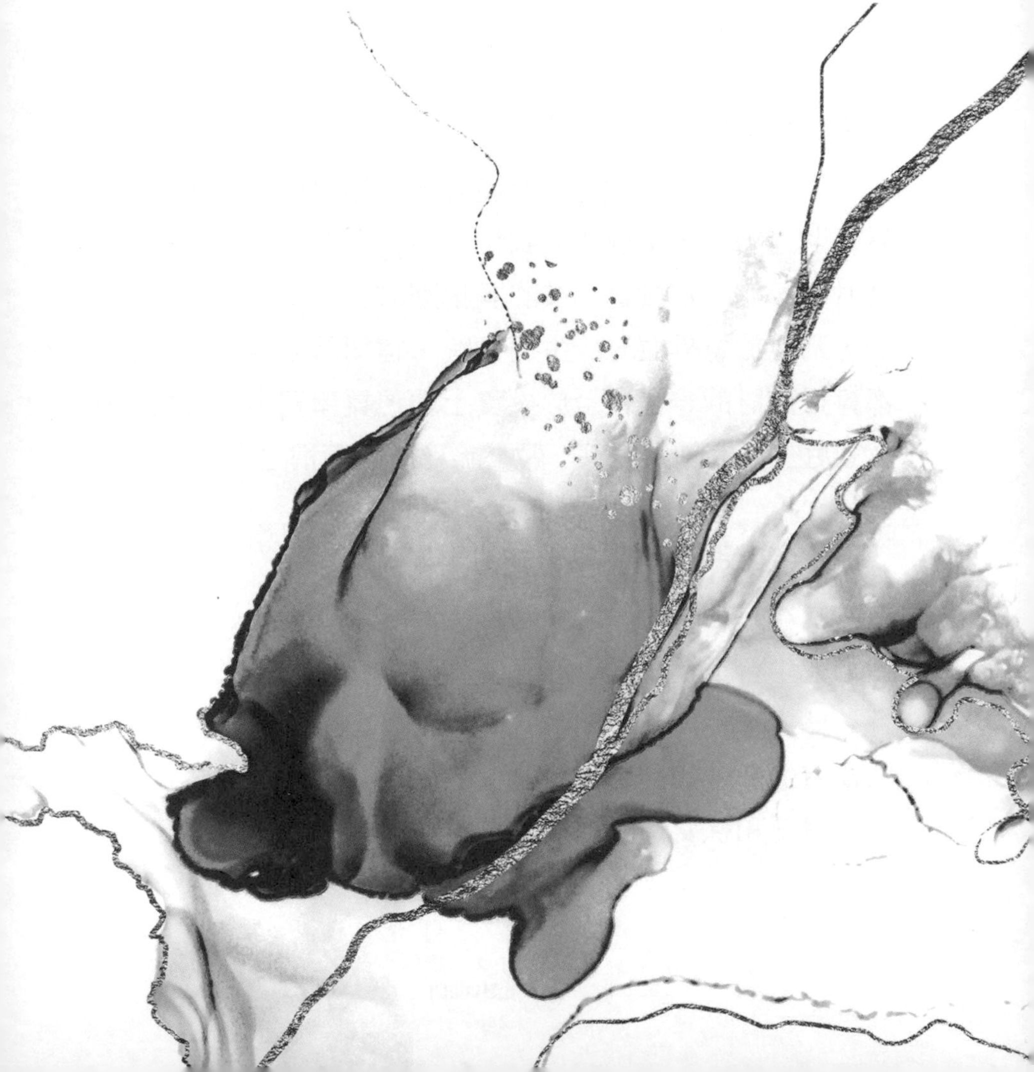

## 【480問】何謂「財運」？

答：何謂財運？財運即「獲得或失去錢財的機運」。財爲養命之源，不可或缺，有人發財輕鬆，有人卻倍感艱辛，這是爲什麼呢？除了個人先天所帶來的福分之外，是否逢財運也是原因之一。許多人一聽到財運兩個字，以爲就是發財之機會，其實這是天大的誤會。財運是有可能發財，但也有可能破財，總之，此運與財有關連，至於是福是禍，是得或失，就要全面綜合去推論了。

## 【481問】何謂「破財」？

答：六爻預測財運，財運好者，進財機會大，發財輕鬆；財運差者，不但賺不到錢，也有破財、損財之可能。破財者，如不當投資，被詐騙集團敲詐，交通違規被罰款等，乃至於意外血光，生病住院，官司訴訟等支出花費，都算是破財的一種。至於投資土地，買屋買車，婚喪喜慶及家庭生活開銷大等，一般不論爲破財而稱之「耗財」。

## 【482問】長期求財，如何斷？

答：長期求財除財爻、世爻兩旺之外，最好還要財爻持世或生合世爻才可。若財爻沖剋世爻，則必須有通關才行。總之，長期求財要財爻與世爻是相生相合關係，相剋則要有通關，如此必可得財。除此之外，必須同時看子孫爻，財爻和孫爻都旺相有氣，無空破則財源豐厚，源遠流長。

## 【483問】如何斷終身財運？

答：世爻、財爻、孫爻三者皆旺，必富且壽。1.世爻：爲人之身，世爻不宜空破，也不宜兄弟持世。2.財爻：爲養命之本，宜旺相，有生助幫扶，不宜休囚衰弱，更不宜被刑沖剋害。3.孫爻：爲財之源泉，福祿之根，孫爻旺者財源大，衰者財源小。故世爻、財爻、子孫爻三者，無一損傷，必富而壽。

## 【484問】預測終身財運，財孫兩旺但世爻無氣，如何斷卦？

答：預測終身財運，財孫兩旺但世爻無氣者，不吉也。何處不吉？財孫兩旺表示豐衣足食，堆金積玉，富貴逼人。但雖然如此，因世爻無氣不免體衰多病，屋富人貧，根本無福消受。倘若忌神發動，世爻受日月動變之剋傷而失陷者，更是大凶，雖有家財萬貫，恐怕不久於人世。

## 【485問】占問財運一定以妻財為用神嗎？

答：求財可分爲兩類：「有本求財」與「空手求財」等兩類。所謂「有本求財」是指用本錢謀求利潤，一般經營工商業等賺錢的方式，都是屬於有本求財。此種有本求財即以妻財爲主要用神。「空手求財」是指靠智力、體力、技術或打工等，不需要花本錢的求財方式，一般上班族或打工族，都是屬於空手求財。空手求財首重官鬼爲主要用神，官鬼爻就是工作，有工作才有錢可賺。官爻為你的技術和知名度，有好技術與知名度，也才有工作之機會，故官鬼是空手求財的主要用神。

### 【486問】空手求財的財運如何占斷？

答：空手求財者，以官鬼為主要用神，須要官鬼旺相生世合世，又喜財爻旺來扶助世爻，即空手求財者，財鬼皆宜動，此為大吉。忌子孫發動，動則剋傷官鬼，用神變成無用。父母發動，空手求財沒有什麼傷害，但有本求財者會遭殃。

### 【487問】「財伏鬼鄉，買賣遭傷」，是什麼意思？

答：「財伏鬼鄉，買賣遭傷」，此句話出自於《火珠林》：「財伏鬼鄉，買賣遭傷。財爻伏官鬼之下，乃財爻洩鬼無氣，須是子孫旺相，透出日辰，或持世上方有，蓋子孫能剋官鬼也。」意思是說，占財運，若財未上卦，伏在官鬼之下，去做買賣生意的話，一定要虧本。為何？因為財爻伏在官鬼下，官鬼是飛神，此飛神會洩伏神財爻之氣，財無氣如何能賺錢？須要孫爻旺相，或臨日辰，或子孫持世，才有救，因為孫爻剋官爻，還能生財爻之故。

### 【488問】兄弟持世，對於財運有何影響？

答：兄弟持世，不論旺相休囚，不論動靜與否，不論化出何爻，只要子孫休囚安靜，則破財耗散無疑。若再化出官鬼或官鬼動，不但無財可求，且有災禍。若子孫旺相發動，則可通關化解。

**【489問】妻財持世，對於財運有何影響？**

答：妻財持世若旺相，不被刑沖剋害者，求財必得，若休囚衰弱又無生扶者，只發小財。若化出子孫，或子孫動，則財源不斷，能獲大利。若化出兄弟，或兄弟動，先聚財後散財之象。若化出官或官動，是耗財之象，且有驚險之事。若化出父母或父動，求財先易後難。

**【490問】子孫持世，對於財運有何影響？**

答：子孫持世，是求財有源，財易得之象。若財動與世爻合者，主求財可得。子孫持世若發動，且財臨應爻者，財富被他人所奪之象。子孫持世，若兄弟臨子孫庫動而化進又不被沖剋者，主求財可得。

**【491問】官鬼持世，對於財運有何影響？**

答：官鬼持世雖有財可得，但同時也易有傷病、口舌或官災之事。若化出妻財、或妻動，皆是雖有財可得，但有不吉之事相伴而來，世臨朱雀為口舌是非，臨白虎的傷病等。若化出子孫、或子孫動者，可消除災禍又可獲利。官鬼持世利公門求財。

## 【492問】父母持世，對於財運有何影響？

答：父母持世最忌發動，動必剋子孫，乃爲斷財源無財可得之象。若有旺相不動，財動剋之，爲財來就我，有人主動給財，但若世爻休囚衰弱，財動剋之，因財致禍。父母持世不動，若財亦不動，求財辛苦之象。

## 【493問】財剋世，為何能得財？

答：財剋世，有財來找我的意思，不但能得此財，而且來得快。總之，財爻和世爻要構成一種關係，就能夠得財。財爻持世、生世、合世、剋世，都是得財之象。《易林補遺》：「問得利之多寡，惟看財爻，旺則多，而衰則少，空則無。財剋世則有，世剋財則無。要知人之勤惰，當察用爻，旺則勤儉，衰則疏懶，空則無能無力也。最喜財業剋我。」內容說，財利多寡看財爻的衰旺，空亡則無財。財剋世則有財，世剋財則反而無財。人勤儉或懶惰，看世爻衰旺，世旺的人勤儉，世衰的人懶惰，世空則沒能力。財能來剋我，是最好的事情。

## 【494問】何日可得財，卦象如何看？

答：1.財絕者，得財於逢生之時。2.財太旺者，得財於墓庫之時。3.財衰者，得財於生旺之時。4.財入墓者，得財於沖開墓之時。5.財遇月破者，得財於出月塡實之時。6.財被剋者，得財於沖去剋神之時。7.財伏藏者，得財於財現之時。8.財遇旬空者，得財於沖空或實空之時。

9.財被合住者，得財於沖開之時。

## 【495問】測財運父母和官鬼同動者，如何斷卦？

答：官鬼和父母同動者，必是無財可得，而且還要破財連連。爲何？因爲官鬼盜泄財氣，父母則剋制子孫，斷了財源，若父母和官鬼二者同動，財氣與財源俱損，且父母得官鬼之生，剋子孫之力道增強，無財可得與大破財是必然的。

## 【496問】往何處求財，卦象如何看？

答：分成求財吉方與凶方，吉方卽有財利可得的方向，凶方卽無利可圖的方向。1.吉方：有財爻方、孫爻方、生世方、世爻生旺方、世爻所剋方。吉方共有五個方向，其中財爻方與子孫方與財有直接關係。生世與世旺方則是與世爻有關，世爻若衰，是無法享受財利的。至於世所剋方，卽相當於財的概念。2.凶方：有剋世之方及世爻之墓絕破刑之方。剋世爲鬼方，無論求財或外出等首要避開之方卽爲鬼方。另外，世爻之墓絕破刑等方，與鬼方同樣使世爻變弱，也不宜前去。

## 【497問】子孫爻，對於財運有何影響？

答：子孫爻爲求財有源，子孫爻旺者財源大，衰者財源小。孫爻是兄爻通關之神，兄旺動若有孫爻通關，不但財不會被劫還能發大財，且源源不斷。子孫爻旺動者最吉，臨青龍動更佳。子孫爻空亡，求財不得，會越做虧越多。子孫爻受刑，商品不受客戶歡迎。子孫爻旺相動化進神，是得大財之象。子孫化妻財者，必能獲利。子孫化兄弟者，財運長久。子孫化父母者，是財源被斷之象。子孫化官鬼者，求財過程有阻隔，但最終仍獲利。子孫化子孫者，兩處求財，且都能獲利。子孫不宜伏藏，不論伏於何爻求財皆不利。子孫休囚死絕，無生助者，若妻財旺相，則可獲些短暫之財利。

## 【498問】兄弟爻，對於財運有何影響？

答：兄弟爲劫財之神，是求財忌神，宜休囚安靜不宜旺動，兄動必破財。兄弟化出官鬼，無財可求且還有口舌是非。兄弟臨玄武動者，上當受騙而破財。兄弟發動，若妻財不上卦，仍有財可得，但此財較遲到手。兄弟發動而妻財旬空，則財不受兄剋，謂之避空，待妻財出空逢生旺之日亦可得財。

## 【499問】官鬼爻，對於財運有何影響？

答：官鬼爲耗散之神，也是求財中的忌神，宜休囚安靜，不宜旺動。若發動不僅破財且有災禍。官鬼化出兄弟，不但無財可求，還有口舌是非。官鬼化出子孫，爲有財之象。官鬼臨玄武發動，遭盜賊或搶劫而破財。但空手求財者，卻以官鬼爲主要用神，要官鬼旺相生世合世，又喜財爻旺來扶助世爻，即空手求財者，財鬼皆宜動，此爲大吉。

## 【500問】父母爻，對於財運有何影響？

答：父母爲辛苦操勞之神，也是財運忌神，宜休囚安靜，不宜旺動，若發動必剋子孫斷財源絕。父母化出官爻、兄爻、孫爻者，皆是無財可求之象，唯父母化出財爻卻是有財可得。父母化出妻財者，始難終必得財之象。

## 【501問】開店做生意，卦象如何看？

答：1.若所占之卦無財爻，或財空伏，表示沒資本、沒生意之象。勉強開下去，就是等著關門大吉。2.卦中子孫要有且動，才能生財，如此財利才能源源不絕。3.卦中官鬼靜旺，表示此店營運有模有樣；官鬼剋兄弟，競爭者不是對手。4.卦中父母要靜衰，此爲吉利之卦。5.世應不能空，應爲店面，應空開不成。6.卦中若日月動爻生合世，則此店會成爲名店，財利大發。

## 【502問】占求財利，財動或不動好？

答：《易林補遺》：「凡爻動必有改更，世動則自己之變，應動則他人之變，財動不聚，鬼動不寧，父動費力，兄動不成。子爻若動不利功名。」從上述「財動不聚」來看，占求財時，財不宜動。但財動，首先要看財動之後去生世爻或剋世爻，以及財動生官鬼，財動剋父爻等等變化。另外，財動化父，或化空化破等，也會影響財爻本身衰旺。所以，占求財利，財動或不動好，並無一定答案。

## 【503問】預測買賣與預測財運，有何不同？

答：兩者都是以妻財爲用神，但預測買賣同時還要看「世應關係」如何。爲什麼？這是因爲交易買賣以世爻爲買方，應爻爲賣方。賣貨以世爻爲賣方，以應爻爲買方。合夥做生意，世爻爲自己，應爻爲合作對象等。總之，在買賣這件事情上，世應關係變成最重要，只要應爻生世合世，交易一切順利，沖剋世爻，必有不順，甚至欺詐等因素在裡面。另外，世爻空亡，自己沒主意，應爻空亡，對方可能不老實。世應同時空亡，買賣必定半途而廢。

## 【504問】占求財運，卦中財出現越多越好？

答：占求財運，卦中財出現不是越多越好，財之衰旺要適當才好，適當才以吉斷，多財反覆，反而不妙，必須等待墓庫以收藏之。若卦中已有多財，財又臨日月，謂之「重疊」，即重覆了，過多了之意，以凶推。若想要眞正謀得財利之時，須待財爻入墓之日。例如木作財神未日而得之。

## 【505問】妻財未上卦，如何斷財運？

答：妻財若未上卦，則看妻財爻伏於何爻之下來斷。

1.伏於子孫下者：孫爻爲財源，形成飛神生伏神之勢，若妻財與子孫皆有氣，爲有財利之象。2.伏於官鬼下者：官鬼盜泄財氣，不利求財，但若兄爻動於卦中，謂鬼剋兄護財，反而能得財。3.伏於兄弟下者：兄弟爲劫財之神，不僅求財無望，可能還要大破財。4.伏於兄弟下者：財必被奪。若財臨日建，且孫爻動於卦中，仍有財可得。5.伏於父母下者：若妻財旺而有氣，父母休囚空破，亦有財可得。

### 【506問】測財運妻財和官鬼同動者，如何斷卦？

答：妻財和官鬼同動者，因爲財爻會生官爻，換言之，就是破財耗散之象，極不利於占求財運。故測求財運，財官皆宜靜不宜動，若二者俱動，妻財必儘力去生官鬼，官鬼必大泄財氣，故破財在所難免。

### 【507問】預測財運子孫未上卦，如何斷卦？

答：預測財運，卦中有妻財而無子孫者，雖有財可求，但數量很有限，都只是一些小財小利而已，因爲子孫爲財源，無源之水如何能源遠流長？至於卦中有子孫而無妻財者，空有理想與計畫，無法付出實踐，財必不實也不多。若妻財與子孫俱無，則謀之徒勞，必無財可求。

## 【508問】「孫臏論出入求財歌」，是何內容？

答：「孫臏論出入求財歌」：「世應是財求易得，卦若無財少准憑，財爻化鬼成凶象，鬼化爲財是吉神。財被空亡難把捉，若逢二殺賊相侵，難求外怕財爻動，易覓財時在內興。世若剋財休啟齒，財來剋世得千金，諸爻若總無財象，子動龍交亦可尋。世應若合取爲吉，子孫合時爲福德，月德月建要相扶，求財數倍終須得。內爲人兮外地頭，人剋地頭有淹留，地頭剋人兼旺相，若遇求財數倍收。日辰剋我貨出手，若剋地頭賊相守，青龍發動最爲佳，陰陽得位財須有。外卦無氣應剋身，若值空亡憂病生，土爻持世何可離，陰爻持世主陰人。」

## 【509問】「孫臏論出入求財歌」有白話文翻譯嗎？

答：白話文如下：凡占卜求財，若財爻臨世應，求財易得。卦中無財求財艱難，財爻化官鬼主凶。官鬼化財爻主吉。財爻空亡求財難以把握。若逢劫殺和天賊殺，求財不利，還可能被人劫財。財爻在外卦發動，難求。財爻在內卦發動，易得。世爻剋財，說了也得不到。財爻剋世，得財千金。卦中無財爻，子孫逢青龍動，可以求得。世應相合最吉，子孫和財爻合世大吉。月德、月建扶財，可得數倍之財利。內卦爲求測人，外卦爲求財之地，內剋外，求財很困難，外剋內，更得旺相，求財可得數倍之財利。日辰剋世爻，脫貨容易脫手，若剋外，有賊人謀算不法。

青龍臨財發動最爲吉，陰陽得位，求財順利。外卦無氣，應爻剋世爻，或世爻逢空亡，不利求財，還要防生病。土爻持世，主求財有阻隔，只利在本地求財。陰爻持世，主爲被婦人拖累，或從婦人處得財。

**【510問】「世剋動財，若趕沙場之馬」，如何解釋？**

答：此句話出自《天玄賦》，完整的一段如下：「世剋動財，若趕沙場之馬；財生靜世，如逢涸澤之魚。」，意思是說，若世剋動財，是我去追逐財利，則如沙丘上追趕馬匹，愈趕馬愈跑遠，沙丘上又很難行走，終於無法追到馬，以此來形容財利之難求與難得。若世爻安靜，財來生世、剋世、合世、持世則財易得，是財來逐我之象，有如乾涸的沼澤捉魚，垂手便得。

**【511問】「兄如太過，反不剋財」，如何解釋？**

答：此句話，六爻古籍如《卜筮正宗》、《卜筮全書》、等書皆有收錄並討論，一般認爲這句話失之簡單，單純以「兄如太過，反不剋財」，來論是不合理的，兄弟本剋財，兄多兄少，過或不過，都要剋財，這是個定律。有的書在此句話後面加了，「一見子孫發動，反不剋財，其利無窮；子孫安靜多不吉。」加了這句就對了，太過之兄來生子孫，子孫又生財，不但不剋財，還間接來生財。

## 【512問】占財運，世應如何看？

答：占財世應代表買賣雙方，世爲自己，應爲對方，包括合夥、貨主、顧客等。1.最宜世應相生，不宜世應俱空。世應相生相合，則買賣雙方情投意合，和氣生財，能快速成交。2.若世財應孫，則應來生我，財源不斷，我方受益；若世孫應財，世生應，則他方受益。3.若世落空亡，則我方不實，辦事遲疑，舉棋不定；應空，則對方不實，心懷狐疑。4.若世應俱空，則雙方不實，若簽定契約或合同是簽不成的。若空而帶合或化空，則是虛約，簽了也無法約束和執行。

## 【513問】「父化財，必辛勤而有得」，如何解釋？

答：此句話出自《卜筮正宗》：「父化財，必辛勤而有得。財化鬼，防耗折而驚憂。」意思是說，父化財是化回頭剋，爻象本不吉。父爻主辛勞，卽勞多獲少之意。財化鬼，對財來說是洩財氣，所以財利不佳。另外，財化鬼或鬼化財，都是屬用鬼互化，大凶。所以除了防破財之外，還要防驚嚇之事。

## 【514問】預測財運時，六神有何作用？

答：《斷易天機》：「非論朱雀臨財弊，白虎臨財損病憂，玄武臨財憂盜賊，青龍臨財卽吉慶，螣蛇臨財主損失，勾陳臨財遇勾留。」內容主要是說，1.朱雀臨財：有些不好副作用會產生。2.白虎臨財：損財同時宜防病災。3.玄武臨財：防錢財被偷盜。4.青龍臨財：得財外還有喜慶之事。5.騰蛇臨財：有損財之象。6.勾陳臨財：錢財會有但時間短暫。從以上結果看起來，除了青龍全吉之外，其餘六神臨財都是帶凶。

## 【515問】何謂「子動生財不宜父擺」？

答：此句出自《碎金賦》：「子動生財不宜父擺，兄動剋財子動能解」，完整的共有兩句。1.先說第一句，擺也是動。子孫動本來可以來生財，這是好事，表示財的源頭動了，財利延綿不絕的來，但如果這時候父爻也根著動了，父爻剋子孫，子孫就不能生財了。2.再說第二句，兄弟動本來可以來剋財，這時子孫也動了，兄弟貪生忘剋，兄弟先生子孫，子孫生財爻，不但化解了兄財之間的剋，還輾轉生了財爻。這兩句話當中，藏有五行生剋制化，凶中藏吉，吉內藏凶的道理，值得深思。

## 【516問】何謂「虎財宜屠，雀財宜優」？

答：此句出自於《易冒》：「虎財宜屠，雀財宜優，龍財宜樂，麟財宜技，蛇財宜商，武財宜肆。」所談是六神臨財時，求測人適合的行業別。1.白虎臨財者，適合以屠宰爲業，因爲白虎屬金，主血光、喪亡等，與屠宰之行業性質符合。2.朱雀臨財者，適合以歌唱或演藝爲業，因爲朱雀主口舌、講話。3.青龍臨財者，適合以娛樂業爲業，因爲青龍主喜慶、歡樂。4.勾陳臨財者，適合以專門技能爲業，因爲勾陳主老實，不宜從商。5.螣蛇臨財者，適合以商業爲業，因爲螣蛇主靈巧。6.玄武臨財者，適合以開店鋪，因爲玄武主算計。

## 【517問】如何占斷財之有無？

答：1.得六合卦者有財，六沖卦者無財。2.外生內，應生世者有財。內剋外，世剋應者無。3.內外世應比和旺相，不空破者有財。4.卦本無財，而月日臨財，來生合世爻者有財。5.應動化財生合世，或子孫旺相，兄動生之者，或日辰世應成三合財局者，或應財衰而臨日建長生者，皆有財也。6.應爻與財爻値空破，或財動化鬼，化空破絕，或財動去合應爻、兄爻、旁爻者，皆無財也。

## 【518問】如何占斷得財之難易？

答：1.財旺臨身世，或財旺動生合剋身世，或與子孫化財生合身世者，得財容易。2.官鬼化子孫生合世爻，兒孫送財來。3.父化財生合世，先難後獲。4.父旺財衰者，力多財少。父衰財旺者，力少財多。兄化財生合身，費口舌而得。5.子化子生合身，兩處得財。6.財合逢沖者，成而後失。7.財旺動生合世，或被月日動爻變爻沖刑剋害者，求難而得薄。8.財逢沖破而世遇生扶者，身安財散。9.世逢虎鬼，又或持墓化墓，而財爻生旺，得月日動爻合住者，財存人亡。世遇虎鬼刃劫動來剋傷，而財又空絕破者，人財兩失。

## 【519問】如何占求財之方向？

答：1.吉方：財爻方，例如財爻卯木，則往東方求財。子孫方，同樣卯木財方，則子孫方爲北方，則往北方求財。2.生世方及世爻生旺方：若世持巳火，則往生世之東方，及世爻生旺方南方去求財。3.世爻所剋之方：若世持巳火，則所剋之西方卽是。4.凶方：世爻被剋及墓絕破刑之方，皆不可去。同樣世持巳火，則剋世之北方，世墓之戌方，世絕破之亥方，刑世之寅及申等方，皆爲凶不可去。

## 【520問】買新房如何占斷吉凶？

答：買新房主要以父母爻爲用神。若父母旺持世，則此屋清安宜久住。父母爻旺相持世，或生合世，或得日月作父母生合世爻，皆爲發福之屋。若財爻發動，則此屋不宜居住。喜爻逢六合，忌六沖，六沖不久之象。世動而化進神者，綿長久遠，世動化退神者，終須搬遷。

## 【521問】占財運，太歲要參看嗎？

答：占短中期之財運是不看太歲的，但若占一年或久遠之財運，則要看太歲。1.最喜太歲臨子孫或財爻生合世爻，則主一年生意興隆，財豐利厚。2.若太歲臨兄爻，則主一年無財，有財也耗盡。3.若太歲臨父母，主一年辛苦勞累。4.若太歲臨官鬼，這年宜防口舌或官司之爭。5.若太歲臨官鬼剋世，非但無利可圖，還應防疾病與牢獄之災，甚至有殺身之禍降臨。

**【522問】「有財無鬼，耗散多端。有鬼無財，災生不已。」如何解釋？**

答：此句出自於《黃金策》，意思是說，占求財運時，卦中有妻財但無官鬼，無鬼爻則無法剋制兄弟，必主家中財物耗散。但卦中有官鬼時，鬼不宜動，若鬼動無財爻，更剋世身剋宅爻，不但發不了財，還主災咎連連不斷。

**【523問】鄉下種水果謀生，如何斷財利？**

答：1.鄉下種水果謀生，以財爲用神。財空臨絕地又不生扶，子孫又未上卦，必主水果無收成。2.官鬼若持世爻，或發動來剋世爻，便爲水果收成不佳之象。官鬼值火爻，當年旱災嚴重。官鬼臨水爻發動，水災嚴重，官鬼臨金土，都是犯蟲害，導致水果歉收。若官鬼臨木爻發動，水果被狂風吹倒無收成。3.若得子孫發動，妻財有氣，官鬼與兄弟爻安靜休囚，主當年水果大豐收。

**【524問】養豬業如何斷獲利？**

答：1.占斷養豬業，以子孫爻爲用神，若子孫旺相且得生扶，必然好養獲利。若值空亡月破，必主虧損。2.養豬也可看亥爻，若值旬空、日月破者，皆不佳之象。或臨官鬼兄弟必犯豬瘟。亥如臨財爻或子孫又得生扶旺相者，必然賺錢。3.父母爲忌神，最宜安靜。兄弟爲劫財，切嫌發動。官鬼爲惡煞，動必爲禍。4.也忌白虎發動，造成群豬死傷。5.六合卦獲利沒問題，六沖卦要保守以對。

## 【525問】如何占問遠洋捕魚？

答：占問遠洋捕魚，主要看財官、世應、兄弟等。1.財官爲用，卦中缺一不可，財旺官旺並見，才能大豐收。若財官中有空亡者，則抓不到魚蝦。2.世爲人應爲物，內爲人外爲物。若我剋物，獲大利。若物傷我，決難捕捉。3.若世值旬空月破，乃本身無能，或有兄弟發動，毫無所獲。

## 【526問】討回屬於自己的債務，占卦如何斷？

答：1.若應爻生世者，對方有償還之意。世臨兄弟者，財確定要不回來了。2.應落空亡者，對方根本無力還錢。應值官鬼或兄弟剋世者，不但不還錢，還口出惡言。3.應臨兄或鬼或父，安靜不傷世者，雖見遲延，終無耍賴。4.應值財爻或臨子孫，本不虧而利可得，乃大吉之卦。5.若鬼化爲財，必經官訟追訴，才有可能把辛苦的錢要回來。

## 【527問】合夥做生意，占卦如何斷？

答：1.凡是合夥生意，首先要妻財有氣，最喜財來剋我，兄弟休囚不動，世應不空，此爲大吉。2.以世爲我，應爲他，世如剋應，對方必心悅誠服。若世被應剋者，對方心不善良，想占便宜。世應若得比和，彼此相得雙贏。3.卦若六沖，兩心相反。本卦雖吉，若變出六沖，或合處逢沖，都是有始無終之兆，不如一開始就獨資經營，省得麻煩。

## 【528問】買賣股票，占卦如何斷？

答：占買賣股票是指現階段，適合不適合進場買賣股票，而非預測單一股票或大盤走勢的漲跌。買賣股票，世爻須旺相，且不宜空破，也不宜兄弟持世。子孫爻能使股票升值，兄弟爻能使股票下跌，財爻旺衰是目前的股價，故兄爻最好衰弱無力，財爻和子孫爻都要生合世爻才好。

## 【529問】借錢給朋友賺利息，如何斷吉凶？

答：借錢給朋友想賺利息，風險很大，不得不慎，主要以財爻爲用神。1.財爻旺相，或財不落空，或財能生世剋世者，都算安全。2.卦逢六沖，萬事無成，有去無回，切莫出借。3.世應都不落空，兄弟爻安靜不發動，有鬼爻出見，必主得財。4.一卦之中兩間爻，爲做保之人，若得旺相生合世爻，萬一發生糾紛必能相助，但若間爻遇空遇絕，乃無力無能來相助。

## 【530問】世持兄弟一定是破財嗎？

答：兄弟持世，一般都認爲是與錢財無緣，對錢財之追求不要太執著，所以都說世持兄弟莫求財。《火珠林》一書中有討論到：「若財伏世下，世持兄弟，我去剋財，財又旺相，豈得不成乎？」意思是說，倘若財爻未上卦，財旺伏在世爻之下，若世持兄弟，則這些旺財終將爲我所得。兄弟者剋財也，何謂剋財？剋財並不等同破財，剋有剋制、奪取、控制等意思。剋也有主剋與受剋之別，世持兄弟，是我去剋財，財是受剋者，我去奪取與控制財，完全沒有破財之意。因此，世持兄弟是表示求財心切，若財爻旺相，我仍可以得財。

## 【531問】何謂「財伏父母，旺相得半」？

答：此句話出自《火珠林》。意思是財爻旺相伏在父母之下，求財卻只能得到一半。原因爲何？財爻的原神是子孫，父母是剋子孫的，財伏父母下，子孫就不可能來生財爻了，即斷了財源的財，無論現在有多旺，長久以往，最多就只能得一半。

## 【532問】何謂「財來扶世，求之不難」？

答：語出自《火珠林》：「財來扶世，求之不難；財空鬼旺，千水萬山。」意思是占問財利，以妻財爻爲用神，若財與世爻爲比和關係，即世爻也一定持財，才能稱之爲扶世。世持財若旺相，不被刑沖剋害者，求財必得，就算休囚衰弱，也能發小財。但若是財爻空亡，則無財可得，再加上官鬼旺，必然耗財。遇此卦象還想要獲取財利，有如隔著千山萬水般的遙遠。

## 【533問】世持官鬼逢空亡，財運如何斷？

答：世持官鬼逢空亡，包含兩部分，一是世持官鬼，一是世逢空亡。先說世持官鬼：世臨官鬼，財必來生世，財來就我的結果，即求財易得。再論世逢空亡：當一個人世逢空亡時，沒有信心、猶豫不定、不知如何是好。把這兩部分一起論，本來是垂手可得的財運，因爲自己遲疑退怯，不敢前往，最後白白的把已到門口的財神爺送走了。

## 【534問】何謂「合夥不嫌兄弟」？

答：此句話出自《黃金策》。意思是說預測合夥生意，遇卦中兄弟多現，也無大礙。若遇兄動生世合世則爲大吉，但是兄爻動不能剋世，剋世則易發生糾紛，口舌衝突，則對己不利。

第十五篇

# 占功名

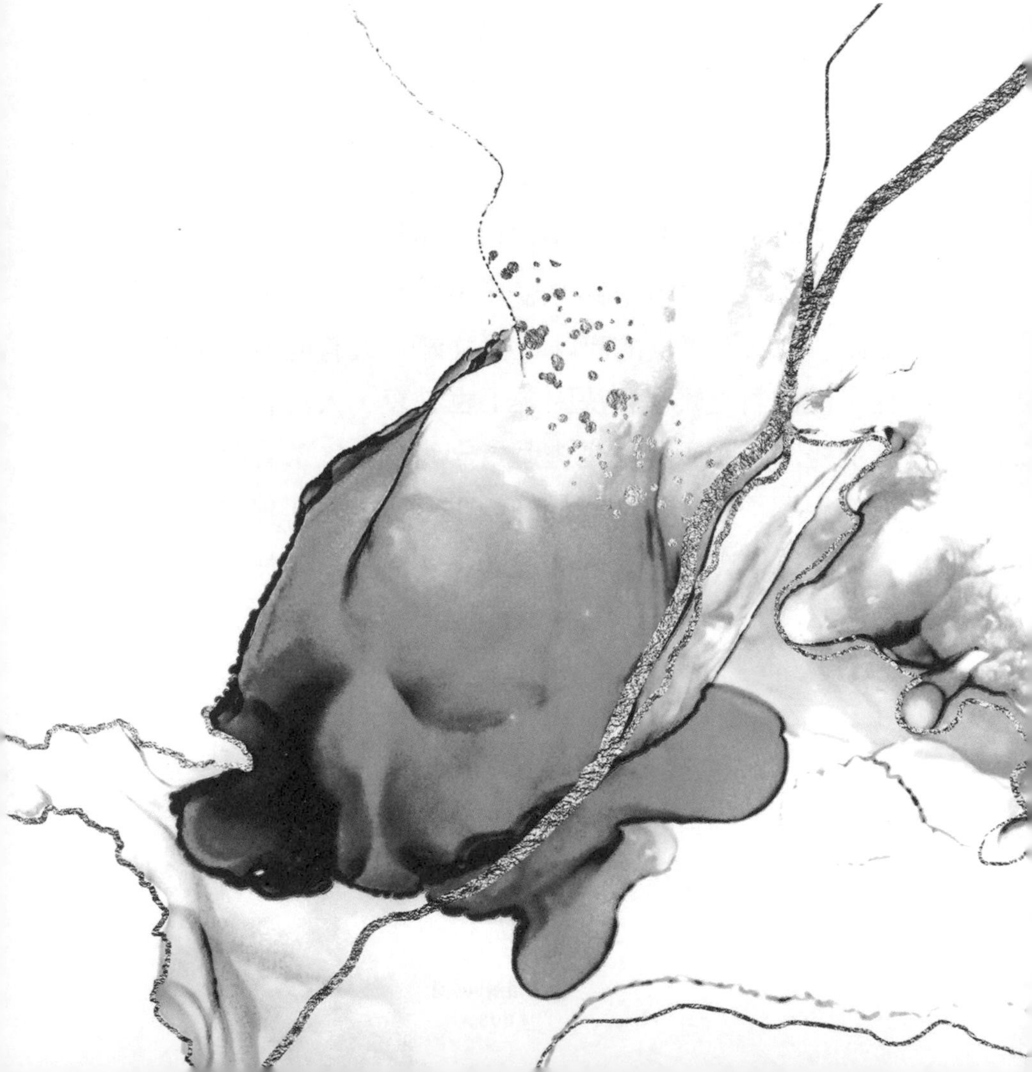

## 【535問】何謂「占功名」？

答：所謂功名，本義為「功業名聲」的意思。若以六爻預測的占功名而言，包括了求學時的學業成績，研究所碩博班入學考試，畢業後各種國家專業資格考、高普考等，及求職時面試，內部升等考，辦公環境好壞，職位權勢高低等等，全部都屬功名的範圍。占功名取用神，世爻、官鬼爻、父母爻、財爻等，依據所測事項的不同而有所取捨。只要掌握世爻、官鬼、父母等能得日月生旺，無剋害刑沖者，加上旺父生身或旺官持世等，一定能在校成績優秀，畢業事業順利，功名成就。

## 【536問】占功名，斷卦步驟為何？

答：1.首先看用神的衰旺，用神旺以吉推，用神衰以凶斷。2.次看世爻的衰旺，世爻旺，人有能力，精神狀況佳，能面對困難與解決困難；世爻衰，人沒有能力，精神狀況差，遇到困難就是逃避，一走了之。3.看用神與世爻的作用關係，世用之間最好相生合，表示工作愉快。4.其它動爻與用神，世爻的作用關係。5.卦名與卦象是否逢六合、六沖、遊魂、伏反吟等，都可以參看。

## 【537問】占功名，可以代占嗎？

答：占功名最好自己占，理由如下：占功名的要點有三：官鬼、父母和世爻。官父雖旺而世落空亡墓絕，或官父生合它爻而不生世，此事亦難成。其中自占功名者，世爻就是自己，六親間的關係很清楚。若是代孩子占，則以子孫爲用神，子孫爻宜旺不宜衰，然而子孫爻旺又剋官，對求功名不利，斷起來非常困難。

**【538問】各種升學或就業考試，應以官鬼或父母為重？**

答：應以父母爻爲重，參看官鬼與世爻。關於這點，《易冒》說明的很清楚。《易冒》：「國家以文章取士，則凡大小試，皆以文書爲用，故父母喜日月旺相，惡破散絕空，飛而無助，虛抱經綸，伏而有塡，定升廊廟，安鄉遇剋，將飛而墜，絕處逢生，已棄複收，象凶而吉者遇其時，象得而失者違其令也。唯文書臨建臨破，不同此例。得名在我，世不可空，主試在公，官不可失。」內容重點是說，各種大小考試，以父母爲主要用神，喜父母得日月生扶旺相，忌空破墓絕等。世爻不可空亡，官鬼也不能無。

**【539問】預測功名，官父臨應爻表示什麼？**

答：凡占功名，以父爻爲成績，官爻爲名次，二者爲占功名卦之主，傷一則不成。若父爻旺相，成績必佳，官鬼得地，功名有望，若再能生合世爻，則必金榜題名，功成名就。但若官父臨應爻，或發動而反生他爻，不來生合世爻者，稱之爲「無情」，雖在卦中，與我無益。

## 【540問】自占功名，世動化官一定是吉嗎？

答：不一定。關鍵要看世爻衰旺，世爻衰則凶，世爻旺則吉。所以世動化官吉凶有二，1.若世爻旺相，或臨日月或日月生扶世動而變出官星，又無破損者，乃爲得官之吉兆。2.若世若休囚，受剋動而變出官星者，不但官職當不成，恐怕還要擔心是否會生場大病。

## 【541問】占終身功名無成者，是何種卦象？

答：占終身功名無成者，主要有如下幾種卦象：1.子孫持世：子孫爲剝官之神，不利功名之取得。子孫持世者，通常立志高遠，不慕功名富貴，個性叛逆，抗官排官，與上級關係不好。以上人格特質，想獲功名，有如緣木求魚。2.世爻空破：世爻空破者，能力或運氣都有問題，一般很難承受財富與官貴。3.六爻亂動：六爻亂動事難明，功名必無成。

## 【542問】預測功名，六爻安靜好嗎？

答：占功名，只要官鬼旺相有氣，不空亡，月建日辰不來剋傷則吉。六爻喜安靜，六爻亂動反而不好，因爲動則有變，變出之爻又有死墓絕空刑剋等，不同的吉凶變化。故占功名六爻安靜是件好事。

## 【543問】占功名，官鬼未上卦如何占斷？

答：預測功名，以官鬼爲用神，官鬼爻一旦伏藏未上卦，可視爲用神暫時休囚無氣，功名也是暫時不可得。但只要官爻得日月相生，或官鬼臨日月。或官鬼伏於財爻之下，伏神得飛神相生。或得財動爻相生，或日月動爻沖開飛神等。以上官爻得以出伏，爲有用伏神，功名仍有望。

## 【544問】參加國家考試，世空被剋如何占斷？

答：占功名參加國家考試，若有動爻或日辰來剋傷世爻，且世爻落空亡，此爲大凶之象。其中世空是所謂的「無故自空」，會有因各種原因而去不成，或因交通問題，或丟了准考證，或生病了等，勉強去了，也是凶多吉少，功名無望。另外，卦象如此凶惡，宜防近期內生重病，甚至死亡。

## 【545問】預測工作事運時，兄弟爻有何作用？

答：兄弟是同輩之人，占功名時，卦中有兄弟，日月建俱帶兄弟，或化出兄弟，或世臨兄弟者，則參加考試爭奪之人必多，如應聘名額只有一個，而多人應聘，競爭激烈，這時就要看卦中的生剋制化關係。若財動而剋父，此時若是兄爻同動，剋制財爻，或許還有些希望。

## 【546問】預測工作事業運，原則為何？

答：預測事業運以官鬼爲工作職位，以父母爲工作單位、職權，以妻財爲薪資收入。以上三者爲財生官，官生父的關係。宜旺相生合世爻，不宜休囚死絕，更不宜被刑沖剋害。另外，可取五爻爲單位主管，又以月建爲董事長，以日辰爲總經理。預測事業運除了取官鬼爻爲主要用神之外，同時兼世爻及其它六親爻，甚至是六神等。

## 【547問】官鬼與父母，在占問工作運中有何作用？

答：占問工作事業運，卦中官鬼爻宜旺相，不宜休囚，更不宜被刑沖剋害。官鬼生合世爻爲吉，沖剋世爻爲凶。官鬼發動生合世爻，且妻財旺相有氣不空破，主名利雙收，財官兩順。若官鬼發動生合世爻，但財爻空伏或休囚，主有名望也有實權，爲官清廉。至於父母爻，父母宜旺相，不宜休囚，更不宜被刑沖剋害。宜靜不宜動，但遇官動剋世時則父母爻動爲佳，以起通關之作用。

## 【548】妻財爻，在占問工作運中有何作用？

答：占問工作事業運，妻財爲官鬼原神，表示薪水收入多寡，同樣不宜休囚，更不宜被刑沖剋害。妻財宜靜不宜動，動則剋父母，反不利於工作。但遇子孫持世或發動時，妻財反宜發動通關救官鬼。若是自行創業者，妻財就要變成主要用神，不賺錢乾脆回去上班，故自行創業當老闆者，官鬼與父母反而不是首要重點，換成財爻排第一。

## 【549問】占功名，最怕什麼卦象？

答：子孫持世，或子孫動於卦中，不拘占入考場，占升遷悉如水中撈月。子孫福德之神，爲制鬼之神、爲解憂之神、爲剝官之神，諸事見之爲喜，獨占功名者忌之。子孫持世，休問功名。功名無成者不是子孫持世，即是子孫財爻發動，或是世爻破空，或是六爻亂動，功名必無成。

## 【550問】子孫爻與兄弟爻，在占問工作事業運有何作用？

答：在占問工作事業運中，子孫爲剝官之神，是官鬼之忌神。子孫不宜旺相，更不宜發動，動則有職者去職，無職者難求。子孫爻持世更是求職者的大忌，通常都很難找到工作。至於兄弟爻，兄弟雖可生子孫，但剋妻財，宜靜不宜動，動則有減薪之象，且有口舌是非。兄弟與子孫同動者，工作不順利，且收入減少。

## 【551問】官鬼持世，對於事業運有何影響？

答：占問事業運，若官鬼持世且臨年月日或受月日建之生，又無動爻刑沖剋害，事業發達，工作順逐。若官鬼化出妻財或卦中妻財發動相生，要花錢來謀求工作。化出子孫或卦中子孫發動，工作事業不順。若財爻同時發動，則須花錢財才能使事業順利。化出兄弟者，有口舌是非。卦中兄弟發動，有人競爭。兄弟臨朱雀，他人誹謗，兄臨玄武、螣蛇者，有人陰謀暗算。化出父母，或父母在卦中發動，調動工作之象。宜當官員、公務員、軍人、員警等。

## 【552問】兄弟持世，對於事業運有何影響？

答：兄弟持世，易遭口舌誹謗及工作報酬差。若世爻旺相，官鬼休囚安靜，則事業雖無大發展，也無禍患。若官鬼發動，則世爻受剋害，必有災禍發生。若父母發動則生世爻，則不論官鬼發動與否，不僅沒有災禍工作還會在有喜事，但父動剋財，不利於收入。最宜上班領薪水，不要當老闆。

## 【553問】子孫持世，對於事業運有何影響？

答：子孫爲剝官之神，是不利工作事業之象，求測工作遇之爲大忌。子孫持世，通常無工作或工作不順，其人立志高遠，不慕功名富貴，個性叛逆，抗官排官，我行我素，態度傲慢，與上級關係不好。宜往技術、藝術發展，或從事教育工作。

## 【554問】妻財持世，對於事業運有何影響？

答：妻財持世剋父母，不利工作事業之象。妻財持世，若財官父三者皆旺，則主待遇好，有職權，且公司大。若官鬼在卦中發動，則花些錢可保工作順利，謀職可成。旺相可開業當老闆。

## 【555】父母持世，對於事業運有何影響？

答：父母持世，臨太歲，月日建或受月日建之生，又無動爻刑沖剋害，工作事業吉利之象。化出官鬼或卦官鬼發動，事業上面可得官貴相助。化出妻財或卦中妻財發動，工作事業不順之象。若卦中官鬼旺相或發動，有人從中幫助解困。若官鬼休囚安靜，則不利於事業。化出兄弟，或卦中兄弟發動，競爭者出現。若官鬼旺相或發動，則有人出面剋制競爭者。若官鬼休囚安靜，則事業不吉。宜做文書之類工作。

## 【556問】官鬼爻配六神，可看出何種工作的種類？

答：1.官鬼青龍：宜官方、政府、工商、稅務、海關等工作。2.官鬼朱雀：宜文書、教師、律師、通訊、文化等工作。3.官鬼勾陳：宜房產、刑警，拘留所、看守所、監獄等工作。4.官鬼螣蛇：宜外交、交際、公關、接待、技術等工作。5.官鬼白虎：宜軍人、武官、醫生、屠宰、保全等工作。6.官鬼玄武：宜船員、船業、運輸、洗潔、參謀等工作。

## 【557問】「占居官安否」，內容為何？

答：「占居官安否」，出自《斷易天機》：「世宮爲官應爲民，主首監臨世是身，若有子爻來剋鬼，在位彷徨憂退位。旺相相生六位安，居官無事吏民歡，財動必憂亡失位，休囚墓殺細推看。」內容是說，要想知道當官期間平安否，世爻爲官，應爻爲民，父母爻爲主首，月卦身爲己身，得度爲安，退度爲失。若子孫爻動，或臨日月來剋官鬼爻，在任之官，也要防降職或撤職。若官鬼爻旺相，世應相生，六爻安靜爲大吉，居官無事，下屬和百姓都安居樂業。若財爻動剋父母，表示權力將失，官位也不保。如逢休囚墓殺，更要仔細推斷。

## 【558問】占卦測考試，官父爻與世爻皆不宜空破墓絕，為何？

答：1.父母、官鬼是成績單與名次，旺才能上榜，空破墓絕落榜無疑。2.世爻代表目前身心與能力狀態，旺相主企圖心強，心態積極；衰弱主身心狀態差，能力不足。世爻衰弱不能任財官。

## 【559問】占問調職，留原職或調新職較好，需不需要占兩個卦？

答：不需要占兩個卦，看世應兩爻卽可。世爻：代表現職，旺相，得生合，則留在原職較好。應爻：代表新職，旺相，得生合，則去接新職較好。總之，比較世應兩者何者旺相，沒被傷剋，卽知去留。

## 【560問】占考研究所碩博班考試，以何為用神？

答：占考研究所碩博班考試，主要以父母爻爲用神，官鬼爻也要參看。父母如旺相，必能錄取。如果父爻休囚，但能得變爻或日月生扶，還是能錄取。倘若父值旬空，或遭月破則難上榜。除了父母爻之外，官鬼爻也不能太弱，尤其忌子孫發動。總之，父官二爻都要旺相。除了大忌子孫動外，次嫌財動，因財動剋父母。除此之外，兄爻獨發一定有阻礙。

## 【561問】占官職升遷，如何斷卦？

答：占官職升遷，仍是以官鬼爲用神，最利發動，若臨生旺，定主高升。如値空亡，則升遷無望。子孫爲忌神，不宜發動，若官化子孫，會被降調，卦中財孫同動亦然。官化進神，也是升官之兆。

## 【562問】「占官高卑及何方赴任」，內容為何？

答：「占官高卑及何方赴任」，出自《斷易天機》：「欲知善惡與卑高，卦看生旺定分豪，旺相名高官且貴，休囚位劣更徒勞。一二三世言咫尺，四五六世千里驛，問道注爲何處官，鬼爻在乾西北客。」內容是說，要想知道任職之處所的好壞，以及職位的高低，就以卦之旺相與休囚來判斷。逢旺相則知名度高，而且官高權貴，處休囚則地位低劣，甚至沒官職可得。內卦一二三爻持世，就在本地或鄰近任職，外卦四五六爻持世，則會去遠方任職。若問會去何方任職，就以官爻所臨的卦宮來推，如官爻在乾宮，則往西北任職，在艮宮往東北，其餘仿此。

## 【563問】怕丟掉現在的工作，如何斷卦？

答：求測人怕丟掉現在的工作，斷卦的重點如下三點：1.子孫或兄弟是否持世、發動：子孫持世或發動，子孫爲剝官之神，極不利於現在的工作，與各層主管的關係也不好，甚至自己就想辭職不做了。至於兄弟持世或發動，兄弟爲阻隔之神，面臨同事嫉妒等事，其它還有破財，經濟壓力增大。這些原因都有可能造成對現在工作的困擾。2.世爻衰空：世爻衰，人沒有信心，能力也顯不出來。世爻空，人沒有方向與目標，隨波逐流。3.財破財空：財是工作官鬼的源頭，源頭空破了，這個工作岌岌可危。

## 【564問】占工作得遊魂卦好嗎？

答：不好。遊魂卦屬於不穩定的狀態，在工作中心態上會變來變去，經常移動，對於自己的公司什麼不滿，一直羨慕別人的環境。遊魂卦主人心緒不寧，精神不佳，沒有把心思放在工作上，遲早要出問題，不是被公司免職，就是自己辭職走路。

## 【565問】測與上司的關係，如何斷卦？

答：測與上司領導的關係如何，從底下幾個點去分析，1.五爻與世爻：五爻代表最高決策首長，如總經理、董事長、廠長、校長等。其它二爻是二級主管，三爻是一級主管，四爻是機要親信幕僚等。五爻與世爻宜生合，忌相互沖剋。2.應爻與世爻：應爻代表對方，卽上司，世是求測人，世應之間，同樣宜生合，表示彼此關係良好。3.官鬼與世爻：宜官鬼生合世爻，不宜相沖剋。官鬼是職位、工作，若官鬼與世爻相沖剋，表示求測人難以勝任此工作，不管與上司關係有多好，工作搞垮了，很難與上層有好關係。

## 【566問】得官位之應期如何斷？

答：《斷易天機》之《卜筮元龜》：「欲知得官年月期，有爻持鬼卽爲時，如無扶取官生旺，旺相疾速休囚遲。先看本宮旺爲正，震則春分餘可並。」內容是說，要想知道什麼時候可以得官位，以官鬼爻所臨的地支來斷卽可，如官爻卯，卽卯年得官。如果官爻弱沒有生扶，就取官爻逢生和旺相的時候。官爻旺相者，得官迅速，官爻休囚者，則較遲緩。或以官爻所在之宮來分析，何時旺相卽是，如震卦春分後旺相，應期就是春分，其餘仿此。

## 【567問】何謂「鬼伏父母，舉狀經官」？

答：語出《火珠林》：「鬼伏父母，舉狀經官；若財世上，求之不難。」意思是占求官運，若官鬼伏在父母爻之下者，宜有人向政府機關推舉人材，爲被薦舉人來撰寫的薦舉書，這樣子比較容易獲得成功之機會。若世持妻財，財爻來生官爻，求官之事就不難達成了。這句話中，要注意的是求占官運，官爻愈旺愈好，但官爻未上卦，伏在父母爻之下，父母是洩官鬼之氣的，稱之「伏生飛洩氣」。表面上，對於官位的取得是不利的，其實，在預測官運中，官鬼爲工作職位，父母爲職權，妻財爲薪資收入。以上三者爲財生官，官生父的關係。三者都宜旺，且生合世爻，不宜休囚死絕，更不宜被刑沖剋害。

### 【568問】何謂「鬼伏子孫，去路無門」？

答：語出《火珠林》：「鬼伏子孫，去路無門；官乘旺相，透出可分。」意思是占求官運，若官鬼伏在子孫之下，則求官無望。鬼伏子孫下，子孫剋官鬼，子孫本來就是剝官削職之神，占問官職、功名等以子孫爲凶。今鬼伏孫下，卽飛剋伏，謂之傷身最凶。若子孫安靜，而得妻財生助官鬼，使官鬼旺相者，則得官指日可待。

### 【569問】占功名，世動化空墓絕如何斷？

答：占功名，不但看父官，還要看世爻。世是占者自己，宜旺不宜衰。世若衰弱得動爻日月動來生扶，則是得到貴人的幫助，獲得功名利祿。若世動而化入死墓空絕，要救也沒得救。就算是官父旺，也怕是成名後不能享福，因爲化入死墓空絕，非病卽死，只是做了一場成名夢而已。

# 第十六篇
# 占疾病

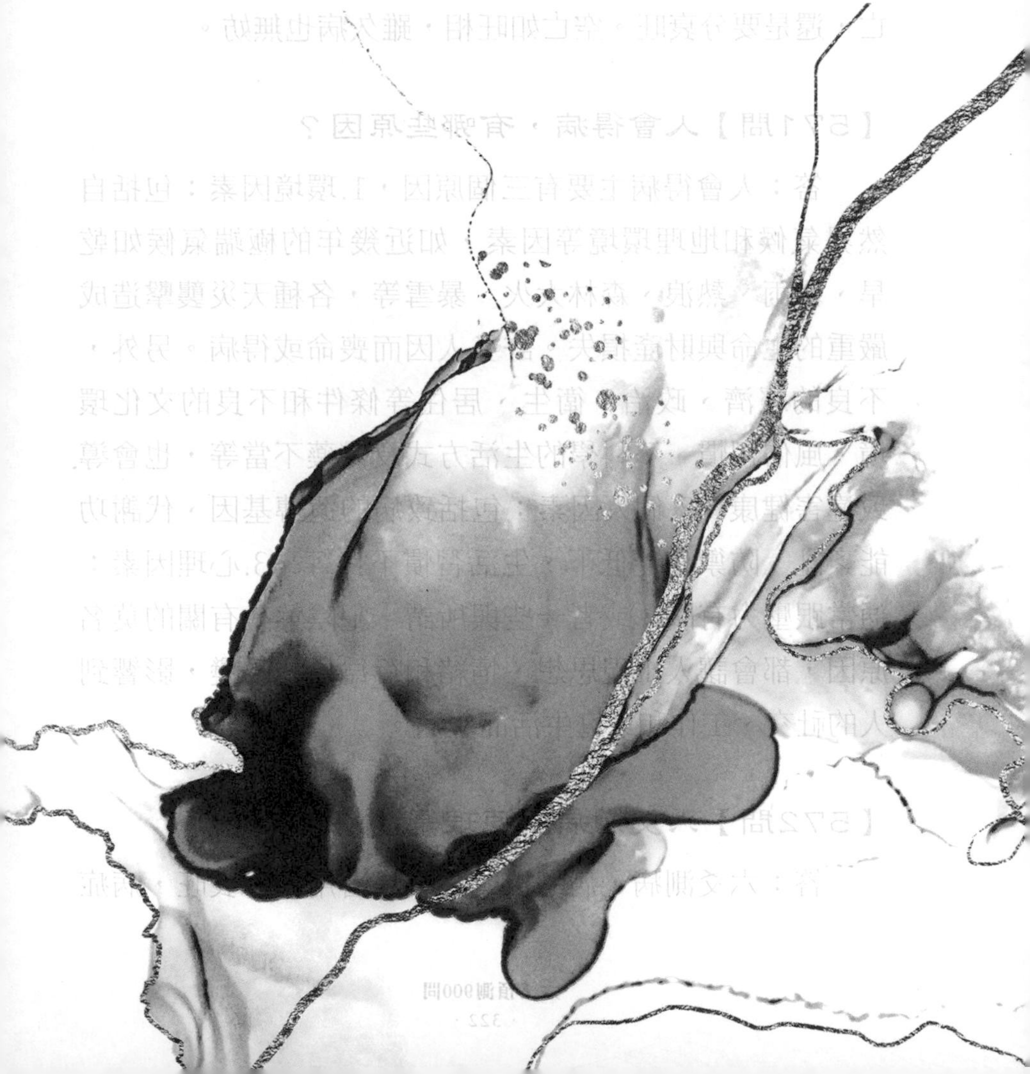

## 【570問】占疾病，斷卦的重點在何處？

答：1.凡占疾病專看用爻，若得用爻有氣，原神發動，忌神安靜，便主一切無妨。如忌神與原神一起發動，輾轉生助用爻，病情反而好轉。2.原神不動，逢日月動爻來剋，則有生命危險。3.用神雖衰弱，如逢日月動來生扶，就不用太擔心。4.用神若發動，變出生扶，則吉；變成墓絕，則凶。5.近病逢空可救，久病逢空必死。雖値空亡，還是要分衰旺。空亡如旺相，雖久病也無妨。

## 【571問】人會得病，有哪些原因？

答：人會得病主要有三個原因，1.環境因素：包括自然界氣候和地理環境等因素，如近幾年的極端氣候如乾旱、暴雨、熱浪、森林大火、暴雪等，各種天災襲擊造成嚴重的生命與財產損失。許多人因而喪命或得病。另外，不良的經濟、政治、衛生、居住等條件和不良的文化環境、風俗習慣、不科學的生活方式及醫藥不當等，也會導致違害健康。2.個人因素：包括致病的遺傳基因、代謝功能紊亂、防禦功能低下、生活習慣不良等。3.心理因素：通常跟壓力有關，或者一些與所謂「犯陰煞」有關的莫名原因，都會讓人出現思想、情緒和行爲模式改變，影響到人的社交、工作和家庭生活而生病。

## 【572問】六爻測病的原理是什麼？

答：六爻測病，病的吉凶主要是看用神的衰旺，病症的判斷則要看卦宮、五行、爻位、六神等。六親中主要看「官鬼」，官鬼主病症。其次看「子孫」，子孫主醫療。另外，「宮位」、「爻位」也很重要，主要看哪個臟器官得病，其它地支「五行」，六親中的「妻財」，全部的「六神」，空亡、六合與六沖卦、伏反吟及遊魂歸魂等，都是觀察重點。

**【573問】現代醫療發達，六爻占病還有存在的價值嗎？**

答：行醫是一種良心事業而不是交易，是一種使命而非行業，但是現代醫療的進步的結果，都是儀器的先進而已，許多屬於人性關懷的部分都已蕩然無存。在冰冷深奧的科學術語，高度的專科分化，以及現代醫院的理性管理，追求高效率與高報酬之下，人只是被醫治的一個的物件，甚至只是個掛號的號碼而已。不必要開刀、重複檢驗的醫療浪費，藥物的副作用，乃至於剝奪人們自我療癒的能力，及現代醫療讓人失去對自己身體做決定的能力等問題，是現代醫療中的難解習題。在現代，六爻測病仍有它的協助功能，如往何方求醫、犯陰煞的處理等。

**【574問】六爻測病，如何取用神？**

答：自己問病，以世爻爲用神。問他人病，按六親取用，問父母病，以父母爻爲用神，再看官鬼；問兒女子孫，以子孫爻爲用神；問丈夫病，以官鬼爻爲用神；問妻子病，以妻財爻爲用神；問兄弟姐妹病，以兄弟爻爲用神；問同事朋友病，以應爻爲用神。

## 【575問】六爻測病，吉凶如何斷？

答：用神在卦中宜旺不宜衰，宜得日月動來生扶，用神旺相卽表示此病人身體素質好或病輕好得快。忌神宜安靜不動或休囚。若忌神能剋傷用神，則表示病情嚴重。用神化回頭剋，化伏反吟，或化墓絕，都是表示病情加重。用神旬空入墓，或逢破受傷，要看卦中有無救應。如無救，其象大凶；如有救，其病可以醫治。用神太旺也不爲吉，或爲迴光返照之象。應爻爲醫生、醫院，占病時也是觀察的重點，若應爻持官鬼或父母，表示要換醫生，因爲越醫病情會越嚴重，父爻剋孫爻，醫藥無效。

## 【576問】官鬼爻，在六爻測病中代表什麼？

答：官鬼代表病症，也代表病情的輕重。官鬼爻的旺衰，是病輕重的呈現，如官鬼爻旺，必是病症重；如官鬼爻受剋，則病輕。官爻持世入墓，稱之「隨鬼入墓」，爲凶象。子孫爻剋制官鬼，故子孫爻爲醫爲藥，如子孫爻衰弱，是求醫不得力，或用藥不對症。子孫爻旺而剋住官鬼，病情很快會好轉。子孫空亡，沒有找醫生，或沒有吃藥，或藥不對症。子孫動而化退，表示沒藥效。

## 【577問】占病，不見官鬼爻代表什麼？

答：《斷易天機》：「占病無鬼，必無叩告之門，乃天年命盡也，其病難療。」意思是說，占問病情若官鬼爻未上卦，是很嚴重的事情。因為，官鬼代表病症，也代表病情的輕重，現在這些訊息資料都不見了，如何來斷病？眞可謂「不見官，其病難醫，症候難決」。占到這種卦，去醫院看病，找不出病因，也不知如何給藥與治療。但人就是很不舒服，很虛弱，所以說「乃天年命盡也」。時間已經到了，人生到此止步。

## 【578問】占病，應爻代表什麼？

答：1.凡占病，皆以應爻為醫生，以子孫爻為藥物。應爻不宜空破墓絕，也不宜受刑沖剋害，若應爻逢空者，有病人即將死去而見不到醫生的情形。2.應爻旺相，則是名醫；應爻衰弱，則是庸醫。3.應爻若受到刑沖剋害，則醫生本人的能力有問題，服用其所開之藥也無療效。

## 【579問】官鬼爻所臨五行，代表得什麼病？

答：以官鬼爻所臨五行，代表什麼臟腑器官得病。1.官鬼金：呼吸系統疾病。2.官鬼木：肝膽方面疾病。3.官鬼水：腎及泌尿系統疾病。4.官鬼火：心血管系統疾病。5.官鬼土：脾胃消化疾病。

## 【580問】官鬼爻所臨八宮卦，代表得什麼病？

答：以官鬼所居之八宮卦判定病症，如下：1.乾宮：主頭、肺、大腸等病。2.坤宮：主脾胃、腹、皮肉等病。3.震宮：主肝膽、神經、足病等病。4.巽宮：主肝膽、大腿、中風等病。5.坎宮：主耳、膀胱、腎、高血壓、泌尿系統等病。6.離宮：主心臟、眼睛、血液、腸等病。7.艮宮：主脾胃、手、肩膀、鼻子等病。8.兌宮：主口腔、肺、腸、胃等病。

## 【581問】官鬼爻所臨六神，代表病因為何？

答：以官鬼所居之六神判定病因，如下：1.青龍官鬼：痛、癢、產後風、中毒、酒醉、因探親訪友得病。2.朱雀官鬼：狂言亂語、炎症、發燒、因飲食得病、爭吵生氣得病、血尿、耳鳴等。3.勾陳官鬼：跌倒、腫瘤、癌症、結石、因風水得病、遲鈍、記憶力下降、鼓脹、稠粘、糊塗、低能等。4.螣蛇官鬼：腸、怪病、疑難雜症、驚嚇、惡夢、貧血、邪氣、附體病、臟腑不全、精神不佳等。5.白虎官鬼：生育、血液、跌打損傷、交通事故、外傷、流產、骨折、發怒引起的病等。6.玄武官鬼：性病、婦科、難言之隱、結核、潰瘍、風寒、風濕、憂鬱等。

## 【582問】官鬼爻所臨爻位，代表得什麼病？

答：以官鬼所在爻位判定病症，如下：1.上爻：頭、腦溢血、腦血栓、高血壓、低血壓、頭暈、神經衰弱、動脈硬化、手、肩膀等方面的病。2.五爻：肺、心臟、呼吸道、食道、耳朵、鼻子、背、喉嚨、牙齒、脖子、肩膀等方面病。3.四爻：肝、心臟、脾胃、胸口、肺、背、乳房等方面的病。4.三爻：肝膽、腹部、腰、肚臍、胃、腎、膀胱、子宮等方面的病。5.二爻：腿部、膝關節、關節炎、生殖器、婦科、腸、肛門等方面的病。6.初爻：雞眼、香港腳、行走不便、腳部受傷、腳痛等。

## 【583問】官鬼爻伏在何六親下，代表病因為何？

答：1.伏於世爻：舊病復發而致病。2.伏於妻財：因飲食、金錢、女人、輸血而致病。3.伏於子孫：因飲酒、旅行、動物、藥物而致病。4.伏於父母：因勞累、車船、建築、風水而致病。5.伏於兄弟：因賭博、破財、朋友、口舌而致病。

## 【584問】官鬼在內外卦，病情有何不同？

答：內卦是家中，外卦是外地。官鬼在內卦，表示是在家中得病；官鬼在外卦，則是在外地得病。官鬼在內卦，則夜裡病重；若在外卦，則白天病重。若官鬼在五爻化出父母，則在道路途中遇雨而得病。

## 【585問】官鬼本身狀況，如何判定病情？

答：依官鬼本身狀況判定病情，如下：1.官鬼臨日辰旺相：爲突發之急病。2.官鬼臨月建旺相：爲病情已有月餘之久。3.官鬼兩重夾世爻：病情必重，爲大凶之兆。4.官鬼化進神：爲病情逐漸加重。5.官鬼化空破墓絕退及化回頭剋：爲病情逐漸減輕。6.官鬼發動：爲病情嚴重之兆。

## 【586問】自占病，鬼伏世下表示什麼？

答：自占病遇鬼伏世下，其病必不能斷根，因爲官鬼追隨著我，疾病纏身，難以除去，多是舊病復發。這樣的卦共有兩個，一是離宮未濟卦，官鬼亥水伏在世爻午火下；二是巽宮益卦，官鬼酉金伏於世爻辰土下。不管伏剋飛，還是飛剋伏，都是病根難以根除。

## 【587問】自占病情，卦爻如何看？

答：自占己病，主要看世爻。世爻若空亡當分清楚近病或久病，近病就沒問題，久病很難治好。世爻旺衰是重點，世爻若休囚又遭日月動爻來相剋，變成毫無救助之爻，恐怕就要準備後事了。另一種情況是世爻雖然休囚，卻能得到日月動爻之生助，則不管病情多危險，都可以絕處逢生。另外，忌神宜靜不宜動，原神宜旺不宜空。

## 【588問】代占別人病情，卦爻如何看？

答：代占別人病情，若代父母則看父爻，妻看妻爻，兄弟看兄爻，子女看孫爻，其餘則看應爻。應用爻若臨月破或旬空，或衰弱遭日月動來傷、或化爲墓絕等，便主凶危。雖休囚但得日月動爻來生扶，則命還有救。原神最好能動，忌神能空更好。用應爻持官鬼，病必難痊癒。

## 【589問】子孫爻在占病時，有什麼作用？

答：占病，子孫是醫藥。若子孫爻旺相，有生扶而無剋害者，則此病有救；若子孫爻未上卦，或空亡墓絕，或受刑沖剋害者，則官鬼無制，此病難療。故占病要先觀子孫爻。1.測疾病者，以子孫爲醫藥、醫療手段。2.孫爻宜旺相，不宜休囚死絕；若有日月動爻生扶更佳，名醫良藥，其病必癒。3.孫爻若被刑沖剋害，不吉之兆，藥不對症，醫藥無效。4.子孫多重出現，用藥不專一或病急亂投醫之象。5.子孫化伏吟或化退神者，醫藥無效。6.子孫化官鬼，必是用藥不對症，反而病情加重。7.子孫化父母，醫藥無效。8.子孫化妻財，飲食不當影響藥效。9.子孫化兄弟，用藥效果理想，但有副作用，導致食慾減退。10.子孫被父動剋制，醫藥無效。11.子孫旬空，醫藥無效。若同時官鬼也旬空，不藥而癒。

## 【590問】妻財爻在占病時，有什麼作用？

答：1.疾病者，以妻財爲飲食。財爻不上卦，食慾減退，不思飲食。2.妻財爻旬空，無法進食。3.財爻宜靜不宜動，若動於卦中，動於上卦者，嘔吐；動於下卦者，腹瀉。上下俱動，上吐下瀉。財一旦動，財動生官，病通常都很嚴重。4.財爻動後若逢日辰或動爻合住，則是欲吐吐不出，欲瀉不能瀉。5.妻官爻同動者，病入膏肓，難以救治。

## 【591問】官鬼爻發動，對病情有何影響？

答：1.官爻化孫爻：醫藥見效。2.官爻化財爻：病情加重，因飲食、金錢等得病。3.官爻化兄爻：手腳之疾。4.官爻化父爻：因長輩、車船、消息等而得病。5.官爻化官爻：新病加舊病。6.官爻化進神：病情惡化。7.官化退神：病情轉好。

## 【592問】子孫爻發動，對病情有何影響？

答：1.孫爻化官爻：小孩病重。因藥物、喝酒、娛樂等而得病。2.孫爻化財爻：脾胃有開、食療有效。3.孫爻化兄爻：醫藥有效。4.孫爻化父爻：醫藥無效。5.孫爻化孫爻：藥很多種。6.孫爻化進神：醫藥見效。7.孫爻化退神：醫藥無效。

## 【593問】兄弟爻發動，對病情有何影響？

答：1.兄爻化官爻：手腳有傷。2.兄爻化財爻：借錢看病。3.兄爻化孫爻：花錢買藥、四肢無力。4.兄爻化父爻：藥無效。5.兄爻化兄爻：吃不下。6.兄爻化進神：醫藥費高、病難好。7.兄爻化退神：手腳無力。

## 【594問】妻財爻發動，對病情有何影響？

答：1.財爻化官爻：因食物、血液、呼吸道而得病。2.財爻化兄爻：花錢多。3.財爻化孫爻：食療有效。4.財爻化父爻：飲食影響藥力。5.財爻化財爻：病加重。6.財爻化進神：飲食增。7.財爻化退神：飲食少。

## 【595問】父母爻發動，對病情有何影響？

答：1.父爻化官爻：因操勞、車船得病。2.父爻化兄爻：有藥效。3.父爻化孫爻：藥效不理想，宜換藥。4.父爻化財爻：父母病危。5.父爻化父爻：藥難見效。6.父爻化進神：藥難見效。7.父爻化退神：有藥效。

## 【596問】何謂「犯陰煞」？

答：何謂犯陰煞？卽人在陽氣不足，運勢低落的時候，無意間沖犯到孤魂野鬼，或祖先陰靈干擾，甚至是前世冤親債主的因果討報等都有可能。六爻中與陰煞有密切關係的是六神中的「螣蛇」。螣蛇一詞最早出於《荀子》一書：「螣蛇無足而飛。」卽一種能飛的蛇，古代文獻中有許多這方面的記載。在奇門遁甲中，螣蛇司驚恐怪異之事，出螣蛇之方主精神恍惚，惡夢驚悸。

在六爻中，螣蛇同樣主陰靈、陰氣、前世、神靈、靈異等。占夢主有惡夢，一種怪異、令人虛驚之夢；占家宅，主有怪異之事發生，如經常出現異常聲音等；占病，爲怪病，醫院診斷不出之怪病。螣蛇持世或持用神、應爻等，或螣蛇三刑、三合、六合到用世爻等，就有可能犯上陰煞。一旦確定是犯陰煞，最好解決的方法即「祭改」或稱之「祭解」。臺北頗負盛名的行天宮其濟世服務中，最主要的工作就是祭改，透過祭改來爲信衆祈求元辰光彩，消災解厄，移凶化吉，運途亨通。

## 【597問】螣蛇配不同的六親，顯示何種意義？

答：1.螣蛇官鬼：犯陰煞、受驚嚇。2.螣蛇子孫：祭改的治療方式。3.螣蛇兄弟：孤魂野鬼，俗稱好兄弟。4.螣蛇妻財：祭拜的食物、供品。5.螣蛇父母：祭改的宮廟。

## 【598問】螣蛇除了陰煞，還代表何種怪異之事？

答：《斷易天機》：「青龍旺相有喜事，朱雀文書口舌至，螣蛇驚怪火光飛，玄武旺相防盜賊，白虎旺相兵喪事，休囚死絕卻爲吉。勾陳旺相鬥訟凶。」內容主要是說六神引起的那些事，其中青龍是喜事，朱雀是文書與口舌，玄武是盜賊，白虎兵事與喪事，勾陳是官司。至於螣蛇只要是讓人驚嚇的、怪異的、火光的，甚至會飛來飛去的怪物都是。

## 【599問】占病時，什麼情況是「無藥可醫」的地步？

答：《增刪卜易》：「用神化鬼、鬼化用神，即是忌神化六親、六親化忌神，及用神化絕、化剋、化墓，久病逢沖、逢空、隨鬼入墓，此皆無藥而醫也。」根據上述內容，總計有五種情形是病情已經到了無藥可醫的地步，即1.用鬼互化。2.用神化回剋。3.用神化絕或化墓。4.久病逢沖或逢空。5.隨鬼入墓等。

## 【600問】占問疾病，何方求醫如何斷之？

答：可從兩方面來分析，官鬼主疾病，與子孫主醫藥。官鬼是金水者，不可看西醫，因爲西醫屬金，看西醫病情越重。反而要看中醫。子孫是金水者，要看西醫。至於何方求醫，主要看子孫，子孫旺相屬火，則往南方求醫。子孫旺相屬水，則往北方求醫等。

## 【601問】占病，可否應爻之方求醫？

答：占病時，應爻爲醫生、醫院。故占病時應爻也是觀察的重點，若應爻持官鬼或父母，表示要換醫生，因爲越醫病情會越嚴重。何方求醫，主要看子孫，但有個前提，就是子孫要旺相，才可延醫於子孫方。若子孫休囚空破者，則看應爻是否旺相，若得應爻旺相且生合用神，即于應爻之方延醫。

## 【602問】占病何時開刀，如何擇日？

答：1.擇世用爻之生扶日月，因爲只有世用爻旺相才能保平安。2.找子孫爻旺相沖剋官鬼，生世用之日月。子孫爻旺相，醫療才會有效果。3.擇忌神衰弱，原神旺相有氣之日月。4.擇生應合應之日月。日月爲醫院，爲醫生。應爻有氣有力，開刀不會有意外。5.總之，根據卦象，從應期的角度，擇出應吉之日月。

## 【603問】占病時，如何決定看西醫或中醫比較好？

答：查看子孫或原神持何五行。1.金：宜針灸或西醫。針灸與西醫同樣都屬金，子孫是醫療手段，既然子孫都屬金了，當然要選擇針灸或西醫。2.水：中醫中藥熬煮，或西醫注射、點滴等。子孫若屬金，中西醫都可以，隨順當時的因緣。3.木：中醫與中藥草。子孫若屬木，不用多考慮，以中醫爲主。4.火：宜中醫拔火罐。5.土：宜藥丸。中西醫皆可。

## 【604問】占病時，何種情形要換醫院或醫生？

答：應爻主醫院與醫生，當應持官鬼或父母時，要考慮換醫院或醫生。因爲，應持官鬼，越醫官鬼越旺，病越重。應持父母，父母剋子孫，醫藥無效。俗話說：：「先生緣，主人福」，「先生」指的是醫師，「主人」病人。這句話強調，看病跟醫師如果有緣分，求醫過程一切順利。醫師不是萬能，再厲害的醫師，也有失手的時候，更何況名醫也不一定代表眞正的好醫師。

**【605問】占自病，世持官鬼，要生世或剋世？**

答：世是世，官鬼是官鬼。層次要分開，看何者爲優先。占病以世爲重，要生扶，要旺相，不能有空亡刑害沖破等。所以，要生世不能剋世，更不能沖世，不要病魔沒沖走，先把自己的一條命沖掉了。世持官鬼代表病在身上，心理要有這樣子的想法：這個病不可能在短期內治好，如同治療癌症，做化療在殺癌細胞，同時也在殺自己。所以有世持官鬼情形者，要有心理準備，與病共舞，做長期抗戰的打算。

**【606問】占病時，六親、六神及應爻的重點有哪些？**

答：1.六親：世爻主自己，子孫主醫藥，官鬼主疾病，官鬼空亡主找不到病因。應爻主醫生。2.六神：青龍主筋骨酸痛，朱雀主發炎，勾陳主腫大或腫瘤，螣蛇主陰煞，白虎主血光與開刀，玄武主難以啟口的病。3.應爻主醫院及醫生，應爻旺主醫院規模很大或名醫。應爻剋用神主治療無效和與醫生無緣。

**【607問】占病時，占得靜卦是吉或凶？**

答：《卜筮全書》：「凡占病，六爻安靜爲吉，其病可治。一卦中凶殺常多，而吉神常少；吉凶悔吝，皆出乎動，動則成咎。」此內容說得很清楚，占病時，六爻安靜爲吉，這個病是可以治得好的。一個卦裡面，凶神多吉神少，卦爻亂動的，很容易產生沖剋等不好的結果來。

## 【608問】占病「兩鬼夾用神」，表示什麼？

答：所謂兩鬼夾用神，就是用神的上下兩爻都是官鬼。官鬼代表病情輕重，鬼旺發動，病難治，財旺生官鬼，醫藥無效。若是兩鬼夾用神，是不吉之兆。其它如「鬼化鬼」，也都是一種病情嚴重的現象。總之，這種不用看用神衰旺生剋等，直接以某種卦象來斷吉凶的，通常都是經驗的累積，應用時仍宜小心，不可過度渲染凶險，增加占問者的心理負擔。

## 【609問】「五爻持鬼墓，家有病人」，如何解釋？

答：先解釋「鬼墓」，若官鬼爻屬金，卦中有丑動，丑爲金墓，即引官鬼金入丑墓，此丑稱之爲「鬼墓」。二爻爲宅，五爻爲人，若五爻爲鬼墓，表示官鬼一直在這家人身上，官鬼主病，故家中有病人。若鬼墓加白虎發動，且剋五爻者，當下家中之人上染瘟疫。

## 【610問】世爻臨鬼墓，有什麼現象？

答：因爲墓有牢房、洞穴、困住等之義，加上官鬼主剋害、限制、控制等意思。故世爻臨鬼墓，卦象凶者，必有牢獄之災。若加上臨白虎，白虎主傷病災，故在監獄內會生病，若是自空化空者，甚至會死於獄中。

## 【611問】世持勾陳官鬼，占病表示什麼？

答：勾陳爲腫脹、突出。官鬼主疾病，故占病世持勾陳官鬼則有可能爲癌症，或勾陳官鬼來沖剋世爻，同樣有可能是癌症之凶兆。另外，官鬼臨戌未土，也有與勾陳類似腫脹、突出之意，同樣也有癌症之可能。

## 【612問】何謂「決輕重存亡之兆，專察鬼爻」？

答：此句話出自《天玄賦》，指占病時，決定病情輕重，病人生死存亡的關鍵處，主要看官鬼爻。1.官鬼爻若旺病情日趨沉重，若官鬼逢絕日那天，病情會稍微好轉。2.若是鬼化鬼，其病情變化進退，或有變症，或舊病復發，或病症駁雜難斷。3.官鬼持世，病難除根。4.卦中官鬼爻臨日辰旺相，乃突然間暴發的病。若臨月建旺，則已經病了一個月了。5.官鬼爻無氣但臨身者，乃久病，不容易痊癒。6.卦中無鬼，病因難斷，病情難安。

## 【613問】「青龍得位，終見安康；白虎傷身，必成凶咎。」如何解釋？

答：此句話出自《天玄賦》，指占病時，1.青龍爲吉神，若臨用爻發動，縱有兇險，亦不傷。若帶鬼爻，亦非凶惡之病。2.白虎爲凶神，凡遇白虎發動，乃占病之大咎，白虎無氣猶可，白虎旺相必大凶。

## 【614問】占病，世持巳白虎官鬼表示什麼？

答：巳火表示與血液有關之疾病，世持官鬼臨白虎，爲血光之災，爲手術開刀，爲突降大禍等甚至會危及生命。故宜小心防患於未然，與血液、血壓等有關之疾病，如心血管冠狀動脈、中風等心臟病，及動脈瘤、心肌病變、動脈阻塞性疾病等。

## 【615問】何謂「如問危時，其法有三」？

答：此句話出自《易冒》：「如問危時，其法有三：當鬼之日月其休乎，占父母則非，一也；忌仇之神躍，用神之爻潛，見用神則休，二也；用神月破，危於是月，用神日破，危於是日，用神失氣，危於是時，用神亡援，危於是期，三也。」指占病時，有三個病人危急的時間點：1.凡占病遇官鬼值日月，則當日當月凶，惟占父母不論，因爲官鬼爲其原神。2.忌神仇神皆動，用神未上卦，伏而避剋，但當用神值日月，出伏而受仇忌神之傷，爲應凶之時。3.用神遭日破月破，則當月當日應凶。原神遭日月沖破之際，同樣是凶應期。大抵破壞原神之日，生助忌神之期皆凶危時。

**【616問】「官化官，病變不一；子化子，藥雜不精。」如何解釋？**

答：此兩句話出自《黃金策》一書，第一句意思是說，占病時遇到官化官之情形，官主病情、病症等，若是官化官，即官鬼動化進退神，故其病必有更變，或症狀不一，或病勢不定，用藥也不見得有效。第二句意思是說，占病時遇到子孫化子孫，孫主醫藥，若是孫化孫，即子孫動化進退神。一旦子孫化進退神即表示藥效時好時壞，所以用藥也會換來換去，故稱之爲「藥雜不精」。

**【617問】生病何時可痊癒？**

答：占斷生病何時可痊癒，即定病痊癒之應期。占病何日得恢復健康？主要看卦中原神與用神。1.若卦中原神旺相，則取用爻值日爲應期，若用爻衰弱，則取用神生旺之日月爲應期。2.若用爻太旺者，則取用神入墓之時爲應期。3.忌神若發動，須逢沖剋忌神之日月，方得安康。4.若逢助鬼傷身，則取子孫值日月爲應期。5.若用神隨官入墓，則取沖墓之日月爲應期。

**【618問】打算去山上養病，吉凶如何斷？**

答：1.凡去山上養病等事，皆喜子孫發動，忌官爻發動。2.占自己以世爻爲用神，占他人以應爻爲用神。若用神臨旺相，或遇生扶，養病可成，早日恢復健康。3.用神如遇月破旬空、或臨墓絕者，養病效果不佳。4.用爻有氣，更值青龍，利有攸往。忌白虎動，此處休行。5.艮宮鬼動，忌行東北。坎卦鬼動，北方不利。其它方位，皆同此斷。

## 【619問】如何占斷病情何時轉為嚴重？

答：占斷病何時轉爲嚴重，也是斷應期的一種，屬於凶應期。主要看用神的生剋。1.若用神無氣，又被日辰剋爲凶。2.忌神若動，用神甚爲衰弱，日辰再生忌神者，恐有死亡之虞。3.原神不動，忌神與仇神皆動，用爻空或伏，日前暫時無事，等待用神值日，再也難以避空避剋，宜防一病不起。4.用神衰弱者，全靠原神發動來相救，若忌神也發動來剋傷用神，日辰又剋制原神，則病情相當沉重。5.用神如逢月破，不拘衰旺，都有性命之憂。

## 【620問】如何占斷醫療有無效果？

答：占斷醫療有無效果，以子孫爲用神。1.子孫如在卦中發動，醫藥一定有效。但如果官鬼太旺了，子孫卻休囚，則醫療無效果。2.官鬼如衰弱，子孫旺相，而且應爻剋世爻，則病情必好轉。3.官鬼若遇妻財發動來生助，很難發揮醫療效。4.父母如發動，剋子孫，吃藥如吃水，完全沒作用。但若父母與兄弟同時發動，父生兄，兄生子，其藥有效。5.若得日月剋制官鬼，醫效良好。6.官鬼臨日月，或官鬼持世，雖有醫療亦無功。

## 【621問】占病，用神逢墓絕如何斷？

答：用神逢墓絕，及動而化墓化絕，都只是暫時失去作用及生剋能力。逢墓入墓者，逢沖逢合出墓後就能恢復；逢絕化絕者，逢生同樣能恢復作用。所以重點全看用神之衰旺，若用神旺者何須憂慮，用神衰者則要擔心。

## 第十七篇

# 占婚姻

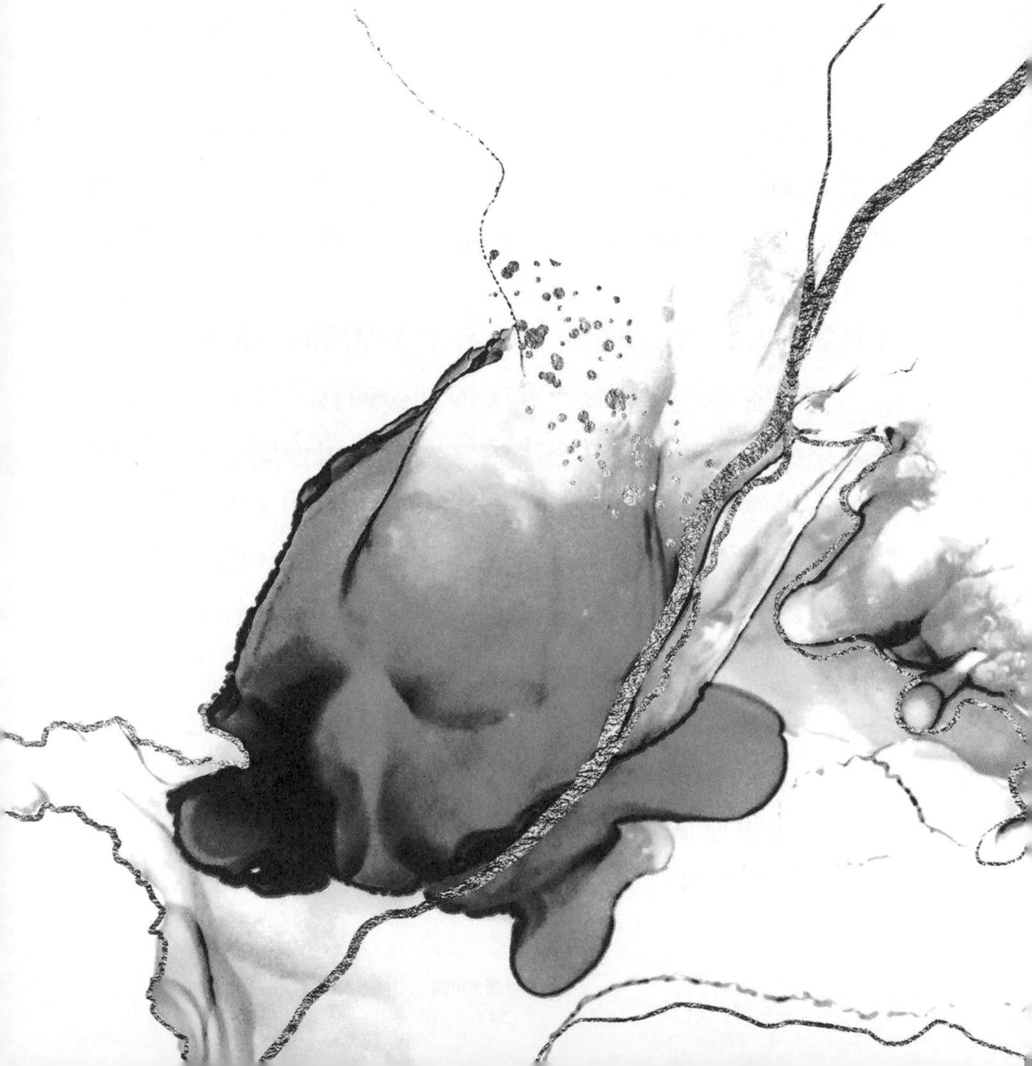

## 【622問】六十四卦「大象」如何斷婚姻？

答：依據一個卦的基本觀念，總體說明事物變化和人事現象，稱爲「大象」。「大象」即「卦象」，六沖卦、六合卦、遊魂卦、歸魂卦等皆是大象斷卦。以占婚姻卦說，「六合卦」大象主成，所以不論男女測婚，如逢六合卦多主婚姻可成。如逢「六沖卦」，沖者散也，多主婚姻難成。卦中若逢沖中逢合，是先難後易，先壞後好之象。卦中合中逢沖，則恰好相反，主先易後難，先好後壞之象，最終是散局。若是主卦六沖，變卦還吉，勉強可成。但若是變卦六沖，破散無疑。「遊魂卦」魂魄遊蕩，心無所定，短期內難以成婚。「歸魂卦」大事底定，好事已近之象。

## 【623問】六十四卦「卦名」如何斷婚姻？

答：卦象代表事物之理，取其義理爲「卦名」，因此卦名之中含有卦義及其它吉凶之含義，可作婚姻預測之參考。占婚姻，卦得澤山咸、雷風恆、水澤節、地天泰等四個卦，往往婚姻美滿；卦得火澤睽、澤火革、雷水解、坎爲水，離爲火及八純卦、遊魂卦等卦均有可能離婚或感情不順之兆。另外，鼎卦三足，有三角戀愛之象。復卦代表感情反覆，困卦有陷入困境之象，明夷卦有受傷之象等，以上四個卦，不利婚占。最後再強調，婚姻戀愛的吉凶，主要仍是世應關係和用神衰旺來決定，卦名和相應的含義，僅作參考。

## 【624問】占婚姻卦，六爻安靜好嗎？

答：《黃金策》：「占婚卦宜安靜，安靜則家庭雍睦，必無爭鬥之事。若財動則不和翁姑，鬼動則不和妯娌，父動則不和子侄，兄動則不和夫妻，動加月建日辰，不唯不和，更有剋制。」白話文如下：占婚姻卦，最好能六爻安靜，安靜代表家中一片祥和，家庭和睦，沒有任何紛爭。若財爻動則剋父母，媳婦與翁姑不和。若官鬼動剋兄弟，妯娌之間不和。父爻動剋子孫，侄孫間不和。兄爻動剋妻子，夫妻間失和。如果日月入卦發動，則不僅僅是失和而已，更有刑剋不幸發生。

## 【625問】從世應關係，如何斷婚姻卦？

答：1.世應生合或比合，婚姻可成美滿。世應相沖剋，雙方相互討厭，婚姻難成，已婚者，婚姻有危機，除非有通關化解。2.世生應求測者喜歡對方；應生世對方喜歡求測者。3.世爻或應爻與日月或其它爻相合，說明另有喜歡對象，腳踏兩隻船，已婚者表示有外遇。4.若世爻發動化空、化回頭剋、化退、化墓等，說明是求測者本身不想成婚；若應爻發動化空、化回頭剋、化退、化墓等。則是對方不想成婚。5.在占測婚姻中，發動之方爲主動方，有主動去爭取、去退婚等訊息。世應雙方都不宜化退、化空。

## 【626問】女占婚，看官鬼爻時有哪些重點？

答：女占婚，官鬼爻代表男方。重點如下：1.官爻旺相，表示男方有能力，有意願，希望此婚能成。官爻衰弱，表示男方沒能力，信心不足，越衰越對婚姻越不利。2.官爻旺而生世，表示男方喜歡女方，有成婚之意。官爻合世，表示雙方都有意願意，結為夫妻。3.官爻持世，雙方皆有成婚之意，尤其女方願意非常堅定來接納男方。4.官爻旬空，表示男方無誠意，或短時間內女方不想有壓力，想自在的獨自生活，不想有男友。

## 【627問】占婚姻，如何取用神？

答：六爻預測感情與婚姻根據男女不同，取用神有些不同，男測女以世爻、妻財與應爻為用神。女測男婚姻則以世爻、官鬼與應爻為用神。應爻代表對方及其家庭的情況。世爻代表求測者，世爻的旺衰代表自身條件與能力，即自身素質及對婚姻的態度與信心。世爻旺，自己對這份感情或婚姻有信心，自身的學經歷都很優秀，人品素質高、條件好等。應爻代表對方及其家庭的情況。與世爻斷法一樣，應爻的旺衰代表對方條件與能力。應爻旺，對方對這份感情或婚姻有信心，自身的條件與能力都很優秀等。

## 【628問】占婚姻中，六親扮演何作用？

答：1.父母：為主婚人，男占女無父母，則長輩如叔伯等主婚，女占男無父母，則不吉。2.子孫：孫陷則子嗣艱難。3.官鬼：官空則婚難成。4.妻財動：公姑無法全。5.男占女逢二官，女有重婚之嫌；女占男遇二財，恐婚有變。財化財，官化官，都是再婚之兆。6.男占女，宜世陽應陽；女占男，宜世陰應陰，反之則爲陰陽相背，不吉。

### 【629問】男占婚，妻子有外遇如何斷？

答：1.官伏在財下。說明如下：男占，卦中出現的官鬼，除了應爻上是自己，其它的官鬼，即使是伏藏，也是別的男人。如今官伏在財下，財是妻子，妻子身旁藏者另一位男士，究竟發生了什麼事，不用再多說。2.財動與官合，或官動與財合。說明如下：男占，卦中出現的妻財，當然是自己的妻子，財動表示妻子心妄動。「與官合」，此官不是自己的丈夫，而是外遇的男人，合者，合好也，或難聽一點的苟合。3.財動與兄合，或兄動與財合。說明如下：兄者何？男占，與男同兄弟，同類者仍是男人，總之，妻子跟另一個男人合好了。4.財動與世同之五行合，或世同之五行動與財合。說明如下：世者何？男占，與世同五行者，同類者仍是男人，總之，是妻子跟另一個男人合好了。

### 【630問】男占妻子壽命，如何斷？

答：1.妻財動化兄弟者，乃化回頭剋，妻短命。2.妻財動化化退神、化絕、化墓、化破、化空者等，妻壽命皆不長。3.兄弟持世或兄爻動于卦中，或日月臨兄弟以傷財，或兄化財爻者，同樣不得長年。

## 【631問】空亡，在預測婚姻中有何作用？

答：1.世爻空亡：自己迴避，自己沒信心，自己不安等。2.應爻空亡：對方心猿意馬，對方不穩定，對方變卦等。3.父母空亡：沒有結婚證書，沒有父母主事等。4.妻財空亡：沒有女友，妻子死亡等。5.官鬼空亡：丈夫不在，失去男友等。6.兄弟空亡：花錢少，阻力少等。7.子孫空亡：沒有孩子、流產等。

## 【632問】六神空亡，在預測婚姻中表示什麼？

答：1.青龍空亡：空歡喜、沒喜氣、不高貴。2.朱雀空亡：少說話、沒熱情、不辯解。3.勾陳空亡：不老實、坐不住、不踏實。4.螣蛇空亡：不拐彎、不邪氣、不驚嚇。5.白虎空亡：不著急、不兇猛、不強迫。6.玄武空亡：不欺騙、不低調、不曖昧。

## 【633問】姻緣的遠近如何看？

答：1.用神在內卦，近世爻，歸魂卦，伏在世爻下者，爲近處，同鄉之人。用神在外卦，臨應爻，遊魂卦，伏藏不現者，爲遠方，他鄉之人。2.世爻與用神中間有它爻動謂之隔斷，表示遠方之人。3.世爻與用神同宮者，爲認識的同事、親戚、同學、鄰居、同行、共信仰等。

## 【634問】姻緣的早晚如何看？

答：1.用神上卦者爲早婚，用神伏藏者爲晚婚。2.用神旺相者爲早，用神休囚者爲晚婚。3.用神持世者爲早婚，忌神持世者爲晚婚。4.用神在初爻、二爻者爲早婚，用神或者世爻在六爻者爲晚婚。5.用神發動者爲早婚，用神安靜者爲晚婚。6.逢沖者爲早婚，逢合者爲晚婚。

## 【635問】男占婚，如何看女方個性？

答：用財爻臨六神可以看出一些端倪。易林補遺：「龍值財爻，形骸秀麗。蛇臨宴位，情性虛浮。白虎乃悖逆之星，玄武是風流之宿，朱雀巧詞繞舌，勾陳持重寡言。」內容說，1.財臨青龍者：外表長得秀氣美麗。2.財臨騰蛇者：性情虛僞浮誇。3.財臨白虎者：個性剛強叛逆。4.財臨玄武者：性情桃花爛情。5.財臨朱雀者：爲人花言巧語。6.財臨勾陳者：爲人穩重少言。

## 【636問】測婚姻遇兩官兩財，如何占斷？

答：男測女遇兩財，以應爻之財爲正妻，它爻之財爲女友；女測男逢兩官，以應之官爲正夫，它爻之官爲男友。若都不臨應，以旺者爲正，衰者爲偏。總之，占婚遇兩官兩財，有應兩次婚姻者，有應三角戀愛者，有應外遇者，必是多婚與外遇之兆。

**【637問】「世為婚應為姻，須要相生相合」，如何解釋？**

答：此句話出自《卜筮全書》：「世爲婚應爲姻，須要相生相合。鬼爲夫財爲妻，最嫌相害相刑。」意思是說，世爲男方家，應爲女方家，兩者相生相合，才會有成婚之象。在生合處，還須防有沖剋。官鬼是丈夫，妻財是妻子，兩者皆要旺相爲吉，最忌兩者三刑六害成凶。

**【638問】「娶妻先向財中覓，嫁夫可類鬼爻推」，如何解釋？**

答：此句話出自《海底眼》：「娶妻先向財中覓，嫁夫可類鬼爻推，旺相得時成合順，休囚刑害不相宜。兄旺剋妻妻不就，子旺傷夫夫有疑，八純動者生離別，五世遊魂損小兒。」重點是說，占婚姻取妻財與官鬼爲用神，若用神旺相生合則吉，用神休囚相刑害則凶。兄旺會剋妻，孫旺會剋夫，像這樣夫妻都不適宜。八純卦都六沖，主生離死別，遊魂卦對小孩不利。

**【639問】「財空妻亡，鬼空夫亡」，如何解釋？**

答：此句話出自於《天元賦》，此種說法並不正確，不可引用妄斷。底下分未婚與已婚來說明。1.求婚者占：男占財空、女占官空，只是婚姻不成之象，沒有死亡之事。2.已婚者占：假如男占遇財空，要看是有用空，還是無用空。若不是眞空，出空仍有用，應在實空之時。若逢眞空，又遇刑剋者，出空必受其害。但也不能據此就斷「妻亡夫亡」，或許是經商在外，夫妻聚少離多，常不在家而已。

## 【640問】「占婚姻起鬥訟否」，內容為何？

答：「占婚姻起鬥訟否」出自於《斷易天機》：「八純婚姻剋成日，歸魂爲婚終不吉，遊魂之卦亦同推，鬥訟紛紜應巽室。一世二世爲吉昌，三世四世亦宜良，變八五爻婚姻絕，更之絕命禍重殃。」意思是說，八純卦六沖，婚姻相剋，歸魂、遊魂卦，婚姻始終是不吉的。巽宮卦則易產生糾紛，甚至訴訟。一世二世卦，婚姻吉昌，三世四世卦，婚姻也良好。變卦八純卦，五爻持世，婚姻不利。如果變卦爲絕命卦，則會經常發生災禍。

## 【641問】預測婚姻遇伏吟或反吟，表示什麼？

答：反吟與伏吟在預測婚姻時通常以凶推斷，兩者凶兆之型態略有不同。伏吟：多主男女雙方心情不好，情緒不佳。在這段交往或婚姻的過程中，經常內心痛苦，矛盾衝突。未婚者沒有進展，猶豫不定；已婚者吵鬧不和，家庭失和等。反吟：多主事情反覆，時好時壞，甚至打架爭吵，情緒不穩，百事不順等，最終多以離婚收場。

## 【642問】「以八卦而推容貌」，內容在說什麼？

答：「以八卦而推容貌」，出自於《易冒》：「以八卦而推容貌。男占女，以財所居之卦宮，如財在乾，儀容端正，質性聰明，有丈夫之風，謂配天德也；財在坤，體貌穩重，氣度含洪，有母後之賢，謂符地德也；震雷之性，動而有威，巽風之體，變而好勝；坎多志巧，離多激烈；艮爲端篤，工於針鏤，兌爲悅柔，善於言語。」內容是以財爻所居的卦宮，來推斷女方的體態及個性。1.財在乾宮，儀容端莊，爲人聰明，有大丈夫之風，德配天德。2.財在坤宮，體貌穩重，氣度寬大，有皇太后之賢慧，有坤德。3.財在震宮，雷震之性格，動有威嚴。4.財在巽宮，柔順之個性，變化而好勝。5.財在坎宮，志氣高而智巧。6.財在離宮，言語激烈。7.財在艮宮，爲人端莊實在，工於針織。8.財在兌宮，爲人和悅，很會講話。

## 【643問】以八卦而推容貌，女占男，內容為何？

答：《易冒》：「女占男，以官所居之卦宮，若官居乾，其人從容敬慎，性直而貌壯；用神在坤，其人和悅卑謙，言實而行樸；震好激揚，常抱英雄之志，巽好貪慕，屢專貨利之求；坎之智識藏乎內，官疾者短於忠信，離之聰明現乎外，官實者長於文章；艮有技才，其行戒於轉石，兌有異巧，其言流於懸河。」內容是以官爻所居的卦宮，來推斷男方的人格特質。1.官在乾宮，爲人從容謹愼，正直而雄壯。2.官在坤宮，爲人和氣卑謙，言語實在而行爲樸素。3.官在震宮，個性激烈，常抱遠大志向。4.官在巽宮，愛好虛榮，追求名利。5.官在坎宮，內在有智慧，休囚者缺乏忠信。6.官在離宮，外表聰明，旺相者會寫文章。7.官在艮宮，有專門技術，但經常換工作。8.官在兌宮，有特殊技術，專業人士，很會講話。

## 【644問】占女方貧富，如何斷？

答：《斷易天機》：「本宮及財都旺相，婦家富貴財無量，女貌葳蕤容貌妍，德性貞化處人上。本宮及財休廢卦，婦家貧乏無根底，女貌妍羸人見愁，舉動形容不剋美。本宮無氣財有氣，婦舍雖貧女容媚，本宮旺相財囚死，婦舍雖殷女不美。」內容是說，根據財爻所在宮位卦象來斷。1.本宮及財爻旺相者，說明女家富貴，家中有錢，而且女方容貌漂亮，品德較好。2.本宮卦象及財爻休囚者，女家不僅貧困，而且容貌不揚，身體衰弱，或有慢性病。3.本宮無氣，財爻有氣，女家雖然貧窮，但其女容貌嬌媚。4.本宮旺相，財爻囚死，女家雖然有錢，但其女容貌不美。

## 【645問】預測婚姻用神未上卦，如何斷？

答：用神伏而不現，多主婚姻感情感情不順。伏藏本身有見不到，暗中交往等義。1.官伏財下，男必有妻在家；財伏官下，女定是有夫之婦，尤其伏在二爻。2.財官用神伏父母下，父母爲結婚證書，代表對方可能以前結過婚。3.男測婚姻，妻財伏藏在官鬼、兄弟，和世爻相同五行的爻位下，多主對方有其他異性，或是已經結婚，或是出現第三者，或曾經有過婚姻等。4.男測妻空伏，女測官空伏，有喪偶或離婚之兆。

## 【646問】占戀愛感情，世應衰旺生剋等表示什麼？

答：世爲自己，應爲對方。1.世應皆衰：心意薄弱，男女雙方都沒意願。2.世應皆旺：心意堅定，男女雙方都有意願。3.世生應：自己喜歡對方。4.世剋應：自己想控制對方。5.世沖應：自己厭惡對方。6.世合應：自己想親近對方。

## 【647問】世持妻財化回頭剋，有何訊息？

答：世持妻財化回頭剋，主要有三個層面的訊息，都是凶兆，如下：1.世持妻財：身邊有錢，女友在身邊，或已同居等。2.財回頭剋：主破財，或女友不想扮演妻子的角色。3.世化回頭剋：對付出之感情有悔，或自己壓力很大，很懊惱，甚至已生病。遇此卦象，宜注意自己與妻子或女友的金錢、健康等狀況。

## 【648問】預測感情婚姻，財官動或不動好？

答：先瞭解六爻占卦中的「動」是什麼概念，才能知道動好或不好。動即發動，搖卦若產生三陽或三陰即老陽老陰時，物極必反必變，就會發生變動，稱其爲「動爻」，動爻能有積極的動能與產生動象。所以，感情沒有任何跡象的，目前還靜悄悄的情況，我們就希望它能動起來。至於已經在感情路上，現在進行式的，我們反而希望它最好安靜沒變化。探討到這裡，答案應該呼之欲出了，那就是未有對象者占婚，財官用神宜發動；已有對象者占婚，財官用神宜安靜。

## 【649問】男占婚財爻與應爻，以何者為重？

答：當然以財爻爲重，財爻代表是對象女子，應爻代表只是女方家庭。財爻宜旺相，旺則此婚姻爲吉。最好財能生世持世合世，忌日月破、入墓、逢絕、空亡等。至於應爻爲女方家庭，不宜空破墓絕，也不宜剋世。

## 【650問】「應旺則女室豐隆，世墓乃男家貧乏。」如何解釋？

答：語出《卜筮全書》的「天玄賦」：「應旺則女室豐隆，世墓乃男家貧乏。」意思是男占婚，應位主女方家庭，若應得日月動爻生扶而旺相，則女方家裡很有錢。若世爻入墓休囚無氣，則男方家境一定不好。

**【651問】何謂「喜合婚姻，世應宜靜」？**

答：語出自《火珠林》：「喜合婚姻，世應宜靜；財官旺相，婚姻可成。」意思是預測婚姻，取世應與財官爲主要用神，只要出現財官相生合世爻，及世應安靜就是良緣可成。結婚是百年好合之喜事，因此，占婚卦爻出現六合或三合，是很重要的事。何謂相合？結婚男女，一陰一陽，相互調和，「合」有相和好，相愛慕之意，這正是美滿婚姻中不可或缺的重要因素。至於世應宜安靜不動，因爲一旦世爻或應爻發動，化空退墓或化回頭剋等，表示因自己反悔，婚不能成；若應爻發動化空退墓或化回頭剋等，表示對方反悔。

**【652問】「鬼化鬼終須反覆，兄化兄見阻方成。」如何解釋？**

答：語出《卜筮全書》的「天玄賦」：「鬼化鬼終須反覆，兄化兄見阻方成。」意思是占婚卦，以官鬼與妻財爲用神，卦宜安靜，安靜則家庭和睦，無爭鬥之事。如今鬼化鬼，不論進退神，凡事反覆不定，也有兩家爭婚之象。至於兄弟乃阻隔之神，兄又化兄，不論進退神，凡事阻力很大，雖說「見阻方成」，其實此婚難成。

**【653問】「鬼化鬼難曰相守百年」，如何解釋？**

答：此話出自於《增刪卜易》，意思是占婚卦爻得鬼化鬼，是大不幸，甚至直接講「必主夫亡」，所以無法相守百年。在《黃金策》論占婚時，同樣提到此句話，卻只說婚事會反覆不定，不容易做決定。何者才對？先來看何謂「鬼化鬼」，鬼化鬼，從官鬼化官鬼來論，卽官鬼化進退神而已，沒有生離死別這麼嚴重，若從此角度來看，應該是黃金策說的有道理。鬼化鬼，也可把前一個「鬼」字，視爲丈夫，後面的「鬼」字，視爲主病災、屍首、凶災等不幸的官鬼，類似「用鬼互化」的論斷法，則說「夫亡」也沒有錯。到底誰對誰錯？還是那句話：在實踐中去檢驗吧！

## 【654問】婚後，子息有無如何看？

答：婚後，看子息有無，須看子孫。1.若子孫落空亡，再尋伏神，若伏神再空，則看動爻有無化出子孫。若都沒有，可能眞的無子絕嗣之命了。2.子孫不論衰旺，只要上卦又不值旬空月破者，一定有子有孫。3.若問得兒遲早，則須觀子孫衰旺或是否發動而定，旺動者來速，休靜者來遲。

## 【655問】子孫上卦，就一定有子息嗎？

答：並不一定如此，因爲還要看子孫爻是否受剋等。1.如孫爻爲子，動化爲戌，爲化回頭剋。2.孫爻爲子，動化爲巳，爲化絕。3.孫爻動化爲空。以上三者，縱得其兒，後必遭刑剋，有等於無。

## 【656問】子孫爻空亡，就一定沒有子息嗎？

答：子孫爻臨空亡，有無子息，還要進一步分析。1.雖逢空，但有生扶，如空爻臨旺相旺地。或空爻旺相發動，或休囚發動不被剋傷。或動爻化出之爻旬空，而不被剋傷。或空爻伏藏臨日月旺地，或有動爻相生。以上爲暫時之空，待出空、填空、沖空之日仍然有用，卽應以有子推斷。2.如若眞空無救，則無子，有子亦會夭折。

## 【657問】胎兒安危如何斷？

答：主要看「子孫爻」與「二爻」，二爻爲胎位，同時也是子宮的爻位。兩者皆宜靜旺，忌犯空亡或沖破。若發動，動化回頭生，平安無事。但若化父爻回頭剋，或化空破者，胎兒不保。其它，最喜官鬼空，或卦爻逢六合。

## 【658問】產期如何占斷？

答：1.子孫動者，逢合逢值之日爲產期。2.子孫靜者，逢值逢沖之日爲產期。3.子孫空亡者，沖空實空之日爲產期。4.子孫破者，實破逢合之日爲產期。5.白虎兄弟而動者，值日爲產期。6.子孫臨絕者，待生旺之日爲產期。7.伏藏者，出伏之日爲產期。

## 【659問】夫占產婦安危如何斷？

答：夫占產婦安危，財爲用神。1.官不宜動，如遇兄動剋財，又喜官動剋制兄爻。2.忌財變官，官變財，兄變財，財變兄。此爲忌用互化，或用鬼互化，主大凶。3.財逢月破，財逢休囚墓絕，財化絕，化墓，或日月動爻沖剋財爻，皆爲凶象。4.日月動爻生合拱扶財爻，則產婦平安，胎兒穩，生出之後，孩子好養。

## 第十八篇

# 占天氣

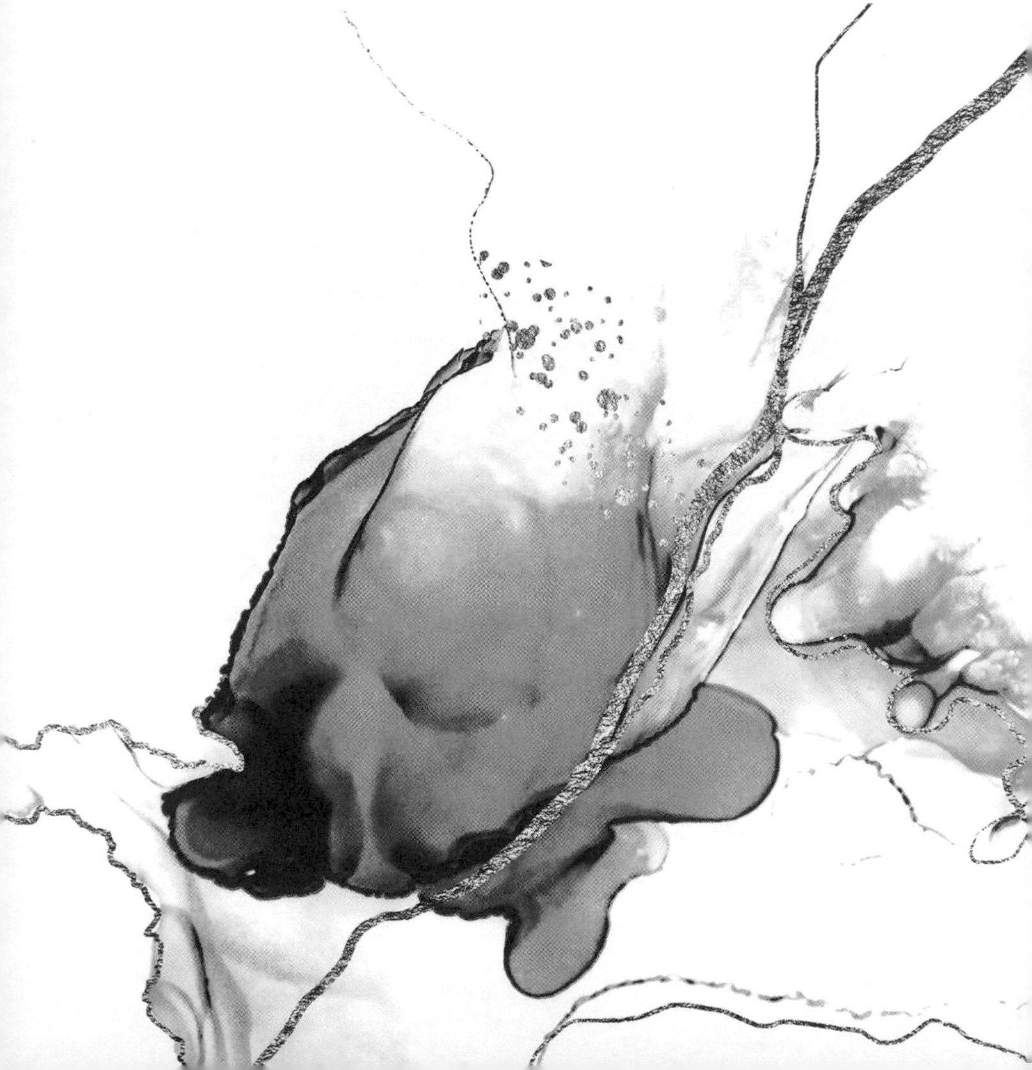

## 【660問】現在天氣預測已經很準確了，占天氣還有意義嗎？

答：在科技發達的今天，或許有人認爲用六爻預測天氣沒有什麼意義。其實，若想快速提高六爻預測的水準，可以利用六爻來預測天氣，爲什麼？因爲它的應期可以很短，透過每天占卜隔天的天氣，可以很快累積解卦的經驗。《增刪卜易》的原作者野鶴老人剛學習六爻時，也是用預測天氣的方法來提高占卦技巧。

## 【661問】占天氣，如何取用神？

答：六爻預測天氣主要是用六親，以父母主雨，妻財、子孫主晴，兄主風雲，官鬼主雷電霧露。一般很少使用六神，其它，若有動爻則以動爻爲中心來判斷，若沒有動爻則以世爻或旺相之爻來進行判斷。

## 【662問】占天氣，父母爻代表什麼？

答：父母爻主下雨。《增刪卜易》：「父母爲雨雹雪霜，發則八方潤澤。」意思是父母除了雨之外，其它還包括有下雪、冰雹等。只要父母動，四面八方都會雲濃霧重，日月掩藏而下起雨來。父母爲何主雨？父母取其如同天地長養萬物意，潤澤萬物之意。預測天氣，父母爻重點如下：1.父母旺相雨大，休囚雨小。父母休囚空破墓絕，靜而被剋制時主無雨。2.父母化進神，雨漸漸變大，化退神，雨漸漸變小。3.父母動有雨，父母臨旺持世，臨父爻之日也主有雨。4.父母發動與日相合，其他動爻合住，則沒有雨。要等沖開父爻之時才會有雨。5.父母發動但月破，如果臨日，當天就有可能有雨。

## 【663問】占天氣，子孫爻代表什麼？

答：子孫爻主晴。所以《增刪卜易》：「子孫爲日月星斗，動則萬裡晴光。」意思是只要孫爻動，保證晴空萬里，可以看到日月星辰。預測天氣，子孫爻重點如下：1.子孫發動，或成三合局天氣晴朗。2.子孫發動化進神，天空萬里無雲。化退神，晴而不久。3.父母發動化子孫，是陰轉晴，雨後出彩虹，雲中出日的訊息。4.子孫若休囚空破，或現而不動者，必不能大晴，常有浮雲薄霧。

## 【664問】占天氣，妻財爻代表什麼？

答：妻財和子孫一樣代表晴。因爲父爻代表雨，財爻是剋父母，故而雨受制則天氣轉晴。《黃金策》：「三合成財局，問雨那堪入卦。」白話翻譯：妻財發動是晴朗之象，父母爻動是雨天，三合財局，剋盡父母爻，那裡還會有雨？預測天氣，妻財爻重點如下：1.妻財發動成三合局，父母休囚。主晴。2.妻財發動化子孫，天空晴朗，沒有烏雲。3.妻財發動化進神主晴，化退神晴而不久，烏雲漸增。4.妻財發動化兄弟，晴轉多雲，或晴而有風。5.妻財發動化官鬼，晴轉濃雲，或晴轉陰。6.妻財發動一般爲晴，但被日合，沖開妻財之時轉晴。7.妻財伏藏，沖出妻財，或沖開飛神，或妻財出現之時天晴。8.妻財逢空亡、月破，則實空、實破、沖空、合破時天轉晴。

### 【665問】占天氣，兄弟爻代表什麼？

答：兄弟主風，也主雲。爲何兄弟主風雲？兄弟是妻財的剋神，妻財爲晴天，當風起雲湧之時，就不再是晴天了。另有一種說法是，因兄弟有到處橫行、放蕩不羈的特性，在天象上符合風的特質。所以用兄弟爻代表風雲。《增刪卜易》：「兄弟發動，雖主風雲，乃雲淡風輕之景，非晴非雨之天。」意思是說，當兄弟動時，有雲有時見陽光，不是晴天也非雨天，算是多雲之陰天吧！預測天氣，兄弟爻重點如下：1.兄弟發動，或成三合局，旺相風大，休囚風小。2.兄弟發動化進神，風漸漸變大，雲漸漸增多。3.兄弟發動化退神，風漸漸變小，雲漸漸減少。4.兄弟爻在巽宮發動，旺相爲颱風、強風。5.兄弟爻與父母爻同時發動，將有暴風雨出現。

### 【666問】占天氣，官鬼爻代表什麼？

答：官鬼主雷電、雲霧。官鬼生父母，父母主雨，一般都是先有雷電才下雨，所以官鬼主雷電。《增刪卜易》：「官鬼雷霆霧電。官鬼乃父母之原神，動則生父，故主霧霆雷電。或應雷電，不拘春夏秋冬，不可執以爲雷，濃雲黑霧者，亦是。」意思是說，官鬼主雷霆霧電。因爲官鬼是父母的原神，官鬼動生父母，卽雷電生下雨。

但也不可固執的認爲官鬼一定是雷電，有時候，濃黑的雲霧也算。預測天氣，官鬼爻重點如下：1.官鬼在震宮發動，多有雷電出現。2.官鬼和父母同時發動，乃是雷雨交加之象。3.官鬼爻獨發，有時候下雨，有時候只打雷，有時候爲陰天，情況不一。4.官鬼與妻財同時發動，乃是晴天變多雲，或晴轉陰。5.官鬼發動化父母，陰天轉雨。6.官鬼發動化子孫，陰轉晴。

## 【667問】占天氣，應期如何斷？

答：1.占下雨需要父官爻發動，若父爻不動，反而見財孫爻發動，必待財孫爻入墓或臨絕之日方得雨。2.占晴天需財孫爻發動，若見父爻動，須待父爻臨墓絕之日方得晴天。3.若卦中父爻重疊，又見官爻化父爻，父爻化官爻，一定連續十天有風雨。4.父爻動有雨，財爻動會晴。但若被日辰合住，則雖動猶靜，待日沖之日應之。5.父爻空亡，無雨，沖空，填實之日有雨。父爻休囚不動難有雨，父爻發動後，待旺相之日應之。6.久雨占晴，喜孫爻旺動相生。父官爻亂動則陰雨不散，須待父官爻墓絕日才可放晴。7.天旱占雨，喜官爻旺動，喜兄動剋財或財入墓絕之日才會有雨。8.孫財爻空亡不晴，沖空、填實之日放晴。9.卦得反吟，晴雨反覆，卦得伏吟，動如不動。10.孫財爻發動沖開之日必得晴。父爻發動沖開之日必得雨。11.爻逢伏藏，出透之日應之。12.合父爻，官爻沖開之日有雷雨，父爻被合住本主無雨，如遇官動有雷，沖開必待雷電而後有雨。13.被剋者，沖去剋神之日應之。14.父爻動化墓，沖開之時有雨。15.動則逢合之日應之，靜則逢值沖日應之，靜而月破則不應，動而破者應於實破之日，動而空者應於沖空、實空之日。

## 【668問】何謂「應乃太虛，逢空而雨晴難擬。」？

答：語出《黃金策》：「應乃太虛，逢空而雨晴難擬。世爲大塊，受剋則天變非常。」太虛是指天空，應爲天，若應空亡。與占人事一樣，應空則難以判斷。大塊是指地，如果世爻受動爻剋，則有非常之變。如雨爻來剋，必是大雨；風爻來剋，必遭狂風。

## 【669問】「日辰主一日之陰晴」，理由何在？

答：日辰爲卦之主，是確定六爻五行生旺墓絕的重要依據。1.父母主雨，若父母爻被日辰剋制，當日無雨。2.若父爻動，日辰來生扶父爻，主當日大雨。3.財爻動日辰生扶，主當日晴空萬里。4.日辰爲兄弟，其日有風雲；日辰爲子孫，早晚有彩霞。

## 【670問】「財化鬼，陰晴未定」，如何解釋？

答：妻財主晴天，官鬼主雷電與雲霧。故遇妻財化官鬼，或官鬼化妻財，或鬼財皆動時，必主陰晴不定。嚴格從「財化官」來論，應該是先晴後陰，但天象變化莫測，有時也會出現先陰後晴之象。

## 【671問】「父化兄，風雨靡常」，如何解釋？

答：父母主雨，兄弟主風，兩爻相化或俱發動，皆主風雨交加。嚴格從「父化兄」來論，應該是先雨後風，卽動者爲先，變者爲後。若兩者俱動則以旺者爲先，衰者爲後。靡常是「不常」、「無常」之意，卽時而風來，時而雨來，甚至風雨一起來。

## 【672問】「五鄉連父，求晴怪殺臨空。」如何解釋？

答：「五鄉連父，求晴怪殺臨空。」語出自《火珠林》。五鄉連父，是說五行相生，一直生到父母爻爲止。父母主雨，連日下雨所以要來求晴。晴要看妻財，但偏偏妻財空亡，這裡的「殺」就是指財爻，因爲財剋父，對父爻來說，財爻就是殺。財空了，當然，求晴也落空了。

## 【673問】「父衰官旺，門前行客尚趑趄。」如何解釋？

答：「父衰官旺，門前行客尚趑趄。」同樣語出自《火珠林》。先解釋「趑趄」，遲疑不敢前進的樣子。父爻主雨，父爻衰表示雨快停了。但官爻旺，官鬼主雷電與雲霧，官是父之原神，若以父爻爲用，官爻是原神，用神雖衰，但原神旺相，也可斷爲雨水仍不斷。所以，門前的路人抬頭看看密雲凝滯不散之象，遲疑而不敢冒然前進。

## 【674問】何謂「子伏財飛，檐下曝夫猶抑鬱」？

答：「子伏財飛，檐下曝夫猶抑鬱」，同樣語出自《火珠林》。先解釋「曝夫」，曝夫是指曝在陽光下的人，「簷下曝夫」即在屋簷下曬太陽的人。「子伏財飛」是指子孫爻伏在妻財爻下，伏爻子孫能生財爻嗎？並不一定，財爻主晴，若孫爻不能生，則財無原神，非久晴之兆，故在屋簷下想曬太陽的人，心裡仍然有些憂鬱。

## 【675問】占天氣只有用六親這個方法嗎？

答：非也。《易隱》一書中就有提到，占天氣可用分爻占，八宮占，用五行占，用六親占，用六神占，用天干占，用世應占等很多種方法。只是長久以來，大家似乎已經習慣於用六親來占天氣，久而久之，其它的方法就少有人使用了。

## 【676問】何謂「分爻占天氣」？

答：「分爻占天氣」是《易隱》一書中提到的占天氣法，正確的說法應該是「鬼谷分爻」占天氣法，此法最早是由鬼谷子所創，共分占雨與占晴兩個部分，分爻占雨法如下：一、以各爻旺衰斷雨法：1.初爻旺動有濃雲，衰靜有薄霧。2.二爻旺動有電光，衰靜氣熱悶。3.三爻旺動有大風，衰靜有微風。4.四爻旺動有大雷，衰靜有輕雷。5.五爻旺動有大雨，衰靜有微雨。6.六爻旺動翻江倒海，衰靜爲陰天。二、以各爻組合斷雨法：1.三爻動剋初爻者，風卷雲散。2.三爻動生初爻者，風送行雲。3.二爻四爻相生者，雷電交作。4.三爻五爻相生者，風雨驟至。5.三爻動剋五爻者，風發雨止。6.六爻逢沖者，大雨。7.日合六爻者，無雨。

## 【677問】六十四卦如何占天氣？

答：六十四卦斷天氣法出自《易心訣》，方法很簡單，占得何卦，就是什麼天氣，不用再推論。有點類似在廟裡抽籤式的。詳細如下：1.乾與離卦，晴天。2.坤與坎卦，雨天。3.震與巽卦，飛砂走石，山氣蔽日。4.艮卦，久雨久晴皆止。5.兌卦，雨天。6.晉卦、大有卦、同人卦，晴天。7.小畜卦、小過卦，密雲不雨。8.既濟卦、未濟卦，日出雨下，乍晴乍雨。9.隨卦、臨卦，即雨。10.屯卦、解卦，雷雨。11.明夷卦，天晦。12.泰卦、需卦、比卦，昏暗。13.噬嗑卦，雷電。14.觀卦、升卦，風發。15.中孚卦、大過卦，雨雪。16.蒙卦、咸卦、蹇卦，雨天。17.渙卦，風後雨。18.井卦，雨後風。19.萃卦，細雨。20.否卦，不雨。21.旅卦，晴天。22.訟卦、大壯卦，雨天。逢寅午日晴天。

## 【678問】天干如何占天氣？

答：天干占天氣法出自《易林妙旨大全》，不過這要看天干，我們一般在六爻排盤時都把天干省掉，若要用此法則就要把天干裝回來才行。內容如下：甲乙動者風，丙丁動者晴，戊己動者陰，庚辛動者雷電，壬癸動者雨也。另外，丙辛化水者雨，戊癸化火者晴，甲己化土者陰，乙庚化金者微雨，丁壬化木者風。

## 【679問】六神也可斷天氣嗎？

答：可以的。《易心訣》曰：「青龍木旺陰雲不舒，朱雀火發咸昂晴光，勾陳土興陰霧朦朧，螣蛇金擺電擊金蛇，虎搖坎宮大雨滂沱傾盆，武動水位暴雨連綿。」

內容主要說，若青龍旺者，則陰天雲層很厚。朱雀旺者，晴天。勾陳旺，陰霾天氣。螣蛇旺者，雷電交加。白虎在坎宮旺者，大雨滂沱。玄武旺者，暴雨連綿。基本上，是以六神的五行去推斷的。

## 【680問】如何用內外卦或世應來占天氣？

答：《摘星集》曰：「占久遠晴雨，以內外世應爲憑，外卦應爻爲天，內卦世爻爲地，外剋內、應剋世者晴，內剋外、世剋應者雨，外卦乾、離加火雀爻動者久晴，外卦坎兌加水武動者久雨，外卦艮坤加兄虎動者，煙霧騰空，外卦巽加兄虎動者，狂風撥木，外卦震加虎鬼動擼。」內容重點說，內世爲地，外應爲天，地被剋者晴，天被剋者雨。其它都看外卦屬天者居多，原因很簡單，天氣本來就是天在主導。乾卦、離卦、朱雀三者陽剛或屬火動，很久都是晴天。坎卦、兌卦、玄武三者陰柔或屬水動，很久都是雨天。艮卦、坤卦、加兄弟、白虎動者，煙霧瀰漫。巽卦加兄弟、白虎動者，狂風大作。震卦加官鬼、白虎動者，晃動厲害。

**【681問】如何用五行來占天氣？**

答：《易林妙旨大全》曰：「占晴雨以水爻動主雨，火動主晴，水火兼動及雨順風調之象，水化火聚雨晴明，火化水晴天變雨。」內容不難理解，水動主雨，火動主晴。水火都動，風調雨順。水化火，雨轉晴；火化水，晴轉雨。

**【682問】地支如何占天氣？**

答：《磨鏡藥》曰：「子爲雲又爲江湖水神，丑爲雨師，寅爲風伯，卯爲雷震，辰爲霧，巳虹，午電母，未風伯，申水母，酉爲陰，戌爲陰雲，亥爲雨水，又爲天河水。若逢旺動者，則以其類應之也。」內容爲十二地支若旺動時，對於天候的影響。基本上地支占天氣法是根據地支五行來推論，不難理解。

**【683問】如何以陰陽占天氣？**

答：陰陽占天氣法，出自於《卜筮全書》：「雨乃陰陽之象，鬱結而成，故古人有「陰陽和而後雨澤降」之說，凡占天時得陰陽參半之卦，必然有雨，亦必須財父兼看，純陽卦安靜，占雨不雨，占晴必晴。動則主雨。純陰卦安靜，占晴不晴，占雨必雨，動則主晴，蓋陽動則變陰，而陰動則變陽故也。純陰卦動出父爻終有雨，純陽卦動出財爻終有晴。」其中的重點在於，純陽卦安靜，占晴必晴。動則主雨。純陰卦安靜，占雨必雨，動則主晴，原因是陽動變陰，陰動變陽。

## 【684問】如何以八卦占天氣？

答：以八卦占天氣法，出自於《洞林祕訣》：「水爻爲雨火爻日，皆是卜推時下沖；朱雀有氣火爻同，自中玄武有水凶。遠論晴時離作日，坎卦爲雨旺須疾；乾象青天兌象雲，坤艮平晴止雨畢。巽象爲風震象雷。」意思是說，占天氣，以水爻表示下雨，火爻表示晴天，都是以占卜時的時辰來推論。朱雀屬火，旺相有氣和火爻同推。玄武屬水，臨水爻動主雨。若以八卦來論天氣，則離爲晴天，坎爲雨天；旺相雨下得急，休囚則緩慢。乾爲晴天，兌爲陰有雲，坤艮則雨停天晴。巽爲起風，震爲打雷。

## 【685問】如何以爻位占天氣？

答：以爻位占天氣法，出自於《天玄賦》：「三爻動剋初爻，風捲殘雲散九霄；三爻動生初爻，風送濃雲六合包；二四爻相生，電掣雷轟盡吃驚；三六爻相沖，驟雨傾盆攪六龍。卦中遇晴，卻是初爻動生二爻，或二爻動剋初爻，必主雲散霧收。五爻動生三爻，或合三爻，日照霞明。四爻剋五爻，長虹貫日。五爻屬陰，被初爻動來剋，月當明也被雲遮。」其主要內容是以各爻爻動生它爻，來論斷對天氣之影響，至於其中理由爲何，似乎很難用陰陽五行生剋之理去解釋。

## 第十九篇

# 占官司

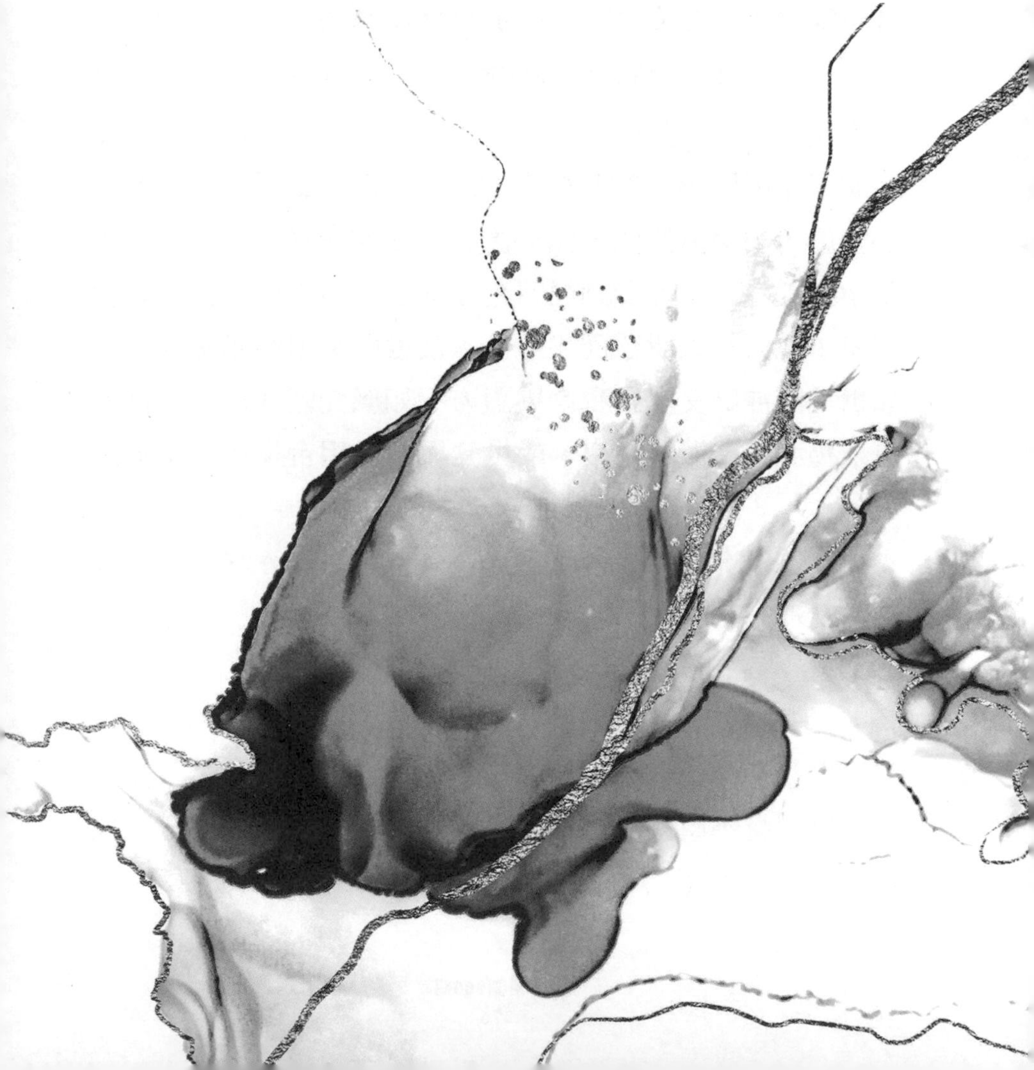

## 【686問】占官司，取何為用神？

答：官司預測，以官鬼爲用神，官鬼爻越旺，官司越重。官鬼爻發動，官司重而又快；官鬼剋世、沖世最忌，官訟必輸。官鬼合世，麻煩纏身。官爻旬空或臨絕不旺，終不成訟。官鬼持世，官爻剋世或應爻動剋世，訴訟必成。

## 【687問】占官司，如何看世應爻？

答：1.世爲求測者，應爲打官司對方。卦中世爻旺動剋應爻，或世爻動而化進神，化回頭生，又得日辰或月建生助，定能勝訴。2.世爻空破退，或化回頭剋。主我方內心空虛，不堅持訴訟，內心膽怯，不利官司。3.世爻不受卦中動爻生合，反受到日月剋制，不利訴訟。4.世爻動化官鬼，主凶，因訴訟而生禍端。5.世與應相沖必然成訟。如世爻旺沖應爻，爲我欺壓對方。如應爻旺沖世爻，爲對方欺壓我。6.世應比和，或世爻與應爻相合是雙方化解之象。

## 【688問】占官司，父母爻代表什麼？

答：官司預測，父母爻爲訴狀、證據、證詞、判決書，父爻動官訟難以平息。父動剋孫爻，和解之神受剋，官司難了。父爻休囚或卦中無父爻，主證據不足，不能成案，官司打不起來。如父爻休囚多現，是證據雖多，但無佐證力。

## 【689問】占官司，財爻、兄爻及孫爻各代表什麼？

答：1.妻財爻：妻財爻代表訴訟費、律師費。財爻動剋父，主訴狀寫得不好。2.兄弟爻：兄弟爻爲阻礙、口舌、破財、小人等。兄弟爻動剋世，花錢打官司。兄爻在間爻動剋世，司法黃牛來要錢，但沒有幫助。3.子孫爻：子孫爲和解之星。子孫爻在世方動，我方想與解；在應方動，應方想與解。子孫爻旺動，剋官鬼，息訟和解。

## 【690問】如何從官鬼所臨六神，看出官司起因？

答：1.青龍官鬼：因婚姻酒色、喜事慶典、盈利分紅、喬遷新居等引起的官司。2.朱雀官鬼：因口舌、傳話、通訊、信件、火災、電力、宣傳等引起的官司。3.勾陳官鬼：因房屋、田產、產權、契約、爭鬥、熟人等引起的官司。4.螣蛇官鬼：因陰煞侵襲、小人暗算、積怨結恨、監獄刑場等而引起的官司。5.白虎官鬼：因喪事、病傷、殺人、屠宰、車禍、謀害、打架等引起的官司。6.玄武官鬼：因水利、偷盜、情愛、受賄、舞弊、走私、販毒等引起的官司。

## 【691問】如何從「何爻化出官爻」，來看出官司起因？

答：除了從官鬼所臨六神，看出官司起因外，也可以從「何爻化出官爻」來推斷。1.子孫化官鬼：官訟起因於兒女之事，或醫療糾紛等。2.妻財化官鬼：官訟起因於妻子或買賣等類。3.兄弟化官鬼：官訟起因於弟兄或朋友，如加朱雀，便是賭博等。4.父母化官鬼：官訟起因於長輩、文書及房屋等類。5.官鬼化官鬼：官訟起因於舊官司。

## 【692問】從八卦也可以看出官司起因？

答：可以的。1.離宮官鬼動，官訟起因於次女，或廚房、爐灶等類之事。2.艮宮官鬼動，官訟起因於少男，或山林等類之事。3.乾宮官鬼動，官訟起因於老父，或寺廟等類之事。4.坎宮官鬼動，官訟起因於中男，或水利等類之事。5.震宮官鬼動，官訟起因於長男，或樹木等類之事。6.巽宮官鬼動，官訟起因於長女，或花草等類之事。7.坤宮官鬼動，官訟起因於母親，或牛畜等類之事。8.兌宮官鬼動，官訟起因於少女，或羊畜等類之事。

## 【693問】占官司，間爻代表什麼？

答：間爻代表證人、證言。若間爻生世合世，沖剋應爻，是證人言辭對我有利，若間爻生應合應，沖剋世爻，是證人爲對方說話，與我不利。如果官爻或日辰月建，沖剋間爻，是法庭不相信證人的證詞。

## 【694問】月令與日辰，何者對占官司影響力大？

答：占官司，世爻宜旺相，代表對方的應爻宜休囚。卽預測官司，最好的情況是：世爻在月令旺相，同時日地支是世爻的旺位。應爻在月上休囚，在日上爲死絕。世應旺衰的判斷依據，是以月令與日辰爲主，通常打一場官司非月內可以結束，故日辰在旺衰的重要性高於月令。

## 【695問】占官司，什麼情形雙方會和解？

答：世應比和，雙方均有和解之意，可以用調解的方式來解決問題，不再須要對簿公堂。若遇世應比和，卦中再有子孫發動，此事完全可能和解。若是雖然世應比和，但卦中又有官鬼發動，雙方雖然有和解之意，但是官方出面干涉，不讓此官司私了。

## 【696問】原告在何種情形下，最好撤告？

答：1.世爻旬空、月破或世爻動化退神，主我方膽小怕事，內心不實，不想打下去。若再見世爻動化回頭剋，更是對自己不利的現象。2.若世爻沒有日月動爻來生合，相反再受日月動爻來刑害沖剋，求測者最好早日撤訴，因爲勝算不高。3.世爻動化官鬼，會因訴訟而引起麻煩。世爻持官鬼我方失理，應爻持官鬼爲對方失理，打官司最怕官鬼持世，必輸無疑。

## 【697問】占官司，官鬼重現能看出什麼訊息？

答：卦中內外卦重現官鬼爻，表示這場官司恐不易解決爭訟，即短時間內官司不會結束。若上下卦重見父母爻，則表示雙方言詞爭訟有反覆變化。若官鬼爻在五爻位，這場官司恐怕要告最高法院。兄弟爻在間爻出現，表示此案有人行賄打點。另外，世應之爻誰入墓，則是誰敗訴入獄之象。

## 【698問】官鬼爻伏藏，占官司代表什麼？

答：官司預測，以官鬼爲用神，官鬼爻越旺，官司越重。官爻旬空或伏藏不現，終不成訟。看官鬼伏於何六親下，可知官司因何事而起。伏於妻財下，因金錢或女人而打官司。伏於子孫下，因子女或醫療而打官司。伏於父母下，因房子或父母而打官司。伏於兄弟下，因賭博或朋友而打官司。

## 【699問】官司會不會成立，如何看？

答：主要還是看官鬼爻，如果有「官鬼空亡」，或「官鬼臨絕地」、或「官鬼不上卦」等，以上三種情形，就沒有犯官司。如果現在官司已在進行中，若得子孫發動，或子孫持世，最後官司也不會成立。另外，要注意官鬼爻臨青龍或朱雀，結果是大不同，官鬼臨青龍，即使有官司也不會有嚴重結果，但若是官鬼臨朱雀發動，官司必定會成立。若官鬼化子孫，則最終會以「逢凶化吉」來收場。

## 【700問】如何知道所請律師之好壞？

答：預測所請律師之好壞，以父母爻與世應爲用神，父母爻爲訴狀、證據、證詞等。1.若父母旺相生合我者，則律師所寫之訴狀有道理，對我有利。若日辰沖剋父母、或父母臨旬空月破、化回頭剋等，則該律師無實學，寫訴狀及辯論能力都有問題。2.若應剋世、或是鬼剋世者，必然該律師無益於我，反遭陷害。若應空絕，該律師沒有打官司之策略，浪費時間與金錢而已，趕緊換人。

## 【701問】如何占斷證人對我利或不利？

答：占斷證人對我利或不利，主要以應爻爲用神，兼看間爻。1.應爻不逢空絕，而能生合世爻者，乃發對我利之證詞。2.應爻發動，或逢沖，表示證人臨時變心，若還剋世爻者，恐遭證人陷害。3.應爻若帶螣蛇、白虎、兄弟、官鬼者，必然被證人刻意陷害。4.間爻生合我者，證人自然相助。剋我者，有損無益。

## 【702問】螣蛇也與官司有關係嗎？

答：《易林補遺》：「螣蛇值鬼牽連訟」，即告訴我們，螣蛇官鬼是一種「被牽連」的官司。本來沒我的事，倒楣被牽涉到官司裡去了。所以說螣蛇也與官司有關係。但有一點仍要注意，即蛇官要發動才算。

## 【703問】如何看出官司一定會被定罪？

答：官司一定會被定罪的情形如下：1.官爻持世：官鬼持世，即官司纏繞在身上，罪責在身甩都甩不掉，最終難逃被判刑定罪。2.官爻沖世：官鬼來沖世爻，沖有沖擊、沖犯之意，即一定會受到官司的沖擊。3.官爻剋世：官鬼來剋世爻，剋有剋害、剋制、剋傷之意，主求測者有罪被罰，有罪被關之凶兆。

## 【704問】原告與被告，占官司卦時有何不同？

答：許多人對於「原告」或「被告」都分不清楚，原告是提起訴訟的一方，或稱之爲控訴方，就是去法院按鈴控告，要對方受懲罰之人稱原告。至於被告就是因涉嫌犯罪，而受到刑事追訴的人。了解原告與被告的意思後，就很清楚了，對於原告來說，官爻旺相，官司越大越好，才能把對方定罪。至於被告，官爻休囚，官司最好不成立。

## 【705問】六十四卦中的訟卦，與官司有關係嗎？

答：訟卦是六十四卦中的第六卦，此卦確實是在講打官司的卦。訟卦辭曰：「有孚，窒。惕中吉。終凶。」說明在訴訟中，仍須保持誠信，謙虛警惕，才會比較有吉，如果不能謙讓，盲目爭訟，最終結果也是凶。最好是沒有爭訟，否則，訴訟總是不好的事，耗費金錢財和體力。

## 【706問】世剋應，我方官司一定贏嗎？

答：官司勝負不能僅根據世應誰剋誰來判定，而是要看官鬼爻剋誰才是關鍵。因爲，官鬼爻代表法院法官，官鬼爻動剋應爻才是我方勝訴的明顯訊息。倘若官鬼爻沒有發動時，才能根據日月動變與世應雙方的生剋關係，來推論勝負而得出結論。

## 【707問】從空亡的角度，如何來看官司卦？

答：1.世爻空亡者，我不想讓官司繼續。應爻空亡者，對方想要停止訴訟。若世應都空亡，雙方都不想打官司，不會成訟。2.世空告不成，應空事無頭緒。3.世空自己無主意，不能取勝；應空對方閃躲，不能結案。

## 【708問】「生氣動者謀往吉，死氣發時病訟凶」，如何解釋？

答：這句話出自於《海底眼》：「生氣動者謀往吉，死氣發時病訟凶，日沖飛上伏爻出，月破爻沖爭爭空。」意思說，世用爻旺相有氣者，做什麼事情，往什麼方去，都是吉利的。但休囚衰弱者，就不是這樣子了，生病、官訟等凶惡之事一直來。日辰沖去飛神，伏神才能引出發用；遭月所沖破者，爭來爭去還是一場空。

## 【709問】「何知人家訟事多，雀虎持世鬼來扶」，此句話是否有誤？

答：這是何知章中的一段，白話文是說，何以知道這家人爲何官訟之事特別多？原因就是朱雀或白虎持世，又加上官鬼來生世爻的結果。其中「鬼來扶」這幾個字是有問題的，所謂「鬼來扶」，就是官鬼來生扶世爻，官鬼主官司，但當官鬼來生世爻的時後，這個官司就不再是官司了，爲何？生我者，對我施恩、庇佑、保護者也，怎麼還會訟事多？所以，何知章中這段話確實是錯誤的。

## 【710問】白虎為何與官司有關？

答：白虎當門確實會遭致不祥之事，主哪些不祥之事？意外、血光、橫禍等都有可能，當中還包括官訟，所以，道教有「可祀白虎，官訟皆散」的說法。若再進一步問，白虎爲何與官司有關？先從朱雀說起就能明白，朱雀爲何主官司？理由再清楚不過了，就是口舌爭吵，爭吵與爭鬥就是官訟的起因。而當白虎持世，或白虎動來剋世時，人的鬥爭情緒就會被帶出來。雙方爭鬥的下場，有可能就是對簿公堂。

## 【711問】如何看出會被關進監獄？

答：犯官符嚴重者會被關進監獄。六爻預測如何占斷出人會被關進監獄？主要用神仍是官鬼爻。只要官鬼動來剋世者，此身須入牢房；若官鬼逢空絕，或官鬼未上卦，則無監禁之災。子孫爲解神，若值日月，或持世爻，或逢發動，皆能剋制官鬼，而解牢獄之枷鎖。

### 【712問】如何占斷何時出獄？

答：若占斷兄弟何時出獄，以兄弟用爻。1.用爻逢生逢旺之日，即可離開監獄，獲得自由。但若用爻雖逢生旺，官鬼亦發動者，則還是不能離開監所。若官鬼剋世者，反而要更加重刑期，無法解脫。2.卦逢六沖，禍罪消釋，也是出獄之徵兆。3.子孫爲解散之神，若子孫值空，則官鬼無制，則監牢難脫。

# 第二十篇
# 占行人

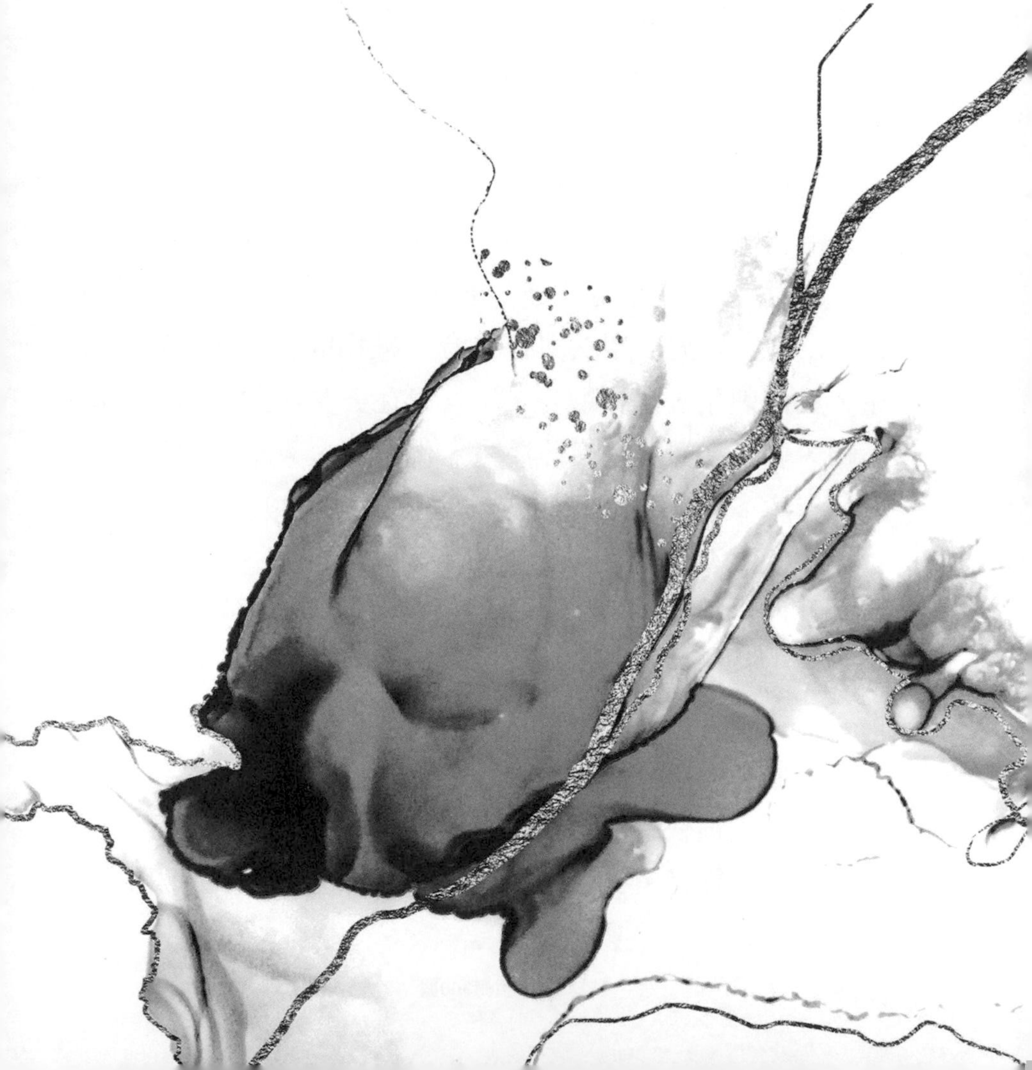

### 【713問】占行人，是在預測什麼樣的人？

答：行人，一般的解釋是指「在道路上以步行方式行進的人」。但在六爻預測中所說的行人，是指「外出」或「走失」之人。因此預測外出或走失之人的人身安危，及走失之人的去向，或走失之人能否回家，何時回家等問題，就是占行人中所要預測的主要內容。

### 【714問】行人的安危，如何斷？

答：1.用神旺相，不被刑沖剋害，行人在外健康、平安。2.用神空亡而遇死絕之地，休囚被剋者，凶多吉少。3.用神不宜動而化官鬼，非父母爻者，不病則凶危。4.卦中有伏反吟，人在外四處奔波，身心不安。5.妻財不現，或臨空亡，在外缺錢。若被兄動剋傷，錢被偷或被搶。6.測女安危，用爻與官鬼合，被拐騙受害。7.應爲官鬼，動而剋用，病災臨身。8.官鬼在五爻發動，路途一切不順，多災多難。9.用神持墓、化墓庫、入墓、或伏於鬼墓，有病不能歸。10.用神伏於鬼爻下，多主凶。

### 【715問】占行人何日歸來，斷卦重點為何？

答：凡占行人何日能歸來，若世應都發動，歸來之期指日可待了。若官鬼持世者，行人尚未動身。若青龍發動生世或應者，行人在外平安吉利。世應俱旺相，卦逢歸魂卦者，行人很快就能回到家了。若世爻在震宮發動者，到家的時間很急促。若三四爻發動，行人已經到了家門口。

## 【716問】從六神如何斷，滯留在外的原因？

答：1.用神空而臨螣蛇，在外不安。2.飛神爲官鬼，臨白虎，在外不順。生病遇災，被人毆打。3.官鬼臨白虎、朱雀、螣蛇、勾陳、玄武在卦中發動。白虎爲病災、打架鬥毆，朱雀爲官司、是非，螣蛇爲煩惱、煩事纏身，勾陳有事絆住，玄武盜賊受害。

## 【717問】行人離家遠近，如何斷？

答：1.用神在內卦本宮：人走不遠，在本地範圍內。2.用神在外卦本宮：人走稍遠，但仍在同一縣市。3.用神在外卦外宮：人去遠方，出了省分，甚至國外。

## 【718問】行人去的方向，如何斷？

答：1.若用神安靜，看用神所屬之五行，即是行人所去之方向。例如用神卯不動，卯屬東，則行人去了東方。而所謂的東方是以其住家爲基準，往東的方向即是。2.若用神發動，用神所屬五行爲先去之方，變爻五行爲後去之方，或與變爻對沖之方向爲後去之方向。3.用神伏藏，方向在飛神或飛神所在卦中所值之方向，若飛神發動，則在飛神變爻五行所值的方向。4.若用神獨發，用神所屬五行爲先去之方，變爻爲後去方向。5.若用神入墓或被合時，以合神以及墓庫地支判斷所去方向。

## 【719問】從八宮如何斷，行人在外的處所？

答：1.乾宮：人在大城市、廟宇、名勝古跡、政府機構、廣場、車站、郊野、遠處。2.兌宮：人在沼澤地、凹地、溜冰場、飲食店、飯館、舊屋宅、洞穴、山坑。3.離宮：人在教堂、學校、醫院、倉庫、空房屋、橋樑、火車站、釣魚場所。4.震宮：人在林區、菜市場、花店、鬧市、喧嘩地、遊樂場所、機場、車站。5.巽宮：人在竹林、草原、出入通道、郵局、商店、碼頭、港口、機場、升降機。6.坎宮：人在江湖、海河、冷飲店、水廠、冷庫、水族館、地下室、牢獄。7.艮宮：人在山林、墳墓、丘陵、墳墓、堤壩、山路、採石場、貯藏室。8.坤宮：人在鄉村、田野、平原、郊外、牧場、老家、操場、廣場。

## 【720問】從應爻所變出之六親，如何斷行人現在何處？

答：占行人現在何處，可用應爻所變出之六親來判斷。1.若變爲父母者：在父母或長輩之處。2.若變爲兄弟者：在兄弟朋友之處。3.若變爲妻財者：旺相是妻妾之處，休囚則是女友之處。4.若變爲子孫者：寺廟之處。5.若變爲官鬼者：在近政府機關之處。

## 【721問】從用神所伏如何斷，不能回家的原因？

答：1.伏於官鬼下：或被官貴留住，或因病、官災而留。2.伏在兄弟下：或在朋友處，或在外賭博爭財，或缺錢潦倒而留。3.伏在子孫下：或遊樂忘返，或沉溺於酒，或被晚輩挽留。4.伏在父母下：或在長輩處，或在旅館，或因文書、手續之事而留。5.伏在妻財下：或因錢財之事，或因女人，或買賣得利而忘返。

**【722問】行人歸期，如何斷？**

答：1.用神發動或暗動，主行人已經動身，如用神安靜不動則無回歸之意，逢沖之時回。2.用神休囚被制，雖有動爻日辰沖之是想回，但沒有能力回來。3.用神發動剋世或世爻逢空，行人很快就會回來。4.用神旺相臨三四爻，為用神臨門戶，主行人速歸，或用神發動生合三四爻主速歸。5.用神動而化進速歸，用神化退神是回來又返回去。6.用神發動，但日辰、動變爻合住，是有事絆而不能回，逢沖之時回。7.用神空亡難回，用神入墓、逢破、及用神安靜都是行人難回之象。8.日月動變皆無財爻是因無錢不能回。9.用神動入墓或伏墓下受剋，是生病，如果伏藏又臨白虎，主有刑罰拘留而回不來。10.父母旺相發動，主有音訊，暗動也算。11.用神發動被合，沖日可回。用神逢沖，合日歸。用神旬空，待出空之時歸。用神月破，出月旺相日歸或逢合日歸。用神化絕，逢長生日歸。用神入墓，出墓之日歸。

## 【723問】從世應，如何斷行人？

答：1.世剋應而俱動，轉往他方去，並未回鄉。凡占行人，卦爻宜動不宜靜，世發動歸心似箭，應動則身已起程。若動世剋動應，行人雖動身而往他處去，非歸家也。用爻發動而生合應爻者，同此推斷。2.應比世而皆空亡，難歸故里。應為客鄉，世為家鄉，應爻生世合世，是行人思家之象，可望其歸也，世應比和，本非歸兆，必得用爻動來剋世合世，才能歸家。3.但怕應爻空亡，雖來亦必遲緩，更與世爻皆空，則欲來不來，不必期望其歸來也。若應不空，而世獨空亡者，又主行人已動身，反主很快就能回家。

## 【724問】為何占行人，最怕用爻受傷與入墓？

答：出遠門之行人，平安第一。若得用爻出現，不臨空亡，不受傷剋，卦有財爻與孫爻，便主在外吉利，雖歸遲沒關係。但若用神死墓絕空，或受日月動變來刑剋，則皆主大不利，有可能在外生重病或遭逢意外。若用爻無故自空，或變入死墓空絕，或忌神乘旺發動來剋，當以死亡斷之。

## 【725問】占行人，音訊如何判斷？

答：《黃金測》：「凡占行人，卦有父動，必有音信寄來，生世合世持世剋世，皆主來速，世生世剋則來遲。」父母主音訊，只要父母發動必有音訊至，過去用寫信或發電報，現在則用手機，方便多了。父爻動生世爻，或合世爻，或剋世爻，或世持父母等，都是很快就有佳音之兆。但若是世爻去生父爻，或者世爻去剋父爻，則音訊可能沒那麼快來了。

### 【726問】「周公斷行人歌」的內容是什麼？

答：「周公斷行人歌」：「行人何日是歸程，世應值爻可待臻，世上鬼臨行未得，卦中有殺反遭屯。旺相歸魂近省親，世在震宮應可俟，三四爻動立見人。」內容是說，凡占行人何日歸來，世應俱動者，則指日可待。官鬼持世者，行人未動身。卦中有忌神發動者，行人歸來必不利。世應旺相逢歸魂卦者，行人即將回來。世爻在震宮動者，到家急速。三四爻動者，行人馬上就可到家。

### 【727問】占妻子遠行未歸，白虎妻財死絕逢空亡，表示什麼？

答：占行人安危的原則：用神旺相，不被刑沖剋害，行人在外平安。若用神空亡而遇死絕之地，休囚被剋者，凶多吉少，若再逢白虎，則已客死異鄉的可能性非常高，因為白虎主喪亡。

### 【728問】「杜氏占行人」的內容是什麼？

答：「杜氏占行人」：「三門四戶動，來者在門旁，四爻在道路，五動著衣裳。外陽變陰卦，無氣速還鄉，陰卦變陽去，旺相出他鄉。旺官公事動，休動被脫亡，吉剋身因富，休惡剋身殃。胎沒財爻動，留連在路旁，因事鬼爻並，喪病不還鄉。欲知早晚至，應外生合當。」內容是，三爻爲門，四爻爲戶，若用神臨發動，主行人已快到家。四爻和五爻發動，表示已準備或已在路上。外卦陽變陰，休囚無氣，表示很快就要返鄉。陰卦變陽，臨旺相，已出他鄉。官鬼爻旺相者，主因公外出。休囚而動者，不能成行。吉神剋世爻吉利，休囚逢惡煞剋，會有禍殃。財爻臨胎沒動，留連忘返。官鬼爻臨用爻，因事纏繞或因疾病，而不能歸來。要知何時可歸，以應爻或外卦的生合可推斷。

## 【729問】「久望行人慾侯歸，爻神出現必歸期」，如何解釋？

答：此句話出自《海底眼》：「久望行人慾侯歸，爻神出現必歸期，信來父母交重發，旺相伏神可待時。鬼動剋身凶信至，若不還之禍必隨，要知行者來何日，先問何人占是誰。動變行人應取之，日辰生旺定歸期，出現有氣生剋世，不落空亡亦主歸。」白話文，盼望行人歸來，用神出現發動，就是歸期。父母爻發動，有書信到來。用神旺相伏藏，待時而至。官鬼爻發動剋身和用神，有凶信至，若不能回，有災禍發生。要知道行人何日歸，先確定所占何人。準備行動行人看應爻，日辰生旺乃歸期。用神有氣或剋世爻者，不遇空亡，表示將會回。

**【730問】「主象交重身已動；用爻安靜未思歸」，如何解釋？**

答：此段話出自《黃金策》，「主象」在此是指用神，「交重」是發動之意，所以「主象交重，身已動」即所占用神已發動，代表此人已動身準備回故鄉了。「用爻安靜未思歸」，這句就淺顯易懂了。倘若用神安靜，代表此人根本還沒想到要回家。

**【731問】「若伏空鄉，須究卦中之六合」，如何解釋？**

答：此段話也是出自《黃金策》，意思是說，若用爻空亡且伏於飛神之下，則必須有日月動爻來剋破飛神才行，若能剋破飛神，用神才可出伏爲用之機會。或者遇動爻、日辰來相合用神也可，即伏神被合起爲用神，行人可望其能平安歸鄉。

**【732問】占行人，為何「墓旺難歸」？**

答：墓指的是辰戌丑未之墓庫，凶爻要入墓，吉爻不可墓，尤其是占行人之用爻，一但入墓則爲休囚，躲在墓中不想出來，更不用說什麼回家不回家的。墓有三墓，日墓、動墓、化墓，入墓之象通常都是有沉迷嗜好，或自我囚禁之凶象。無論如何都是自己困住自己，所以說墓旺難歸。

## 【733問】占行人得靜卦，用神生世爻，表示什麼？

答：占行人用神剋世爻必然歸，而且很快就回來。現在六爻皆靜，短期內是不可能回的。若是用神安靜，且逢休囚空破者，根本就不想回鄉。現在的情形是用生世，所謂生，是一種關懷、喜歡、親近等之意，但靜爻如何生呢？靜生是可以論的，但它並沒實際的行動，只是在內心裡想想而已。

## 【734問】占行人用爻動遇日辰合住而未歸，知道被何事絆住嗎？

答：看日辰臨何六親就知道，是被什麼事情絆住了。1.如被父母合住，必因長輩或文書之事所阻。2.如被妻財合住，必因女人或財物之事所阻。3.如被兄弟合住，必因朋友或口舌之事所阻。4.如被子孫合住，必因晚輩或六畜之事所阻。5.如被官鬼合住，帶吉則貴人所留，加凶則官司或病災之事所阻。

## 【735問】何謂「五爻有鬼，皆因途路之不通」？

答：語出《黃金策》：「五爻有鬼，皆因途路之不通。鬼在五爻動，必是途路梗塞不通，故不歸也。五爻若遇忌殺發動亦然。五爻空亡，亦是道路不通之象也。」內容是說，占行人若五爻持官鬼，主道路不通，以至無法歸鄉。官鬼主限制、災難、阻礙、橫逆等，故有道路不通之象。五爻不持官鬼，但官鬼發動來剋五爻，或五爻空亡等，同樣是道路不通。

## 【736問】占行人臥病未歸，是何卦象？

答：臥病未歸者有五種卦象：1.用爻入墓：如用神卯入未日墓。2.用爻化墓：如用神午動化戌，入化墓。3.用持鬼墓：如用神持金官丑土。4.鬼墓爻動：水官辰發動。5.用神伏於鬼墓下。以上皆主病臥他家，故回不了故鄉。以上五種情況都與墓有關。何謂墓？墓有昏睡、醫院、困住等之義。故全都有臥病之象。

## 【737問】占行人因貪戀美色不思鄉，是何卦象？

答：因貪戀美色而不思鄉者，主要都跟妻財、玄武、六合、三合等有關係。共有四種卦象如下：1.六合卦玄武妻財動：玄武主曖昧不明，隱私之事，動而逢合，就是被羈絆住。2.用神臨玄武動，而遇財爻合住：同樣是動而逢合。3.用伏玄武妻財下：伏有被困住之意。4.卦有三合財局，而玄武亦動其中者。以上皆主行人在外貪花戀色，不思故鄉。

## 【738問】占行人，只要用神動就一定能回家嗎？

答：不一定。有下列五種情形者，用神雖動，仍回不了家。1.用神動而化官鬼，若非父母爻者，不病則凶危，無法回。2.雖有動爻但日辰沖之者，是想回，但沒有能力回來。3.用神化退神者，回到半路又折回去別處了。4.用神發動但日辰動變爻合住者，是有事絆住而不能回。5.用神動入墓或伏墓下受剋，是因生病而不能回。

## 【739問】何謂「用爻有病在外不安」？

答：語出自《增刪卜易》：「用爻無病可斷歸期，用爻有病在外不安。」意思是說，占行人歸來，主要看用神有沒有病，病就是受傷，如用神入墓、逢絕、空亡、月破等即是受傷有病，一旦用爻受傷有病，就回不了家。先確定用爻無病之後，才能接下來占歸期在何時。

## 第二十一篇

# 占風水

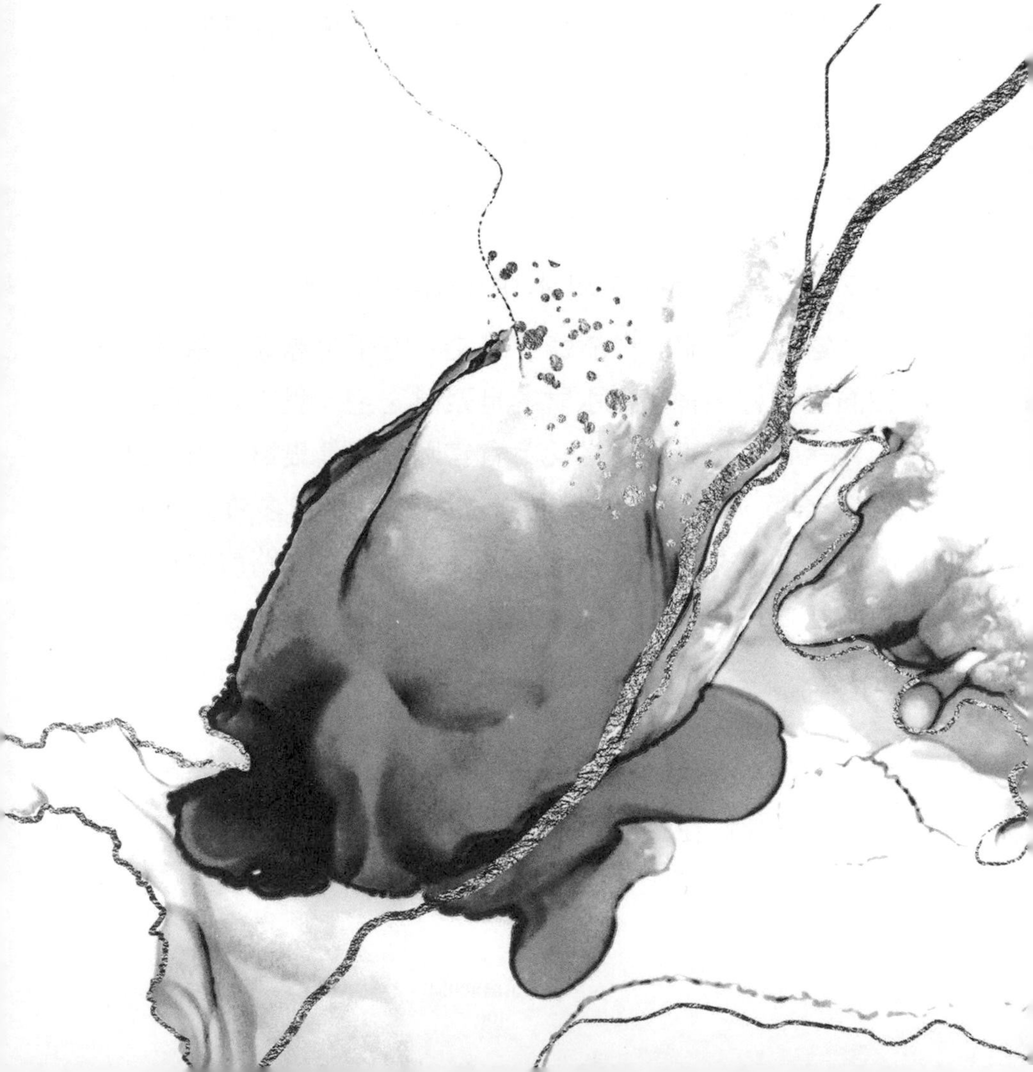

## 【740問】六爻看風水，如何看？

答：六爻測風水，要統看全卦之吉凶而斷，而非如其它事看世爻或用神。如占得六合卦，不管陰陽宅大多風藏氣聚，家人和睦，事多成就。反之，六沖卦砂飛水走，家道中衰，不安多事，謀事難成。若論外局形勢，以六神分之，青龍爲左邊，白虎爲右邊，朱雀爲前面，玄武爲後面，勾陳螣蛇是屋宅的中央。古來占風水皆注重財孫二爻。在卦中，子孫爻旺相發動是大吉之象，孫爻旺動剋官鬼，官鬼受制則家宅安寧無災。且孫爻旺動人丁旺且必生財，則此宅爲富宅，既平安又發財，故財孫旺相者爲財丁兩旺，上吉之宅。

## 【741問】六神在風水中的作用為何？

答：1.青龍：青龍臨父母爻，宅平整漂亮，路基大，四面靠樹林。青龍臨水財宅是聚財之宅，貴人青龍臨宅定大吉。青龍官鬼動臨世爻，有官職。青龍妻財，賢內助。青龍子孫，貴子，宅氣吉。青龍動合爻，多貴人，喜事多。2.朱雀：朱雀臨父母爻，表示宅旁有大路或臨街道。朱雀空亡化絕，有官災。朱雀旺臨三四爻，孩子學歷高。3.玄武：在初爻，地基低窪。在二爻，爲出水口有毛病，家人易也病災。在三四爻與二爻生合，門前有水有情，發夫之相。在五六爻逢沖，大凶，妻財臨玄武，女有凶禍。4.螣蛇：螣蛇在二爻，手術。官鬼螣蛇沖三四爻，常遭盜賊。螣蛇在五爻臨兄弟，主車禍。螣蛇兄弟在內卦，兄弟不合，爲財糾紛。騰蛇在外卦，官司纏身，受牽連，經濟之事。5.白虎：白虎臨初爻，宅基有煞氣。二爻怕白虎怕沖，白虎沖爲白虎抬頭，家裡有血光之災。五爻白虎，血光之災。三四爻臨白虎，門前出棺。

## 【742問】內外卦如何來斷風水？

答：內三爻爲內卦爲宅，外三爻爲外卦爲人。外卦剋內卦爲人剋宅，主房爲新房或更新的房子。內卦生外卦相生比和爲大吉，主家中吉祥，外卦生內卦爲人生宅，常有破耗之事。內卦旺盛家中房子面積大，外卦旺盛主家中住的人比較多，內外卦都旺盛，主屋多人也多。

## 【743問】爻位如何來斷風水？

答：以爻位來說，初爻在最下，是屋宅的地基或地板。二爻爲客廳，又爲廚房。三爻爲房門，又爲床鋪。四爻爲大門位。五爻爲道路，也是宅主位，上爻爲屋頂。爻位配上六親及六神，就可以論風水很細節處之吉凶了。

## 【744問】十天干在風水上，象徵何種事物？

答：甲：樹林或較大的樹木。乙：花草或是矮樹林。丙：太陽，很亮的大燈，熱度極高的爐。丁：微弱的燈光、廟宇。戊：乾燥寬廣的空地，高山、高大的建築物。己：較小的空地或者是路。庚：較高大的金屬物。辛：較小的金屬物，如飾品、玉石等。壬：海洋、大水。癸：小溪、泉水、露水等。

## 【745問】八卦在風水上，象徵何種事物？

答：1.乾：西北方、名勝古跡、險要關隘、大城市、金屬加工廠、學校、大廈。2.坎：北方、江湖、大川、深淵、澗溪、濕潮之地、橋樑、宮殿、向北之居。3.艮：東北方，山岡、丘陵、墳墓、河堤、山城、東北方之居、倉庫、停車場。4.震：東方之地、山林之處、門庭樓臺、窗戶臺階、繁華鬧市、草木茂盛之所、寬而平道路。5.巽：竹木園林、花果菜園、東南方之處所、草木茂盛之地、寺觀樓臺、山林之居。6.離：南方、風景區、窯爐之處地、向陽之處、影劇院、南居之宅。7.坤：西南方向、平原、田梗、鄉村、倉庫、角落，家宅多陰氣。8.兌：沼澤、水池、濕地、窪地、泥濘、娛樂場、咖啡館、近湖泊之所。

## 【746問】六爻測風水，何卦象才是好陽宅？

答：《增刪卜易》：「父旺持世，此處清安宜久住。父爻旺相持世、生世、合世、及世爻動而化父相生，或得日月作父母生合世爻，皆爲發福之兆。」父爻持世且旺相，這種房子清淨安全，可以長期居住。除了父爻持世且旺相之外，父爻旺相生合世爻，或世爻發動化父回頭生，或者日月爲父爻且來生合世爻者等，以上都是吉宅要發福之徵兆。

## 【747問】占風水，財爻發動好嗎？

答：非常不好。甚至要考慮是否要搬家。爲什麼？因爲，占風水，財爻是忌神，財動會剋父爻，父爻一旦被剋傷，風水就全垮了。所以，不要看到財動就以爲要發大財了，六爻預測吉凶，主要是看用神的衰旺，其次看用神有無受剋傷，而非看爻的動靜。

## 【748問】占風水，六合卦與六沖卦表示什麼？

答：占風水逢六合卦，家宅終見享通之象。卦遇六沖，則家人多在愁苦怨嘆中度日。世爻與父爻都旺相，又占得六合卦者，家中大小事情，只要合情合理的，努力以赴，必然成功，而且這種吉祥如意的情形，可以持續非常久遠。但不喜歡遭逢六沖卦，因爲六沖卦就是無法住久之象，有誰願意沒事經常在搬家？

## 【749問】害怕買到不吉的房子，如何占斷？

答：1.卦中無官乃無氣，兄弟必然劫財剋妻，破耗財物，家中多風波。2.官動剋世爻，或剋二爻者，都屬不吉之宅，不是犯官符，就是有病災。3.五爻爲家人，持虎官者，家中有病人，不吉。4.凡用神、父母爻伏於官鬼之下，必有病訟之事，家運多阻礙。5.世爻與日辰同樣地支，剋二爻，主破祖業，子孫必不寧。6.世應比和主家平安。7.內卦外卦父母爻發動，生世爻或二爻宅爻者，必發財多多。

## 【750問】修造房屋如何占斷吉凶？

答：1.占到世爻持子孫爻是最適宜的，占到官鬼發動，則動土之後可能有災禍要發生。世爻旺相且逢日月動爻來生，或者世爻動化吉等，都以吉推。2.最怕是世爻衰弱無力，又受刑沖剋害，最好暫時停工了。3.至於從何方動土起，子孫之方最適宜動土，官鬼之位則不要優先去動它爲妙。

## 【751問】初爻在六爻測陽宅風水上，代表什麼？

答：1.初爻爲地基、下水道。初爻臨水，水質清盈；臨土水質渾濁；臨木水源旁長樹；臨火水會中斷；臨金水質清潔。初爻臨妻財、子孫爲吉，臨官鬼則凶。2.初爻臨辰戌丑未，被日月沖破，宅基破缺之舊宅。初爻土化土宅基下有墳墓，土化空宅基下面有地下室或車庫。3.初爻臨官父爻、白虎發動者，常傷子孫或保姆。初爻臨亥子臨白虎，宅附近有橋樑，逢沖剋是斷橋。4.初爻臨官鬼寅卯木，宅基裡有樹根穿破宅基。臨兄弟宅是別人的或公家的。初爻臨螣蛇有樹要穿破宅基。5.初爻旺盛，宅在鄉村並且吉利。

## 【752問】二爻在六爻測陽宅風水上，代表什麼？

答：1.二爻爲客廳、廚房、灶位、妻子。臨白虎休囚死絕，是破舊之古宅。二爻生旺則是新居。2.二爻父母持世，旺盛安靜，家宅平安。休囚死絕剋破，破舊不堪。二爻臨財孫旺盛，家宅安寧，財源豐碩。二爻空亡，是廢墟沒人住，白虎臨之主大凶。3.二爻臨官鬼加青龍，不遭刑沖剋沖，家中定有當官之人。臨官鬼加白虎，主有血光之災，家中人常生病。臨螣蛇動，家中有精神病人。4.二爻不發動沒災。二爻逢日月破，或發動剋世爻或卦身，災難不斷。二爻臨日辰持世，或官鬼居二爻，是他人之屋或租借之屋。5.二爻臨子孫、妻財生合世爻者，主家道興隆。二爻被日月、動爻沖破者，夫妻反目，同床異夢。6.二爻為宅，五爻為人，相生相合或比和吉利。合二爻者為門，沖二爻者為路。二爻旺盛，家宅新，環境好。

## 【753問】三爻在六爻測陽宅風水上，代表什麼？

答：1.三爻為門、床，為兄弟。臨官鬼，家中有佛堂，臨金鬼，香爐破損，臨木鬼加青龍，神位是新安置的。2.臨兄弟，是屋少門多，耗費錢財之宅；臨空亡，家人腰無力。3.四爻剋三爻，宅中前門對後門，為穿心煞，心臟病。月日動爻沖剋三爻，出入不走大門走邊門。4.臨財孫、青龍，門庭乾淨，人口安康。官鬼臨白虎發動者，多招口舌是非不順之事。臨兄弟發動者，主破財。臨父母發動化父母者，家有兩道門進出。5.臨月日沖破者，為破損之門，臨兄弟牆壁也是破敗。

## 【754問】四爻在六爻測陽宅風水上，代表什麼？

答：1.四爻爲大門，臨官鬼玄武，門有破損，四爻臨孫財則吉。四爻與二爻相合相生，門是新型的。2.四爻臨官鬼朱雀，家中常有口舌官非。臨兄弟玄武或子水，家中常遭水淹。四爻臨螣蛇，家中常遭鄰居坑廁煞氣之沖。臨空破，宅是破門。3.四爻旺盛臨青龍，爲新建之房，休囚是舊宅新修，臨兄弟是新裝之門。4.四爻臨官鬼，家宅不寧，有官非口舌之事。加朱雀官司不斷。5.四爻臨蛇，家中常有怪異之事。三爻、四爻都爲兄弟爲多逢盜賊，又不聚財剋女主人，有妻難留。

## 【755問】五爻在六爻測陽宅風水上，代表什麼？

答：1.五爻爲人、道路，二五爻相生相合，爲吉利之宅。五爻剋二爻，人口安寧，但不能動而剋二爻，動剋二爻爲凶。請注意「剋」與「動而剋」的差別，剋者，例如五爻酉，二爻寅，金剋木。動而剋者，五爻酉發動來剋寅木。2.臨孫財爲吉，臨官兄不吉。臨子孫申金爲樓房。臨官鬼主家人分離，五爻臨白虎，家有病難醫之人。3.五爻臨子孫化父母，子孫不肖，叛逆。五爻臨陰爻或妻財持世，女人掌權。臨亥子水，房子附近有水、或河流。4.五爻與世爻相合，路曲有情。五爻與世爻相沖，路直而長，有路沖。5.五爻臨妻財與卦中官鬼相合者，家中有賢妻良母。

## 【756問】上爻在六爻測陽宅風水上，代表什麼？

答：1.上爻爲棟樑、牆壁、祖墳。六爻持世，必離祖成家。六爻臨妻財落空亡，妻子無能，再遇沖破則妻早亡。2.上爻爲牆壁，旺相加青龍，新修之宅。休囚死絕臨白虎破舊之屋。得月日來生，白虎加臨是新建之宅。3.上爻臨官鬼動，祖墳有妨害，加朱雀，家中女人有神經方面疾病。4.上爻臨兄弟，夫妻相剋。父母在上爻臨動，子孫有傷。5.上爻臨子孫，主家中喜事連連。

## 【757問】父母爻，在陽宅風水上有何作用？

答：1.父母爻爲宅爲廳堂。父母爻旺盛，財源興隆，父母爻宜靜不宜動，動則小兒多災。父母爻空亡，無祖宅，父母爻持世，住宅是祖厝。2.卦中父母爻代表橋樑、道路、墳墓。它爻變出父母爻或卦中父母爻多重，兩處住宅。3.父母爻在初爻，爲平房。在二三爻是二三樓房。在四五爻，高樓的偏上層。在上爻，最高層樓。4.卦中有父母爻無子孫爻，空房無人住。有子孫爻而無父母爻，獨居。5.父母爻空亡家有災。父母爻旺而動是重建之屋。

## 【758問】兄弟爻，在陽宅風水上有何作用？

答：1.兄弟爻爲門戶、牆壁。兄弟爻宜靜不宜動，兄弟爻發動必剋財，破財傷妻。2.卦中兄弟爻發動又無制，子孫不聽話、叛逆。3.卦中兄化兄兩重門相對，家中多口舌是非。4.兄化鬼，犯官符。

## 【759問】官鬼爻，在陽宅風水上有何作用？

答：1.官鬼爻爲客廳，官鬼發動傷兄弟手足。有官鬼無妻財，災難不斷，有妻財無官鬼多主損耗。2.官鬼臨白虎動，宅中常有血光之災。官鬼旺無制，家中常有怪異之事發。官鬼多重發動，不能隨意搬遷，否則有災。世爻空亡同樣不能搬家。3.官鬼發動無制，主訴訟官非。官鬼在坤艮宮發動，主祖墳不安。4.官鬼所在之爻，該爻對應之部位卽有病痛。初爻爲腳病，二爻爲股病，三爻爲腹病，四爻肩病，五爻爲五官的病，上爻爲頭病。5.官鬼空亡是房子無客廳，官化官爲有兩客廳，官化兄多招小偸，官化父是公家的房子。6.官鬼臨白虎旺在初二爻，宅基不乾淨，多遺骸。金臨官鬼，住宅附近有橋或廟。7.家中何人有災，看官鬼在那個爻發動，或發動剋那爻，一爻爲小兒，二爻爲妻子，三爻爲兄弟，四爻爲母親，五爻爲父親，上爻爲祖輩。

## 【760問】妻財爻，在陽宅風水上有何作用？

答：1.妻財爻主糧倉、廚灶、食物等。財爻發動父母有災。2.卦中財福兩全，此宅大吉大利。3.卦中財爻與官爻相沖，夫妻反目。財爻與世爻、應爻、動爻相沖，夫妻生離死別。4.財爻不宜落空亡，否則事事難成。財爻宜靜不宜動，動則有損耗，妻子多災難。5.財爻旺有生扶，是富豪之宅。怕發動剋父母，陽爻剋父親，陰爻剋母親。6.財化財兩個灶。財化父，房子很小，財化兄破財之宅。

## 【761問】子孫爻，在陽宅風水上有何作用？

答：1.子孫爻爲走廊、佛堂、左右廂房。2.子孫發動剝官職，宅中之人不利做官，只宜經商。3.子孫空亡，無子或子遲。4.子孫爲福神，無子孫爲財無源頭，無子孫官鬼無制，災事連連。5.子孫爻在五爻與父母爻相合，繼承祖產。與父母爻相刑，子孫不肖或無祖產繼承。6.子孫化子孫，宅中小房間多，子化兄住宅不安。

## 【762問】青龍，在陽宅風水上有何含義？

答：1.青龍代表河水、樹等。青龍臨父母爻，宅平整漂亮，路基大，四面靠樹林。青龍臨水財宅是聚財之宅，貴人青龍臨宅定大吉。2.青龍官鬼臨父母爻、世爻，宅中有官職之人。3.青龍臨月建，宅中人有懷孕之喜。4.青龍發動宜搬遷，青龍臨財孫爲福祿之宅。5.青龍妻財，家有賢內助。6.青龍子孫，家出貴子，宅氣吉。青龍動合爻，多貴人，喜事多。

## 【763問】朱雀，在陽宅風水上有何含義？

答：1.朱雀代表學校、熱鬧等。表示宅旁有大路或臨街道。2.朱雀臨官鬼或官鬼剋世爻，宅犯火形煞，容易有火災。3.朱雀臨官鬼發動，容易有官非口舌等。4.朱雀臨月日建或動爻，必須防火災。5.朱雀臨妻財，靠口才生活，或女主人能說善道。6.朱雀臨兄弟，易有口舌是非。7.朱雀臨子孫爻，宅內居是念佛、誦經、唱戲等之人。

## 【764問】勾陳，在陽宅風水上有何含義？

答：1.勾陳代表中央，主田產、文章、契約之事。勾陳臨月日，宅中之人房地產很多。2.勾陳臨月建逢官鬼在內卦發動，主住宅不安。3.勾陳臨妻財，宅中之人因爲房地產而賺錢。4.勾陳臨子孫，宅中主人事業是靠技術、手藝掙錢。

## 【765問】螣蛇，在陽宅風水上有何含義？

答：1.螣蛇代表路，也代表虛驚怪異之事。螣蛇父母宅建於彎曲路邊。2.螣蛇在四爻發動，宅中多出奇形怪狀的事。3.螣蛇臨官鬼多做怪夢。4.螣蛇臨月建，眼前常有繁雜之事牽連，造成失眠。5.螣蛇臨妻財，做生意靠投機。6.官鬼螣蛇沖三四爻，常遭盜賊。7.最忌螣蛇剋世，必見凶災。8.螣蛇在五爻臨兄弟，主車禍。9.螣蛇不宜動，不宜合，也不宜旺。否則怪事多且難了。

## 【766問】白虎，在陽宅風水上有何含義？

答：1.白虎在代表道路、右邊。白虎臨父母爻，宅中有孝服。白虎臨妻財，暴發戶，得橫財或繼承長輩之財。2.白虎臨初爻，宅基有煞氣。看卦宮，居離宮主發電場，居震乾宮主醫院，居艮坤宮、坤宮，大凶。3.白虎臨寅申，兩頭窄，中間寬，葫蘆地，左右有立體高架橋、高塔等，爲白虎煞，家中多病災。4.白虎臨官鬼發動，有血光、牢獄、死亡之災。白虎臨四爻，宅中之人病傷纏身、災難、血光等災。5.白虎臨子孫爻，子孫不聽話，叛逆或身體多病痛。6.白虎在上爻，不宜遷居，宜靜守舊房。7.白虎沖爲白虎抬頭，家裡有血光之災。

## 【767問】玄武，在陽宅風水上有何作用？

答：1.玄武代表水坑，近水、沼澤等。在初爻，地基低窪。在二爻，出水口有毛病，家人易有病災。2.玄武臨世爻，宅中之人說話虛僞，沒信用，多曖昧之事。3.臨兄弟，宅中之人會遇到欺騙、蒙蔽之事，賭博必輸。4.玄武臨妻財，宅中之人靠女人發財。或從事賭博、走私、販毒等非法的工作。5.玄武臨土，宅中之人不愛乾淨，居家環境很髒。

## 【768問】預測陰陽宅風水，六親中以何為重點？

答：占陰陽宅風水，六親中以「子孫爻」與「財爻」爲重點。爲何？理由很簡單，地理風水首重未來，若沒未來，要此風水做什麼，未來卽看孫爻，孫爻代表子孫後代的發展。宜旺相，不宜休囚、伏藏、空亡、入墓或逢絕地。另外一個重點是財爻，代表妻子、錢財、財物、經濟地位。所以最壞的地理風水叫「消亡敗絕」，「財丁兩敗」，最好的地理風水叫「財丁兩旺」，財丁是什麼？卽子孫爻與財爻是也。世財孫三合成局者，第一興旺之宅，大吉，就是這個道理。

## 【769問】占斷風水，何種宅易犯官符？

答：犯官符者主要以父母、官鬼及朱雀爻爲用神。1.朱雀官鬼持世或剋二爻、世爻者，旺則官司，衰亦口舌。2.父母化官鬼，或官鬼化父母，或朱雀官鬼沖剋三爻四爻者，皆犯官訟。3.朱雀父母動，文書尊長方面之官司。朱雀子孫動，少年、僧道方面之官司等。4.朱雀官鬼動化官鬼，官司沒完沒了，一件接一件。5.官鬼伏兄弟下，暗動剋世爻者，被牽連之官司。

## 【770問】想搬新家還在猶豫，如何占斷吉凶？

答：六爻預測新舊家間猶豫不決者，看世應生剋卽能定奪，世爲現居住之舊屋，應爲新房。1.世剋應：新房不如舊屋，2.應剋世：舊屋不如新房。3.世應生合或比和：可遷可守。4.世應俱空：新舊皆凶，應另外找吉屋。

## 【771問】占陽宅，二爻虎鬼動表示什麼？

答：白虎主病傷之災、血光之災等，官鬼主病災、凶災等，白虎臨官鬼，可說是凶上加凶。占陽宅時，二爻爲家宅，二爻臨白虎官鬼爻，旺爲喜用時，主家中有掌生殺大權之人，如法官，將軍等，但若剋世，主家中有凶死之人。另外，二爻虎鬼動，也有鬧鬼之可能，因爲白虎主喪亡，表示已死去之人，有鬼魅之意，官鬼則主災禍，故有鬧鬼之可能。

## 【772問】蓋新房如何占吉凶？

答：占蓋新房主要看官鬼、父母與子孫。1.最怕官鬼爻發動，若動來剋世，尤凶。如世逢隨官入墓，或財動助官鬼來剋世，也都不吉。內卦爲宅，外卦爲人，二者皆臨旺相，自然人宅興隆。內外若値休囚，或逢空亡，便以凶斷。2.父母爲房屋，如逢旺相，又無財動來傷，入宅後定然吉祥安康。3.卦得子孫發動，官鬼休囚，世爻不受沖剋等，要蓋新房，一切無礙。

## 【773問】修繕老房子吉凶如何斷？

答：占修繕老房子與新建新屋略有不同，修方動土之事主要用神有子孫、官鬼與世爻等。1.所忌者官鬼，先看鬼臨何卦何爻，此方莫動。例如官鬼在寅爻，則艮方有煞，絕不可動。2.所喜者子孫，查子値何宮何象，其方向宜動之。若子孫持世，或子孫旺相、或子孫發動便一切無礙。3.最後看世爻，旺相則吉，縱逢衰地遇生扶也可。但世若落空亡，動工之後必多麻煩之事。

## 【774問】搬新家如何占吉凶？

答：占搬家用神看父母與世爻。1.父母爻空則住不久又要搬，因爲住不平安。子孫旺會發福，官鬼爲凶星，則不宜動，動則多禍多殃。官鬼又不宜無，無則財耗散。妻財亦不宜空，空則經濟情況糟，妻財又不宜動，動則剋房屋。2.世爻之生合方宜往，逢沖剋莫行，也忌官鬼方。

## 【775問】占風水，父母爻在應上臨青龍表示什麼？

答：占風水，父母爻爲房子，應爲對方、他人，故父母爻在應上表示房子是他人的，換言之，就是表示現在居住的房子不是自己的，是向別人承租來的。臨青龍，青龍主裝飾、漂亮、高貴等，所以，此房雖是租來的，但是房屋很新，裝潢的很漂亮。若父母旺相，則有可能就是豪宅了。

## 【776問】占風水，二爻動生財，孫動合五爻表示什麼？

答：二爻動，與房宅有關，因爲二爻爲宅。動而生財是得財之象。換句話說，住進此宅是會發財的。子孫發動合五爻，五爻爲主管、大官，即子孫當中有人會當大官，來光宗耀祖。最好的陽宅風水，不外乎財丁兩旺，此房屋都具足了，夫復何求？

## 【777問】會發財之陽宅如何占斷？

答：1.會不會發財，以財爻與子孫爲用神。財爻一定要旺，且子孫發動來生財爻。2.另外，既然是看風水，父母爻及二爻也要看。父母爻旺相，或父母爻持世，或父母爻生合世爻，或世爻動化父母，或日月臨父母生合世爻者，皆是發財發福之宅。3.財爻旺相，父母爻不動，世持官鬼者，也是吉利之好房子。4.二爻臨子孫或妻財，旺相有力有氣，都是住了之後，能讓人豐衣足食的吉宅。

## 【778問】何種陽宅為凶，最好馬上搬家？

答：有五種情形最好馬上搬家，以免受其害。如下：1.內卦休囚無氣，又帶兄官，無財孫者，宜火速移居，免遭災難。2.父母空則宅無運，住不久。3.官鬼爲凶星，不宜動，動則多禍多殃。4.妻財亦不宜空，空則妻與財俱無，又不宜動，動則房屋有虧。5.卦爻逢六沖，皆居不久。

## 【779問】陽宅有災如何斷？

答：所謂有災即煞星發動，而陽宅之煞星就是「官鬼」、「白虎」和「忌神」三者。1.官鬼臨朱雀發動：宜防火災。官鬼臨玄武發動：宜防水災。官鬼臨勾陳辰戌丑未發動：流行性感冒等。2.白虎臨金官鬼發動：是刀兵之災、吵架、開刀、生病等。白虎臨木官鬼發動：是棍棒之災。3.忌神發動：不同之六親有不同之忌神，如兄弟爻發動剋妻財，宜防破財與妻災。

## 【780問】買土地將來自建住宅，如何占斷？

答：1.卦得子孫持世或發動，妻財旺相或生世剋世者，定主將來財帛豐盈。若財落空亡又無子孫者，將來家不榮昌。2.忌六沖之卦，沖則不成，縱成也不久，日辰沖世亦然。3.兄與鬼皆不宜動，兄動則無財無利，鬼動則多訟多非。4.應若剋世，常多憂患。世若空亡，擁有不久。5.朱雀值鬼興旺，置產多招口舌。

## 【781問】六爻如何占陰宅風水？

答：《易隱》：「占風水者，首觀山局之完虧，二推山運之否泰，三察形勢之壯麗，四考坐向之吉凶，五詳人地之生剋，六看穴情之眞假，然後案山，明堂龍虎，靠山，來龍，水口，次第以審其爲順爲逆，孰識孰傷，而堪輿之事畢矣。」陰宅風水卽墓地風水，墓地一般在山區，有來龍、左右護砂、落脈等要觀察。除此之外，三元九運的推算，是否當運旺氣也是重點。再過來是四獸的完整、有情。還有穴位立向，消砂納水的考量，穴位眞假的判定等都要納入。最後朝山、案山、左右龍虎砂、父母山、水口等都要詳加審視才行。

## 【782問】占陰宅風水如何擇地？

答：擇地就是找墓地，擇地重點如下：1.擇地之卦，大忌六沖卦。六沖乃水走沙飛之地，是無法讓祖先的魂魄安息的。2.八純卦世爻在上爻，世爲主穴，臨下則吉，臨上則凶，故八純卦與六沖卦皆不取用。3.變出六沖及合處逢沖者，目前雖平安無事，時間一久後必敗。4.子孫爲後嗣爲祭主，若不上卦，將來必無人祭掃。

## 【783問】六爻如何占陰宅坐山？

答：1.主要以世爻來斷。世爻旺相者，山高雄厚；世爻死墓絕胎者，山低小微薄。2.世持寅申巳亥者，山雄地壯。持子午卯酉者，正大開朗。持辰戌丑未者，平洋寬闊。3.逢生合，而夾輔有情。帶殺沖則欹斜破相。4.世臨長生木，在震巽宮者，必近繁林。衰則凋落。5.世會金局，在艮宮旺相者，四邊石嶺重重。土局在坤宮旺相者，近田舍。火局在離宮旺相者，山無樹木，近窯靠爐冶鬧市。水局在坎兌宮，旺相者，近溪潭。

## 【784問】占陰宅，內外卦如何斷吉凶？

答：陰宅以內卦爲地，外卦爲人。若內外俱旺相，卽知地靈人傑。內外俱衰空者，卽知墳塋無氣，財丁消損也。內剋外，人丁損失。外剋內，便作吉祥。內生外，子孫繁衍。外生內，後代平常。

## 【785問】占陰宅，穴位如何立向？

答：風水中有所謂五要素，卽龍砂水穴向，前四項的安排與取捨，主要就是爲了最後的立向。穴位立向重點如下：1.以世爻爲穴，世沖之支爲穴向。世爻前二爻位爲穴前，世後二爻位爲穴後。如世爻值子，向就是午，卽立南方午向。2.凡是所立之向與年月日時生合者，或帶貴福德祿生旺，必是迎官就祿，其向卽爲吉利。如所立之向與年月日時刑害剋破，或臨空敗死絕，加亡劫殺刃者，其向就是凶。

## 【786問】占陰宅，房分衰旺如何推斷？

答：要知房分榮謝，但看外爲何卦。乾坤爲父母，包舉衆房。如外屬乾坤，受內卦之生者，不論幾房皆吉。外屬震巽，爲長房，如受內卦之生者，則長房吉也。外屬坎離爲二房，艮兌爲三房，如受內卦之剋者，中房三房不利。

## 【787問】占陰宅，案山如何看？

答：1.以應爻及朱雀爲案山。應爻帶朱雀，案山有兩重。應雀旺而世衰，坐山低，案山高。應雀死墓絕胎，而世生旺，坐山高案山低。雀應生合世，端正有情，空動則案山不正。帶殺逢沖，則欹斜破相。帶有祿生旺，案山叢秀，金案員秀，或如覆釜。在艮宮者，前有石。2.木案頭圓身尖，旺則如文筆，衰則書筆。水案低曲而動，有波浪起伏。火案尖秀，有如尖銳刀鋒，旺則筆架峰。土案方平臃腫，旺如屏風，衰如橫放茶几。

## 【788問】占陰宅，明堂如何看？

答：1.以間爻爲明堂，間爻若旺相者，明堂寬闊。間爻若休囚者，明堂狹窄。應生世者，明堂開闊，應沖世者，明堂逼迫。間空墓絕胎者，明堂侷促，靜者，明堂聚如窩，動則洩洪。2.臨月建者，明堂容萬馬。水加貴祿龍喜，動來生合間者，四水歸堂。

## 【789問】占陰宅，龍虎砂如何看？

答：1.以青龍白虎爻爲用，看左右護砂。旺相高大，囚死低遠。空則缺凹，動則路遙，絕則無龍虎。遇財福吉神，端圓尖秀。逢兄鬼惡殺，頭傾斜無情。2.龍在寅卯辰者，爲眞龍。虎在未申酉者，爲正虎。龍入辰，虎入寅，與財化財，福化福，或日建龍虎，會月建龍虎，俱重龍重虎。3.龍虎生合世，就身起龍虎爲案，拱抱有情。在世前者爲逆龍逆虎，在世後者，爲順。龍逢沖，虎生世者，龍去虎回。虎逢沖龍生世者，虎去龍回。龍虎比和世者，左右齊到。龍虎相沖者，鬥爭。龍剋虎，龍強虎弱。虎剋龍，虎過明堂。

## 【790問】占陰宅，後山如何看？

答：以玄武爲後山。臨金後山圓秀，臨木後山高聳，臨水後山灣曲，臨火後山尖銳，臨土後山方平。玄武空亡，來龍被挖斷。玄武動，山後有路。玄武空動，來山不正。玄武上空，後背寒冷。玄武土動，後有池潭。玄武加水入坎宮，北方有水。動則水走無情。玄武加水動沖世爻，常有災禍賊水。

## 【791問】占陰宅，來龍如何看？

答：以勾陳爲來龍。勾持世者，來龍必遠。一起一伏，如一條活龍。勾陳逢沖剋，來脈受傷。勾陳生合世爻，來脈有情。勾陳空動者，依山淺葬，勾陳帶祿馬官貴，得年月日時生扶者，來龍必貴。帶亡劫刑刃等凶星，被年月日時剋傷者，來龍必凶。勾陳帶殺，在坤艮宮，加鬼動者，地下有害人的鬼怪潛藏著。

## 【792問】占陰宅，水口如何看？

答：1.以上爻爲水口。上爻生合世爻者，水口有情。加貴馬龍德財子者，水口重關鎖。上爻刑害剋世，水口無情，或成割腳水。上爻沖世則水射心之兩側。水加父母動，如山浮水面。2.上爻寅木，五爻伏亥水者，水口有橋。水旺橋高，水衰橋低。寅下伏子水，水口有船。3.水旺木衰也爲橋，水衰木旺爲船，水邊有樓閣。螣蛇加子孫動，水口有路。朱雀加妻財動，水口有人家。白虎加官鬼動，水口有廟。

## 第二十二篇

# 占失物

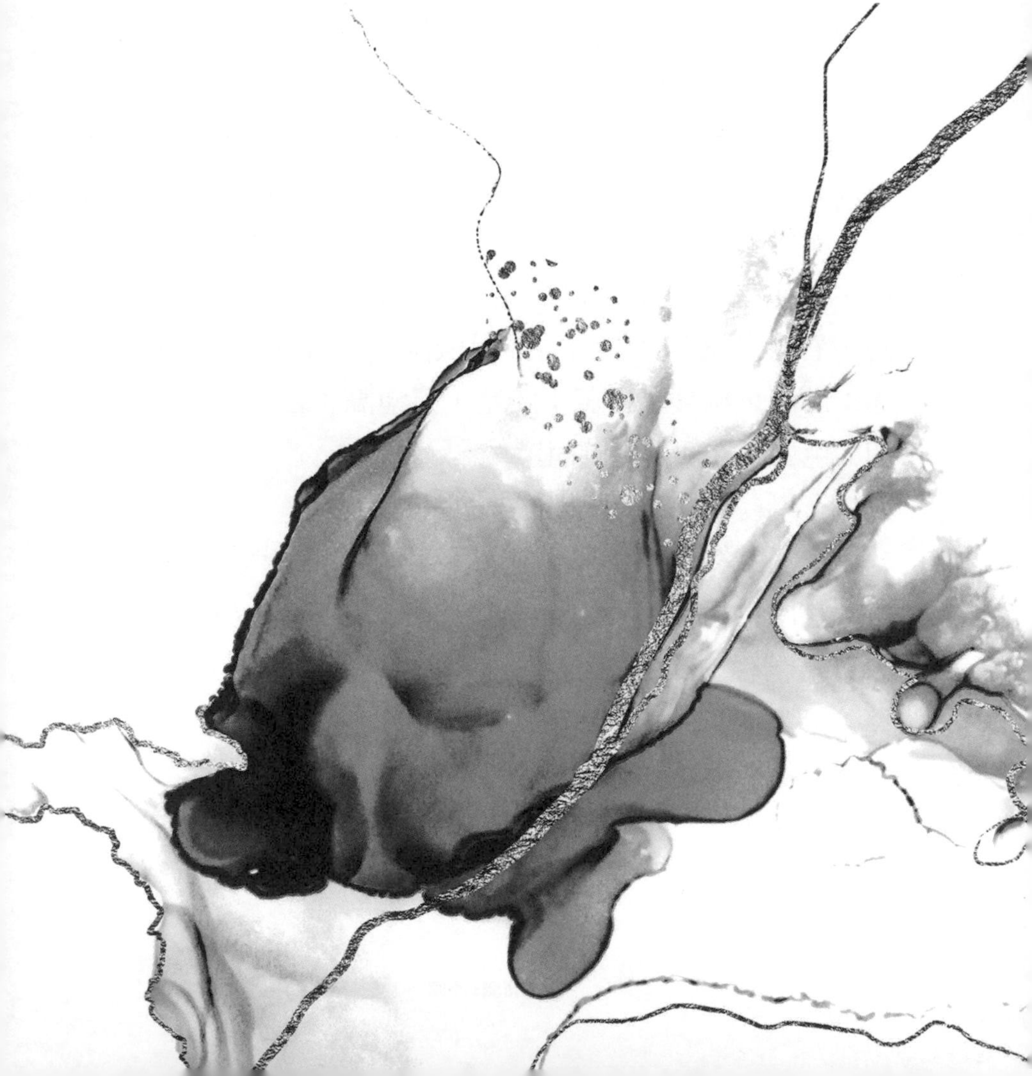

## 【793問】測失物，官鬼代表什麼角色？

答：官鬼代表小偷、盜賊。1.官鬼不上卦或官鬼爻落空之或官鬼衰墓絕，不動，失物非人偷，容易尋回。2.官鬼爻發動或變爻爲鬼，爲別人偷去，難以找回。3.看賊年齡，以發動之官鬼爻爲準。旺相爲青年人偷；休囚爲老年人偷；臨胎、養、長生者爲小孩偷。4.看賊在何方，主要看鬼在何卦發動；鬼在乾卦爲西北；在坤卦爲西南；在兌卦爲西；在離卦爲南；在震卦爲東；在巽卦爲東南；在坎卦爲北；在艮卦爲東北。5.看賊的遠近：鬼在本宮內卦動爲家賊或親鄰之人；鬼在本宮外卦動爲本地之賊；鬼在外宮外卦，賊是外地人。6.看賊的相貌：主要以鬼爻所臨地支及所值六神參看。水主黑、金主白、土主黃、木主青灰色、火主紅色，這是以地支五行看膚色。根據官臨六神動，看身型面貌：青龍主高大挺直；朱雀中等身材，面赤；勾陳，個矮，面黃；螣蛇，體瘦高；白虎，體胖，面凶，色白；玄武，體圓面黑。

## 【794問】占失物，如何取用神？

答：失物預測，如寵物走失，以子孫爻爲用；證件、書籍、信件、車子、衣服等以父母爻爲用神；手飾、金錢、貴重東西以妻財爲用神。用神只要旺相安靜，持世或生合世爻，通常失物都可尋回。

【795問】東西自己丟失的，是何種卦象？

答：1.官鬼主小偷，官爻不上卦或官爻空亡或官鬼衰墓絕不動，表示此事與小偷無關，不是被人所偷，所以很容易可尋回。2.世應相生相合，同樣非人偷，主失物可尋。3.遊魂卦，多屬自己忘記了，放在家中或自己常去的地方，並沒有眞正遺失，只要認眞去找，通常可以找回的機率高。

【796問】東西被盜賊偷取，是何種卦象？

答：1.爻發動是人偷。2.世臨玄武被人偷。3.用神發動化官鬼，要找的東西被盜。官鬼發動化用神，失物還在附近，容易找到。4.官鬼持世，或臨月建，爲熟悉的人、鄰居所偷。5.官鬼在二爻發動，是入室偷竊，臨玄武爲慣賊所爲。6.官鬼兩現，非一個人作案。內外官鬼，裡應外合。官鬼逢沖，有人撞見。7.盜賊的性別看官鬼爻的陰陽，陰爲女，陽爲男。又以官鬼對應於五行十二長生看盜賊的年齡。臨官、帝旺者，年輕人；衰墓絕者，老年人；胎養者，小孩。8.官爻臨墓，賊必深藏，抓不到。

【797問】何種卦象，失物可找回？

答：1.用神旺相安靜，持世或生合世爻，失物可找回。2.用神安靜，失物易於找回。3.官爻不上卦或官鬼爻空亡，官鬼衰弱、墓絕、不動。失物易尋回。4.世應相生相合，物不失非人偷，失物可尋回。5.遊魂卦多屬自己忘記，不是丟失，失物可尋回。6.用臨應或伏於應下是借給別人。借於何人，以應爻之六親定之。

## 【798問】何種卦象，失物不能找回？

答：1.用神衰弱無氣，空破墓絕，或旺而受制，難尋回。2.用神旬空或動化空，難尋回。3.用神在外卦、外宮旺相發動，失物在外轉移不定，難尋回。4.用神動，動則難尋。5.官爻發動或變爻為官鬼，被偷難尋回。6.用神伏而休囚，難尋回。

## 【799問】如何按用神所在宮位，預測丟失東西在何處？

答：1.乾卦：西北方或在寺廟、樓房、道觀、城牆、大廈、廣場、遠處等。2.坤卦：西南方或在墳墓、荒郊、野外、廣場、空地、市場、車輛等。3.震卦：東面方或在花店、鬧市、大道、森林、木材、歌廳、雜技等。4.巽卦：東南方或在道路、長廊、通道、市場、碼頭、機場、果園等。5.坎卦：北方或在水邊、浴室、魚池、水廠、車站、車庫、暗室等。6.艮卦：東北方或在墳地、山邊、路邊、床邊、圍牆、倉庫、小路等。7.離卦：西南方或在冶煉、磚窯、窗戶、鬧市、廚房、大廳、軍營等。8.兌卦：西方或在門口、路口、酒店、歌廳、戲院、飯館、凹地等。

## 【800問】如何按用神五行，預測丟失東西在何處？

答：1.用神金在金屬、刀具、礦區旁找。2.用神木在草叢、木器、花草旁找。3.用神土在堤岸、土堆、城牆旁找。4.用神火在窯灶、火爐、冶煉廠旁找。5.用神水在江河、水邊、井池邊找。

## 【801問】如何按用神爻位，測丟失東西在何處？

答：1.用神在上爻：失物在屋內高處、屋外遠處。2.用神在五爻：失物在路邊、屋內通道。3.用神在四爻：失物在門前、不遠處、洗手間。4.用神在三爻：失物在屋內外與床同高處。5.用神在二爻：失物在屋內外與廚灶同高度處。6.用神在初爻：失物在在家屋內或地面上被物體掩蓋著。

## 【802問】如何按用神為伏神，測丟失東西在何處？

答：1.用神伏官鬼下：失物在在獎狀、佛像、兇器、軍警處。2.用神伏妻財下：失物在在碗筷、食物、金銀、器皿處。3.用神伏兄弟下：失物在在義肢、拐杖、運動場、健身器材處。4.用神伏父母下：失物在在證書、學校、證件、宮廟處。5.用神伏子孫下：失物在在玩具、寵物、公園、醫院處。

## 【803問】如何按世爻所臨六神，測因何事丟失東西？

答：1.世持青龍：因酒店、餐廳、喜慶而丟失。2.世持朱雀：因口舌、歌唱、吵鬧而丟失。3.世持勾陳：因動土、拆遷、熟人而丟失。4.世持螣蛇：因捆綁、環繞、小路而丟失。5.世持白虎：因探病、醫院、跌倒而丟失。6.世持玄武：因洗澡、廁所、遺忘而丟失。

## 【804問】用神入墓，丟失東西在何處？

答：墓之本意有藏匿、收藏、存放、困住等意思。用神入墓即丟失的東西，存放在某個固定的地方。其它如用神化墓或伏於墓下也是一樣，丟在某物體中或是在固定的地方，並未移動。如果用神不入墓而是臨墓爻，主在裝盛東西器具的旁邊。

## 【805問】「孫臏斷遺失歌」，內容是什麼？

答：《孫臏斷遺失歌》：「凡占遺失逐爻詳，子動偸蹤初處藏，物云最嫌財入墓，財來須議鬼生鄉。財化爲鬼無尋處，鬼化爲財不出疆，妻財不宜逢劫殺，財中最忌遇空亡。裡卦靜者徒尋覓，外卦財興出遠方。」白話文如下：凡占失物，要仔細分析。子孫爻動，失物就在附近，很容易找回。最忌財爻入墓，從官鬼爻的長生之方位可以尋回。財爻化官鬼，失物難尋回。官鬼化財爻，失物尚未轉移。財爻不宜逢劫殺，也不宜逢空亡，否則失物難尋。

內卦財靜休囚，難以尋找，外卦財爻旺動，失物已轉移到遠方。

**【806問】為何說「安靜不空，其物可尋」？**

答：欲尋找失物，用神安靜與否很重要，因爲只要安靜，失物一定還在原地，只要按照走過的路徑，呆過的地點，重回現場，詳細地找尋，一定可以找到。最怕是用神發動，不管是自己掉了或被偸，東西已位移，難以追回。至於用神空不空，也是關鍵，一旦用神空亡表示東西沒了，也是等於沒指望能找到了。

**【807問】「財化入鬼無尋路，鬼化為財不出疆。」如何解釋？**

答：此句話出自《火珠林》：「凡占失物免慌惶，子動偸蹤沒處藏，物去但尋財入墓，賊云須認鬼生鄉。財化入鬼無尋路，鬼化爲財不出疆，妻處不宜逢劫殺，財中須忌入空亡。裡邊財靜堪尋覓，外卦財興雲遠方，尋者卦中如是土，東邊正是賊居場。」白話文如下：凡占卜失物，不必驚惶。子孫爻動，盜賊必無處藏身。物被盜去，可從財爻的墓庫處去知道賊的去向，或從生官鬼爻之處去找尋。財爻化官鬼，失物難尋找。官鬼化財爻，失物未轉移。財爻不宜逢劫殺，也不宜臨空亡。內卦財安靜，失物可尋，外卦財發動，失物已轉移至遠方。世爻在卦中如果屬土，東邊就是盜賊的居處。

## 【808問】「失物未知何物色，先向財爻伏下尋。」如何解釋？

答：此句話出自《海底眼》：「失物未知何物色，先向財爻伏下尋，財爻不動宜尋覓，鬼現家親是外人。財爻在內不出屋，子旺還須祝告親，損失動爻隨件數，物色還從類上陳。出現財爻多不失，鬼臨本象主家親，鬼休財靜終須見，坤艮之宮莫去尋。伏動偷財人已去，六爻亂發不分明。」白話文如下：占卜失物先從財爻伏處尋找。財爻若不動容易尋找，官鬼爻動是盜賊拿走。財爻在內卦，失物還在家中。子孫爻旺相，可以向親屬詢問。由動爻的位置來看失物的數量與類別，也要從五行的屬性去分析。財爻出現，一般情況下物都未失。官鬼臨本卦世爻，盜爲家中人。官鬼休囚，財爻安靜，失物終可尋回。卜得坤艮宮的卦，就不要浪費時間去找了。伏動盜賊已逃走，六爻亂動，表示事情複雜沒頭緒。

## 【809問】為何說「應爻生世爻，失物可尋回」？

答：占失物，應爻爲「失物及失物之環境場所」。應爻生世爻即表示失物重回主人身上之意，所以失物可尋回。其中「生世爻」這三個字，在六爻預測中很重要，不管是螣蛇官鬼等凶神惡煞，只要生世爻就與我無害，甚至會反過來幫助我。

## 第二十三篇

# 占流年終身

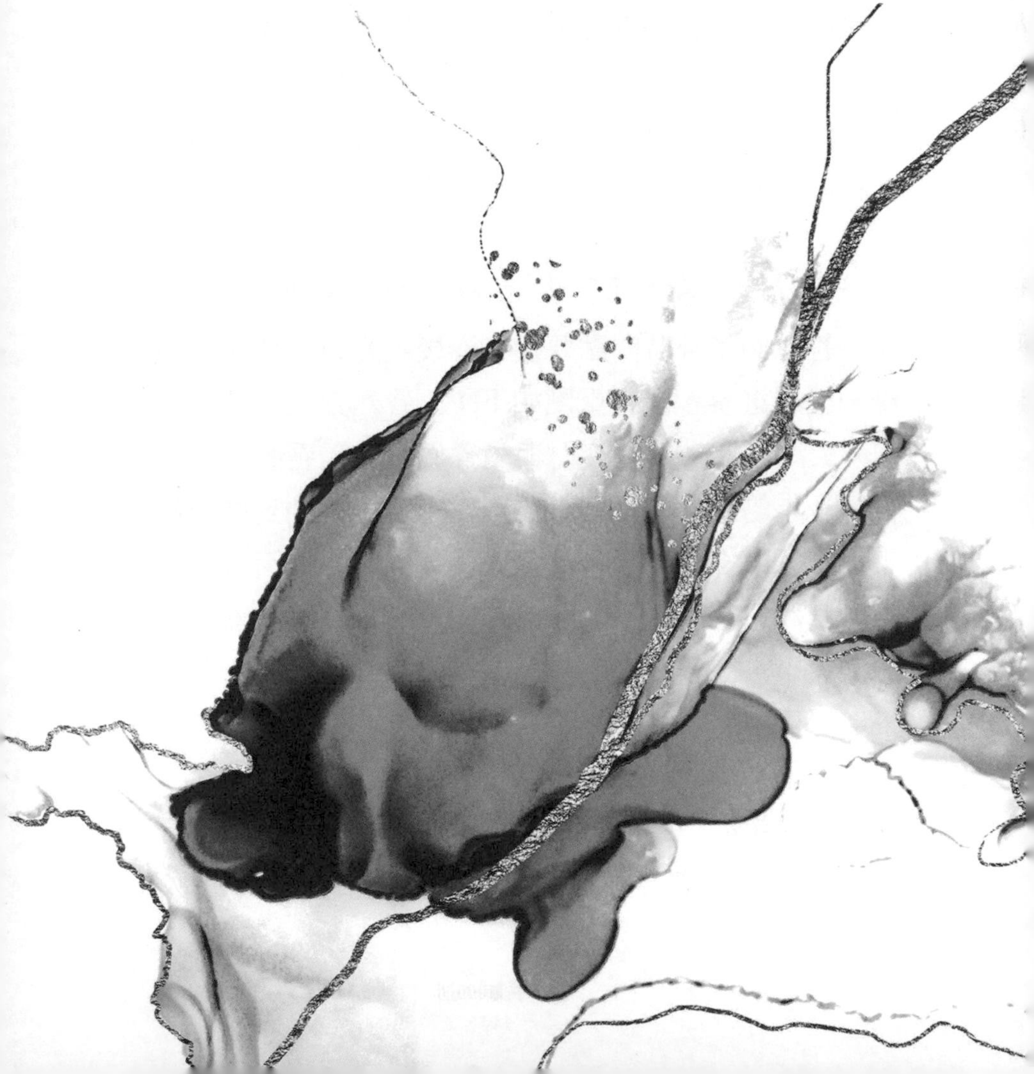

## 【810問】有八字可以斷流年，為何還要用六爻來斷？

答：用八字來批斷流年，大家早已習以爲常。初次聽到用六爻占流年，都覺得怪怪的。因爲，長久以來，六爻一直被認爲是「預測單一事件」或「短期運勢」的工具，因此，用六爻來預測終身命運，很多人都認爲不妥，理由當然是終身命運直接用八字命理來算就可以了，不須要再大費周章來搖卦。事實上，生辰不知的人，還眞不少，用六爻來預測人的一生，是完全可行的，只是終身命運的六爻預測，要準確無誤，絕非短暫的學習可達成，需要有毅力和恆心，去渡過漫長的六爻學習過程。

## 【811問】預測流年卦，斷卦重點如何？

答：測年卦時間點要在立春後，元宵前測才比較好解釋一整年之事。斷卦重點如下：1.看六爻生剋沖合情形如何。2.測財運，要看妻財與子孫原神。3.看動爻，動爻一定是今年的生活的主軸，要預先知道，好面對卽將發生的事。如兄弟爻動，今年的花費比較大等。4.流月的看法：如果測財運，則看妻財在何月旺，何月休囚。看當月的生剋從何來，論吉凶禍福。5.年入卦：測年卦要看當年之天干地支是否入卦才來論。

## 【812問】占流年卦，有何作用與好處？

答：每年立春後推算當年的流年卦，是許多人的年初大事。流年卦可以看出這一整年自己身上可能發生的大小事，如財運、健康、官運、平安等。如果財運好，當然可以多投資。財運不好就保守一些，顧好正財職業，步步爲營，踏實工作，盡量不借貸，不擴張信用。至於投資股票、期貨等，就先不要想了，血本無歸機率非常地高。官運也是一樣的態度來面對它，好則這一年不妨多努力點，有升等升官的好機會。官運不好，努力還是不能少，只是期望值不要估那麼高，等待時機，掌握下一次的好運到來。總之，占年運卦好處多多，一言以蔽之，教人趨吉避凶也。

## 【813問】為何說占流年卦「避凶為先」？

答：「避凶爲先」與「君子問禍不問福」是相同的一個概念，爲何要先避凶？爲何要先問禍？正人君子占流年卦預測仕途時，不是先問升官發財，而是先問有無災禍，因爲無禍便是福，平安就是福。但一般人卻只想問何時發財致富，而忽略了暗藏的殺機。其實，禍福、順逆、窮富等是相互消長的，只要能避開災禍，福分自然能到來。

## 【814問】當年太歲，在占流年卦中有何重要性？

答：如辛丑年占，丑爲卽爲太歲，一般六爻占卜太歲少用，但占流年卦，太歲一定要看。太歲是大環境，是最強趨勢，是氣運之所在，是一年的主宰。它在卦中所持六親，是生世還是剋世的，這就是今年對你最有影響的人和事。占流年卦，太歲宜靜不宜動，喜生合世用爻，不宜沖剋世用爻。如預測一年之財運，財爻持世合世，又逢太歲臨世爻，定主一年財旺。太歲如果臨忌神，主一年之內皆不利。太歲入卦，吉凶就在本年內出現。太歲爲官鬼，官運興隆可獲晉升。太歲爲父母，工作有成必出名。太歲爲兄弟，手足和睦萬事通。太歲爲子孫，衆口讚譽傳美名，亦主子孫有成就。世犯太歲臨朱雀主官司口舌，臨勾陳主牢獄之災，臨白虎主血光之災，臨蛇主奇怪災禍，臨玄武主桃花事件，臨青龍主酒色之災，臨財主傷財，臨父主不利文書，臨官鬼主病傷官司等。

## 【815問】何謂「身命八要」？

答：「身命八要」出自於《易隱》：「占身命者，其要有八，祖業看大象，高卑看世位，剛柔看陰陽，六親看用神，貴賤貧富看神煞，禍福看六神，吉凶看三限，發用看遊年太歲也。」即占問終身卦有八個重點，從卦爻大象看祖業是否豐隆，從世爻衰旺看尊卑，從陰陽結構看人格剛柔，從用神強弱看六親，從神煞看富貴貧賤，從六神生剋看人生禍福，從少中老運看吉凶，從流年看順逆應期。

## 【816問】占流年卦，世爻應如何看？

答：分析年運卦，要重視世爻的旺衰。爲什麼？因爲世爻旺者流年運氣較好，世爻衰者流年運氣不佳。世爻旺衰何來決定？只要世爻本身動化回頭生，或月日動爻來相生，都能使世爻旺而有根，一整年都可保平安，即使有事也能大化小，小化無。更喜官鬼或妻財動而生世爻，一整年富貴來臨福不盡。倘若世爻受剋及逢空破墓絕退等，則未來的這年就要小心謹慎，保守爲要。受剋必有災，逢空主疑惑，逢沖主散盡，逢墓主困住，逢絕主絕望，逢退主消極。世爻除了衰旺之外，其所臨的六親和六神，也顯示未來一年內求測者最有可能面臨的問題所在。如父母爻持世，多主一年辛苦，何事辛苦？與文化、學習、父母、長輩、單位、房屋、契約等人事物有關連。

**【817問】占流年卦，動爻有何重要性？**

答：分析流年卦看卦中何爻發動，也是重點之一。爻不妄動，動必有因，動之後生剋到何爻？這些都是觀察的重點。動爻代表事情要發生變化，從動爻所持六親的角度去理解，就清楚今年主要會發生何事。如兄弟爻動，很少應好事，兄動剋妻財，一年多有破耗之事，事情多阻隔。動爻不僅是有生剋沖合它爻的作用而已，動爻本身所化回頭生剋沖合，及化空破墓絕退等，都含藏很多訊息在其中。

**【818問】占流年卦，暗動應如何看？**

答：靜爻旺相，日辰沖之，爲暗動。暗動者，有喜有忌。所謂暗，顧名思義，就是不知不覺的，令人難以預料的，事前沒有明顯爲徵兆。所謂「禍來不知福來不覺」，當暗動之爻，剋世用時，自己是不知道有危險和禍患要臨頭的，因此若在測年卦時有出現暗動的情形，今年就要特別提高警覺。何爻暗動，即代表何爻的人事物要產生變化，特別有意料不到的禍患發生。同樣的道理，若暗動之爻生世時，就表示今年有人在暗地裡幫助自己，或有好運氣不知不覺地降臨身上。

### 【819問】占流年卦，其它靜爻也要看嗎？

答：占流年卦，其它的靜爻也要看，看靜爻的旺相與休囚，以及受日月動爻生剋沖合程度如何。靜有安靜不動的意思，爻靜表示變化小，變化少，凡事保持現狀，自己不主動。靜爻並非沒有任何訊息可解讀，從靜爻的六親與六神去分析，同樣有豐富的資料可提取吉凶。

### 【820問】占流年卦，何謂「剋應何事」？

答：何謂剋應何事，即今年哪位六親受剋，哪件事情受剋。占年運卦，主要是提前預知求測者未來一年內的總體運勢，以及每月的具體運勢起伏情況。卦象中有六親明顯有受剋，就要小心代表相應的六親流年不利，如子孫受日月動爻剋，就有小孩生病的訊息透露出來，可預先作預防或安排。通常從爻位的六親與六神，就可淸楚相應的人事物等訊息。

## 【821問】占流年卦，官旺動剋世表示什麼？

答：占流年卦首看世爻的衰旺，次看卦中動爻生剋到何爻。官鬼爲小人、官司、病災、壓力等。官旺動剋世，發生禍端，罹患重病，吃上官司等的訊息非常明顯。至於是發生何事端，與世爻的衰旺有關。1.官旺動剋世，若世爻旺相，表示求測者能力強，氣勢足，絕對不會隨意放棄或妥協，因此雙方對抗的結果，就是衝突與爭執，故犯上官司的可能性較高。2.官旺動剋世，若世爻衰弱，表示求測者能力弱，氣勢弱，甚至是身體弱，故生病的可能性較高。一個官鬼爻，其所應驗之事象，從最輕微的心裡有壓力，犯官司或小人，車禍、病災、血光、意外，到喪亡等，今年內都有可能發生，因爲這些都屬官鬼。到底是犯到哪一項？占斷時須綜合考量各種因素與條件，才能確認。

## 【822問】占流年卦中，何謂「趨吉避凶方案」？

答：占年運卦，最後一個步驟就是如何來趨吉避凶，如何才是有效的趨吉避凶之道？其中首避「官鬼爻」。最忌官鬼持世爲忌，若旺而發動，沖剋刑害用神大凶。如何避官鬼的剋害？可透過方位、六親、數字、動物、飾品、取名、行業、時間、顏色等方法避之，就能有效化解之。除了「避凶」之外，還可以選擇「趨吉」，「避凶」是消極性的避開鬼方、忌神方等，避開與其五行相關連的六親、數字、動物、飾品、時間、顏色等拖累，來避開負面作用。「趨吉」則是積極性的趨往用神、原神方等，運用與其五行相關連的六親、數字、動物、飾品、時間、貴人、顏色，甚至心性修養等來催旺，來產生正面效果。

### 【823問】如何利用官鬼所臨五行等，避開不利之方位？

答：1.水官鬼動剋世，不可去北方、水井、溝渠、江河等，及防泌尿生殖系統疾病。2.火官鬼動剋世，不可去南方、冶煉廠、煤氣室、發電廠等，及防心臟血液循環系統系統疾病。3.土官鬼動剋世，不可去中部、山上、土堆、陶瓷廠等，及防腸胃系統疾病。4.金官鬼動剋世，不可去西方、礦場、金屬廠、機械廠等，及防呼吸系統系統疾病。5.木官鬼動剋世，不可去東方、苗圃、森林、木器廠等，及防肝膽系統疾病。

### 【824問】如何利用官鬼所臨五行等，避開不利之飲食？

答：1.青龍官鬼，忌吃喜慶食物。丑官鬼，忌食牛肉。卯官鬼忌食兔肉。其它未羊、酉雞、戌狗、亥豬等，其它仿此。2.水官鬼，忌食魚腥冷物鹹物。3.木官鬼，忌食核果酸物。4.金官鬼，忌食蔥蒜薑辣辛物。5.火官鬼，忌食烤灸煎炒香味苦物。6.土官鬼，忌食米麵茄芋瓜蔬甘物。

**【825問】如何利用官鬼所臨五行等，避開不利之醫療？**

答：1.官鬼屬金宜灸不宜丸藥。利往南方求醫。2.官鬼屬木宜針不宜湯藥。利往西方求醫。3.官鬼屬水宜溫藥丸藥不宜針。利往中部求醫。4.官鬼屬火宜涼藥湯藥不宜草頭藥。利往北方求醫。5.官鬼屬土宜咬咀不宜灸。利往東方求醫。

**【826問】如何利用要增強之六親類象，多接近特定人群？**

答：1.若要增強六親類象爲父母爻，可多接近長輩、老師。2.若要增強六親類象爲兄弟爻，可多接近兄弟、同事。3.若要增強六親類象爲子孫爻，可多接近晚輩、僧道。4.若要增強六親類象爲妻財爻，可多接近商人、女性。5.若要增強六親類象爲官鬼爻，可多接近官員、長官。

**【827問】如何利用要增強之五行，選擇數字？**

答：1.若要增強水的力量，可用一、六數。2.若要增強火的力量，可用二、七數。3.若要增強木的力量，可用三、八數。4.若要增強金的力量，可用四、九數。5.若要增強土的力量，可用五、十數。

**【828問】如何利用要增強之地支，選擇動物？**

答：若要增強丑的力量，可以養牛。若要增強寅的力量，可以養貓。若要增強卯的力量，可以養兔。若要增強午的力量，可以養馬。若要增強未的力量，可以養羊。若要增強酉的力量，可以養雞。若要增強戌的力量，可以養狗。若要增強亥的力量，可以養豬。

**【829問】如何利用要增強之五行，選擇行業？**

答：1.若要增強水的力量，可選擇智慧性、流動性、液體性行業。如水利、海航、漁業、飲料、流動、運輸等。2.若要增強火的力量，可選擇光電性、燃熱性、加工性行業。如美容、電器、美髮、廚師、電焊、燃料等。3.若要增強木的力量，可選擇文教性、宗教性、植物性行業。如園藝、蔬菜、文化、書店、出版、中醫等。4.若要增強金的力量，可選擇金屬性、機械性、決斷性行業。如五金、機械、汽車、電器、金融、礦業等。5.若要增強土的力量，可選擇穩定性、土地性、仲介性行業。如地產、建築、陶瓷、農業、畜牧、代理等。

**【830問】如何利用要增強之五行，選擇顏色？**

答：若要增強水的力量，可用藍黑色。若要增強火的力量，可用紅色系。若要增強木的力量，可用綠青色。若要增強金的力量，可用白色系。若要增強土的力量，可用黃色系。

## 【831問】如何利用心性修養來增強六親類象，以趨吉避凶？

答：1.若要增強父母爻者，心性上宜慈悲善良、親近宗教、淡薄名利、學習思考。2.若要增強兄弟爻者，心性上宜自信堅強、獨立自主、奮鬥不屈、廣結善緣。3.若要增強子孫爻者，心性上宜平淡知足、悠遊自在、不與人爭、溫和厚道。4.若要增強妻財爻者，心性上宜務實進取、懂得理財、腳踏實地、誠實可信。5.若要增強官鬼爻者，心性上宜光明磊落、負起責任、理性正直、反省自律。

## 【832問】占流年卦，還有那些趨吉避凶方法？

答：1.飾品：若要增強丑的力量，可以經常配帶黃色牛的圖案。其它地支仿此。2.取名：用於個人、商店、工廠、公司等起名改名時，可利用字劃、字音等去強化所須配合的五行。3.擇日：如午爲忌不可擇午年、午月、午日、午時等，如要增強未的力量，可以選擇未年、未月、未日、未時等。其它仿此。4.善行：如有血光之災，可去捐血。如有破財之運，可去捐款給寺廟、孤兒院等。另外，積德行善、熱心公益、助人爲樂、戒殺護生、配合天命、代天宣化、濟世渡世等，也都能有效趨吉避凶，改變命運。

## 【833問】「占祈禳法」內容是什麼？

答：祈禳是求福除災的意思。《郭樸論祈禳法》：「祈神請福要官爻，更宜生合旺相交，世應剋鬼求不應，世應生鬼所願得。若無鬼爻神不在，虛勞拜祀口叨叨，發跡父母祈上聖，如變地位祈小神。最忌世應剋官鬼，陰間嗔責不從依，若得子孫動來助，禳災求福無不應。」內容重點是說，六爻占祈求神明降福除災時，要以官鬼爻為用神，最好能上卦且旺相，世應要來生官爻，所求才會實現。絕對不能世應剋官鬼。

## 【834問】占流年卦，月令有何作用？

答：占年運卦中，好的年運並非一整年都是好運，壞的年運也不是一整年都衰運，通常會以月令為單位，簡批從正月到十二月，每個月重要事情的吉凶，什麼又是重要的事情呢？一般人最關心的就是財運、事業、健康、姻緣等。以財運為例，若六爻中妻財為未土，正月寅，二月卯，這兩個月為旺木來剋土，木是兄弟是劫財之神，所以寅卯兩個月花錢較多，同時脾胃也不好。三月辰，土旺當令，財運開始好轉，清明後進財。接下來四至六月巳午未，一路子孫火當旺，財有源頭，財運不錯。七八兩月官鬼金當值，壓力增大，財生官鬼，有因為上司或工作花錢之象。九月戌，此月財運好。十月亥十一月子，水生木來剋土，意外破財，花錢較多。以上以財運為重點，簡單論十二個月的財運。

## 【835問】有官職之人占流年卦，如何看？

答：1.現任官者占年運卦，宜官星持世，且財動生之者，則一整年都在吉慶之中。2.若遇官鬼相剋，日月動爻作子孫沖剋世爻者，或官鬼沖剋世爻者，皆為大凶，防丟官罷職，或吃上官司。3.世爻空亡，官破官空者，或世動化回頭剋者，及子孫持世者皆為凶兆。

## 【836問】一般人占流年卦，如何看？

答：1.一般人占流年卦，最喜財爻及子孫爻持世。妻財持世者，一整年財運亨通；子孫爻持世者，全年平安無事，不犯官刑，即使有災也能逢凶化吉。2.若遇官鬼持世，得日月動爻作財星生合世爻者，必見災非。3.若世爻日月沖破，或世爻空亡，及鬼動剋世者，流年多見凶災。兄動剋世者，則年內防口舌破財。

## 【837問】占流年卦，世爻空亡表示什麼？

答：六爻預測中，世爻代表自己。世爻空亡代表自己心不踏實，沒有方向，發揮不出來，也有躲避與逃避之意思。測年運卦，世爻空亡是很糟糕的一件事，注定未來要空忙一整年，沒有目標，也沒有動力，沒有制定出可行的計畫。過一天算一天，渾渾噩噩，不知要做什麼。

## 【838問】占流年卦，世爻遭沖剋表示什麼？

答：年運卦，世爻遭沖剋是很嚴重的一件事。世爻被沖剋，受沖主散，受剋主災，「沖」有碰撞、打擊、破碎、對立等含義。「剋」有剋制、約束、壓抑等作用。沖剋加在一起，凶上加凶。凶局已定，必有凶災發生，未來的這一年就要小心謹慎，凡事宜保守以對，不能盲目投資，不能合夥作保，不能離家遠行等。至於是發生何種不吉之事，可從世爻所持六親與六獸，及再看日月動爻所臨六親，即知何人來傷，何事來亂。兄爻即朋友、同事、夥計、或求財、口舌、破耗之事。官爻即事業工作、職場丈夫，傷病災等之事。財爻即妻子、財物、婚姻之等事。父爻即陽宅、文書、學業等之事。子孫即後輩、子女、投資、醫療等之事，再結合發動所臨六神自然可區分與明白。

## 【839問】何謂「終身卦」？

答：「終身卦」或稱「終生卦」，所謂終身就是一輩子，終身卦就是用一個卦來看人一輩子的妻財子祿壽。當然，有人會懷疑一個終身卦，眞能透視人的一生？六爻既然能斷流年，占終身當然沒什麼問題。以財運爲例，一年的財運把它的應期放大到極大，就是斷終身財運的概念了。

## 【840問】如何用爻位取象斷終身？

答：1.初爻：1~10歲。初爻旺，表示從胎兒到童年時期成長環境好等，衰則相反。2.二爻：11~20歲。二爻旺，表示幼年時期家庭環境優，求學過程順利，在校成績好等，衰則相反。3.三爻：21~30歲。三爻旺，表示青年時期得到完整的學校教育，人格健全發展，衰則相反。4.四爻：31~40歲。四爻旺，表示壯年時期成家立業，出人頭地，衰則相反。5.五爻：41~50歲。五爻旺，表示中年時期事業達顛峰，家庭和諧美滿，衰則相反。6.上爻：51~60歲。上爻旺，表示老年時期準備退休，對過去感到有成就感，衰則相反。60歲以上則看變爻。

### 【841問】「刑剋害沖，斷一生之得失。」如何解釋？

答：此句話出自於《卜筮全書》之「天玄賦」：「刑剋害沖，斷一生之得失。興衰動靜，決三限之榮枯。」意思是，占終身卦時，卦爻與日月的刑沖剋合等，就可以占斷人一生的順逆得失；世爻的衰旺動靜等，就決定了少中老三個階段的吉凶榮枯。從這裡可以知道，六爻預測決定吉凶的重點，不外乎卦爻的動靜衰旺，刑沖剋合等，除此之外其它都是細節支末，不會影響到結論。

### 【842問】《黃金策》有「身命章」專論終身卦，主要內容為何？

答：《黃金策》第六章身命，就是在論終身卦的，現在來看看書裡面是怎麼說的。《黃金策》云：「乾坤定位，人物肇生，感陰陽而化育，分智愚於濁清，既富且壽，世爻旺相更無傷；非夭即貧，身位休囚兼受制。世居空地，終身作事無成；身入墓爻，到老求謀多戾。卦宮衰弱根基淺，爻象豐隆命運高。若問成家，嫌六沖之為卦；要知創業，喜六合之成爻。動身自旺，獨力撐持，衰世遇扶，因人創立。日時合助，一生偏得小人心；歲月剋沖，半世未沾君子德。」

## 【843問】身命章論終身卦，有白話文翻譯嗎？

答：白話文如下。《黃金策》「身命章」說：「先有天地定位之後，萬物與人類才出生。人們因感受到陰陽之氣的比率不同，分成聰明與愚昧，高貴與低俗。占終身，主要看世爻衰旺，若世爻旺相，無日月動爻來刑沖剋害，必主富貴且福壽；若世爻休囚無氣又被剋傷，非貧即夭。凡占終身命運，大忌世身休囚空破，主一生作事沒成功。若世身入墓，主到老都不會稱心。卦宮無氣根基薄弱，爻位得時則有氣，命運必順遂。如果要問何時成家，最怕遇六沖卦，沖就散了。如果占創業前景如何，最喜歡六合卦。世爻旺相發動，可以白手成家，獨力創業。若世爻無氣，而遇日月動爻生扶，必有貴人相助來成立事業。如世身遇年月日時生扶，連小人都敬重他。如見年月日時來刑沖剋害，大半輩子都沒得貴人來相助。」

## 【844問】可以單獨占中年的運勢嗎？

答：當然可以，《黃金策》：「卦卜中年，凶煞幸無挫折。」意思是說中年時占身命卦，最好不要有子孫、兄弟爻來剋沖。中年之占，以事業、財運爲重，即最喜財爻、孫爻兩旺，持世或發動生合世爻，又無日月動來剋害者最佳，主中運興旺，夫妻和睦，子孫無恙。若占事業功名，中年已有官職之人，喜官鬼持世，此時官鬼爻不能當疾病、官訟來解。官鬼旺相，得到生扶者，則官運亨通。若有日月動來沖剋傷害，則看傷的是何爻何六親，再來定吉凶。

## 【845問】如何占晚年運勢？

答：人生從幼年、童年、青年、中年到晚年，各個階段的著重之點並不一樣，老年之時關心之事不外乎健康、夫妻、子孫等。《黃金策》：「如占晚景，惡星尤怕攻沖。」意思是說晚年時占身命卦，最怕忌神來剋沖世爻，因爲老年體衰多病，不宜有剋沖，最怕世爻休囚，又被日月動爻剋沖，壽不長矣。一旦命都沒了，財富、田園、妻兒又有何用？若世爻旺相，體壯壽長。凡世爻旺相，又得日月動爻生扶，無沖剋刑傷，必高壽之象。晚年之占，亦喜妻財、子孫爻旺相。財爻旺相，生合世爻者，主夫妻健在，白頭偕老。子孫旺相，則兒孫滿堂，生合世爻，兒女孝順。

## 【846問】世爻衰旺及受生剋沖合等，如何決定了人一生？

答：1.世爻旺相又得日月動爻生合，一生富貴福壽。2.世爻休囚無氣又被動爻沖剋，一生非貧卽夭。3.世爻空亡，一生做事無成。4.世爻入墓，一生毫無成就。5.父爻生世，一生得長輩之助。6.兄爻剋世，一生受兄弟拖累。7.世爻被剋，一生依靠他人過活。8.世財兩旺，而子孫不旺，一生先富後貧。9.世爻不旺，財福兩旺，一生先貧後富。

## 【847問】父母持世，一生如何？

答：父母持世，無生助者，爲一生辛苦勞碌之人，若在旺地，又得日月動爻生扶者，不僅長壽，在文學或藝術上有成就。父母生兄弟，剋子孫，所以父母持世者，得子較爲艱難，求財較爲費力。

## 【848問】子孫持世，一生如何？

答：子孫爻福神，持世一生不犯官刑，逢凶化吉。若財爻失陷，不出家必是淸高寒士。子孫持世不利求官，但有名氣。子孫生妻財、剋官殺，所以子孫持世者，與官貴較無緣，因能生妻財，福祿悠遠，求名不如求利。

## 【849問】官鬼持世，一生如何？

答：官鬼持世且得日月動爻生之，一生官運亨通。官鬼持世，休囚死絕，又無原神生助，不僅無官，且終生疾病纏身，常遇官訟。官星旺，必剋兄弟，兄弟無緣，或身帶殘疾。官鬼生父母、剋兄弟，所以官鬼持世者，得官得名，前程似錦，但禍福相倚，宜防疾病與災難臨身。

**【850問】妻財持世，一生如何？**

答：財爻持世，又得日月動爻子孫生之，一生財榮家富。財太旺，必傷剋父母，或父母難存。又財爻多者，婚姻不順，多妻之故。妻財生官鬼、剋父母，所以妻財持世者，財運亨通，但與父母緣薄，宜靠後天修爲去彌補。

**【851問】兄弟持世，一生如何？**

答：兄弟持世，一生剋妻破財。兄弟爻旺者，貧而好義，手巧少病。旺臨虎蛇、玄武爲奸盜惡詐之徒；遇勾陳玄武，肩挑低俗之人。衰而受剋，則多病與是非。兄弟生子孫、剋妻財，所以兄弟持世者，講義氣、朋友衆多，但財離人易散。根本之道，仍應多布施修福，避免不當投資。

**【852問】占終身卦，何謂大小限行運法？**

答：六爻占終身，也有類似八字命理的大運與流年的大限與小限。大限有分五年，如《火珠林》、《易林補遺》等或十年爲一個區間，小限則一年一數。六爻的大限行運法有多種，各家說法不一，找一種適合自己的來運用即可。

## 【853問】占終身之財運，財剋世可得財嗎？

答：占終身財運，財剋世不可得財，理由如下：用神剋世，一般以凶斷，但有三種占求，卻是反得吉兆的特殊情況，就是行人、醫藥與求財之占。財爻剋世者也是很快能得財。但占終身之財運，財剋世反受財害。占目下之財，短期之財者，財剋世者確實可得財，但占終身之財福者，財剋世反受財之累，因財之害。

## 【854問】占終身卦，最主要的重點是什麼？

答：占終身卦，最主要的重點，是「妻財」、「子孫」與「世爻」三個重點。得妻財子孫全備，且旺相者，主一生財運亨通，福祿悠遠。若世爻又興隆，定主一生富貴。另外，最不喜兄弟或官鬼發動，兄動剋財傷妻，官動官訟、病痛來糾纏。其它，世爻不能休囚無氣，否則終身困苦窘迫。

## 【855問】占終身卦，六神能看出什麼？

答：占終身卦時，六神要與六親配合才能顯出意義，如與官鬼配合來論，即世持官鬼，再加上所臨六神，應驗如下之現象。1.臨青龍：一生處世清安，因酒色遭殃。2.臨朱雀：一生多熱情多禮、易犯官非。3.臨勾陳：一生爲人遲鈍、固執不通。4.臨螣蛇：一生作事虛浮、猜忌多疑。5.臨白虎：一生剛強兇猛、終身帶疾，要知何處染疾，以卦斷之，乾爲頭、坤爲腹、坎爲耳、離爲目、兌爲口，巽爲股、艮爲手、震爲足。6.臨玄武：一生爲人輕浮、華而不實。

## 【856問】六神如何看影響終身禍福？

答：六神斷終身禍福，主要看六神生合世爻則福，傷剋世爻或原神則禍。六神以太歲臨之爲上，影響力最大；月建臨之爲次，影響力其次；日辰臨之再次之，影響力最小。以青龍爲例：1.福者吉者，旺相臨於世爻或原神上，應喜慶類事，如升職、結婚、喜宴、得財等。2.禍者凶者，青龍休囚臨動之忌神上，剋世或剋原神，應喜處招殃，如喝花酒被檢舉或於喜慶中樂極生悲致禍。

## 【857問】占終身卦，六親因緣好壞如何斷？

答：1.動來剋世之爻，便爲損己之壞因緣。父母剋世，受父母拖累。兄弟剋世，受手足之欺負。妻財剋世，受妻子之損害。子孫剋世，受兒女之忤逆。2.動來生世之爻，卽爲助己之好因緣。父母生世，蒙尊長之恩澤。子孫生世，得晚輩之助力。兄弟生世，得手足之情誼。妻財生世，賴妻子之幫忙。官鬼生世，仗官貴相扶與感神明護佑。

## 【858問】占終身卦，適合離鄉背井的命是何種卦象？

答：凡占得「遊魂卦」、「世爻動」、「外卦旺」三者，都適合離開祖居地，外出去發展。說明如下：1.凡遊魂卦，便適宜出外，因爲遊魂的本意就是往來變化，經常移動的意思。2.縱不得遊魂卦，世爻發動者，亦可外出發展。3.內爲止外爲行，內卦旺，守舊則吉。外卦旺，行後反亨通。至於外出發展要往何方去，但看何爻生世用，卽利往其方。如土賴火生，則宜南方行。土遭木剋則忌往東方走。

## 【859問】占終身卦，如何看出是卑賤之命？

答：1.六沖卦，一事無成。2.世臨休囚死絕，一生悲苦。3.世空爲多災難，旺空爲體弱，衰空爲病死。4.兄旺持世，家徒四壁。5.世爻入墓，到老都無成。6.世身爻兩者都動，一生起倒無恆產。7.子孫持世伏父，老必孤；妻財持世伏兄，一生貧。8.兄弟子孫亂動，一生卑賤。

# 第二十四篇
# 占雜項

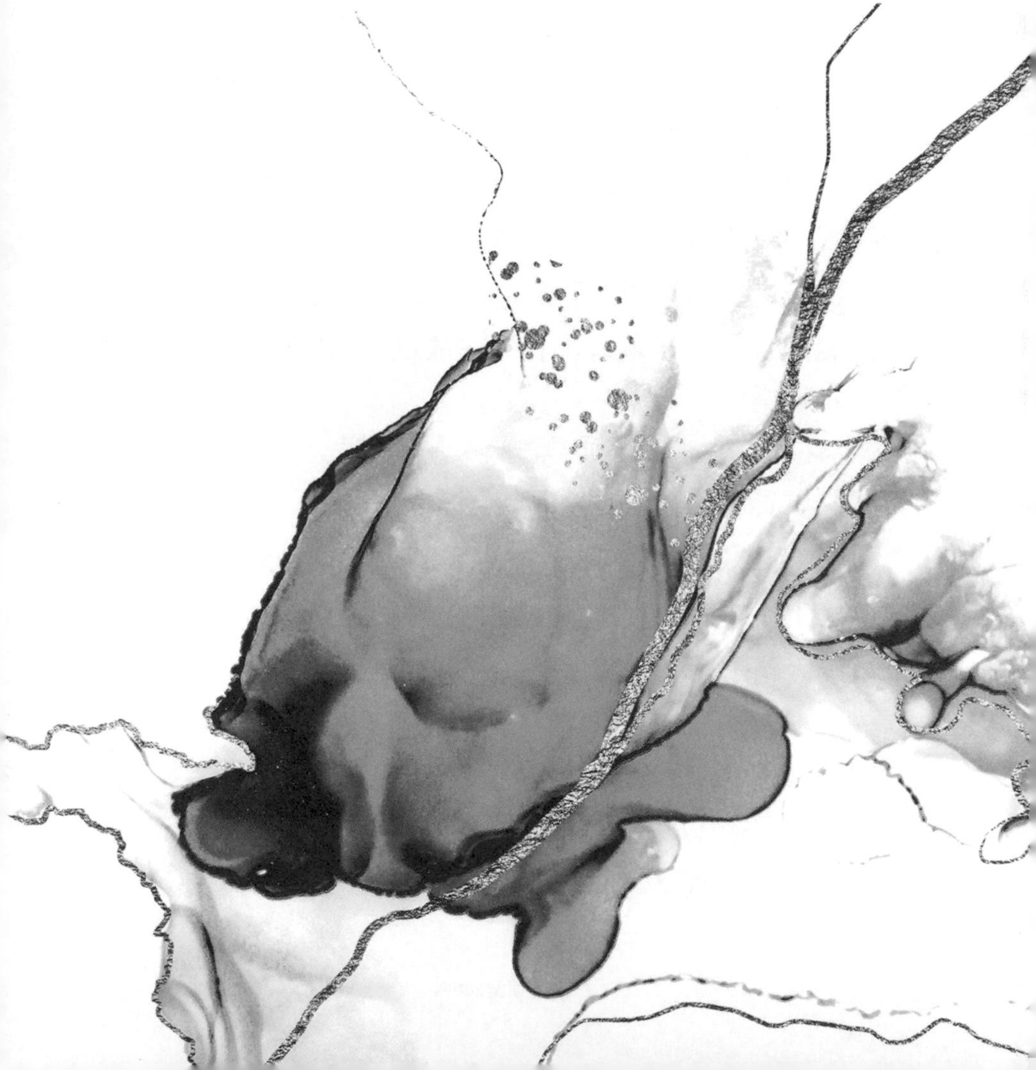

## 【860問】擔心被下咒，如何占求六爻卦？

答：《瞬雲神機》曰：「咒詛原非美世風，世身應敵不相容，世爻剋應應必死，應若刑世世成凶。鬼爻靜地無相慮，任人咒詛總歸空，若臨煞負結冤散，兩家身敵喪充匆匆。」從以上內容，可知擔心被下咒，占卦時要看二重點：一是世應關係，只要世剋應，對方下咒不但傷不了，可能他自己先遭殃。二是官鬼爻安靜不發動，一切平安。

## 【861問】陰宅風水，已葬與未葬如何取用神？

答：未葬時擇地以父母爲用神，已葬時以官鬼爲用神。不論已葬或未葬，最凶者爲鬼旺剋世，官鬼要休囚安靜爲宜。爲何未葬時擇地以父母爲用神？因爲擇地者，用神爲父母也，此地可保護先人死後安息之故。至於已葬者，以官鬼爲用，屍骨卽官鬼，故以之爲用神。

## 【862問】占卜師在幫人解卦時，為何經常說「無緣」？

答：學占卦技巧學三年，學解卦卻得要學一輩子。爲何？因爲占卜師如心理諮商師，除了傾聽之外，也會給予建議，幫助我們對自己的眼前狀態，有更多的理解，能更好地安頓好自己的心情。對卦象不利者，占卜師經常都說：無緣。跟這個工作無緣，跟這個男朋友無緣等等。因爲占卜師不想只用太多宿命式的吉凶等，來做總結。而是一種豁達的心胸，來面對逆境。無緣兩個字，讓人不會有那麼重的挫敗感與無力感，反而可以永不放棄，把希望寄託在不久的將來，因爲緣會一直來，只要有緣，機會源源不絕也。

## 【863問】想持齋受戒，占問六爻卦要如何看？

答：凡自占參禪修道，持齋受戒，最先要看世爻有沒有氣，另外，原神是否上卦，也很要緊。世爻有氣，表示道心堅固，不會隨意破戒退道。有原神扶助，則代表有上天及本靈加持，道程才能走得久遠。所忌者，用神遭忌神沖剋，病災與意外等容易產生，而使道心退卻。

## 【864問】想當職業軍人，占問六爻卦要如何看？

答：想當職業軍人者，以世爻爲用神，最好世爻旺相且得日辰來生，則軍旅生涯平安，過程順利。若逢月破，則大有刑傷，大不吉利。軍旅之所忌，只有官鬼爻，鬼來沖世，小凶。若被剋傷，則是大凶，遇此情形，不如安分一點，守在故鄉，找個固定工作，不要再想當兵這件事了。總之，官鬼宜安靜，若逢財動來助鬼興，又傷世爻者，名曰「助鬼傷身」，軍中必生意外，客死異鄉，難歸故里。

## 【865問】想躲避災難，只要官鬼不動就安全了嗎？

答：想躲避災難，所忌者官鬼也，只要官鬼衰弱不動，基本上是可以安心了。但有一點特別要注意，即世持兄弟者，官鬼雖然不動，不過以五行來論，官鬼是剋世爻的，稱之為「餘禍未除」，最終還是要受之拖累與傷害，仍應小心應對為妙。避災遠禍之卦，須得用爻旺相，子孫發動，才是真正的吉慶與安穩。

## 【866問】世用入墓可以避剋避災嗎？

答：千金賦：「入墓難剋」，意思是說，受剋之爻入了墓庫，就剋不到他了，此即「避剋」概念。入墓雖可暫時可以避剋，但災禍難脫，因此若占得此卦，還是要趕緊遷往別處去遠避其危險。切忌因為入墓之說，而不想遷移，以為可以長治久安了，災禍難脫，危機一直都還在呢。

## 【867問】如何占斷躲避災禍之方？

答：1.官鬼所臨之地支即「禍起之方」，官鬼臨卯，則卯方甚至整個東方都宜避。2.水鬼動，勿往水邊；火鬼動，勿近爐邊；木鬼動，勿入山林；金鬼動，勿往高樓；土鬼動，勿去田園。3.龍鬼動，勿作保為媒；雀鬼動，勿添言加語；勾鬼動，勿興工動土；蛇鬼動，勿近神廟；虎鬼動，勿屠宰田獵；玄鬼動，勿接近黑道。4.凡內卦剋外卦，家中最安全；外卦剋內卦，可遠方避災。按外卦之方向所示脫避。5.遊魂卦宜遠走高飛，歸魂卦爲宜在家中。凡避禍，宜往子孫生旺臨值之方，方可避脫。

## 【868問】因小車禍雙方想和解，和解卦如何看？

答：1.六爻安靜：占得靜卦，彼此心平氣和，自然很容易達成和解。若得子孫旺相，官鬼衰休，更是和解有望的保證。2.世應相生相合：彼此相合相生，任何衝突或糾紛都能化解。3.若占得六沖卦，或鬼暗動者：此恐難善了。4.兩間爻不可發動：若發動中間人必然阻撓其事，想從中獲利。加朱雀，則挑撥是非，加兄弟則詐騙財物。

## 【869問】何時可出獄，卦爻如何斷？

答：1.人被禁監牢，只要用爻逢生旺之日，就可以脫離監獄，獲得釋放。但若用爻雖逢生旺，官鬼卻發動者，還是無法出獄。如果官鬼還剋世用爻者，不但不能出獄，反要受到更嚴格的刑罰。2.雖然說凡沖必散，但想要出獄，得合處逢沖才算。3.子孫爲解散之神，若世持子孫，不久當可釋放。4.六爻無鬼、或鬼空亡，乃無官做主之象，暫時難以脫困。

## 【870問】安床吉凶，卦爻應如何斷？

答：安床是傳統習俗中不可或缺的流程，大多數人在入宅、結婚或求子時，會買新床，並挑選吉日，進行祈福儀式。以六爻占卜來論，通常取三爻爲床，爲用神來判斷吉凶。1.三爻忌值官鬼：這種床不但不能邀福，還多病疾。如三爻遇財福則是吉象。2.三爻忌剋世爻。3.三爻不可逢六沖或犯空亡。

**【871問】購買古董，卦爻應如何斷？**

答：購買古董，最怕買到假貨贗品。1.確定用神：古董古玩要先確定用神，印刷、圖像、書法等以父母爲用，藤竹類以寅卯木爲用，玉石金屬類以申酉金爲用，衣服絹緞類以巳午火爲用。2.用神旺相，一定是眞品；得生扶者，價值高。用神空亡死絕，一定是假貨無疑。用神被沖剋，雖眞品但物品有損。3.世爻剋用神者，這貨平常能易得，用爻剋世爻者，稀世珍品最難求。

**【872問】寄放物品在朋友家，占卦如何解？**

答：1.財爻宜安靜，表示沒有財損等顧慮。2.官衰子旺，無妨把貨藏在彼處。「官衰」表示不會被偷被盜，「子旺」表示一切平安無事。3.最怕兄弟發動，世爻被日月破，及應爻空亡等。一旦有上述三種情形，一定會有損失。

**【873問】土地想賣掉，占卦如何解？**

答：1.變賣土地，財爻生旺之日月，便可賣出。2.若世應相沖，買主後悔，可能不成交。3.世持勾陳者，土地也很難脫手，甚至永久不可能，4.應爻爲買家，若落空亡，表示無力成交。若日辰沖破世應，表示有人從中阻撓。5.內外無官，也難成事。兄弟發動，同樣難成交。

## 【874問】風水上犯煞，占卦如何斷？

答：《增刪卜易》：「福德動搖，不是此方之禍。子孫持世，或動於卦中，或官鬼不動，及六爻安寧，非此處也。官鬼發動，的於此處興妖。官鬼持世剋世，官鬼動爻，實因此處有害。」《增刪卜易》說，要判斷此方位與煞物，是否是眞正的煞，主要看官鬼爻卽知。官鬼爻如何看？首先看它有無發動，其次看它是否持世，第三看它是否剋世爻，只要有其中一項，就能確定犯煞屬實。否則，像子孫持世，或子孫動於卦中，或官鬼不動，及六爻安靜等，就表示此處與此煞都不是眞的有害。

## 【875問】擬蓋廟宇，占卦如何斷？

答：《增刪卜易》：「不宜六沖、卦變墓絕及反吟，住持或山主占者皆宜世旺日月動爻相生，宜子孫爻動，忌官鬼爻與兄爻持世，多費無益之事。官鬼持世疾病災殃之累，兄爻動而剋世者欲造福反成禍胎，財官生世者雖錢少自有增助，子孫旺相而化進神，多招徒弟，財爻休囚而化退者，有始無終。」主要內容說，1.卦不能六沖，也不化墓絕及回頭剋。2.世爻宜旺相，得日月動爻之生。3.最好子孫爻發動，忌官鬼或兄弟持世。4.財官能生世爻，子孫能化進神，都是好事。

## 【876問】能否與對方成為朋友，占卦如何斷？

答：占交友者，首重世應。世空世動，是我自己猶豫不決。應破應空，乃對方變來變去。若日辰與世應生合者，情投意合。世應生合，而不分彼此。惟獨應剋世爻，占者大忌。

## 【877問】做怪夢驚醒，占卦如何斷吉凶？

答：1.子孫發動，一切平安，家庭安祥。2.若官鬼發動，則怪眞夢實，要防意外發生。官鬼帶何五行，就要防患之。土鬼染瘟疫，木鬼農產損，水鬼有水厄，火鬼遭回祿，金鬼刀斧傷等。3.何爻變鬼，卽知何親屬遭殃。父化鬼，主禍在父母。官化財，妻子有難。鬼化鬼爻，災生而又生訟。官化財象，禍退而有財。官變孫，初凶後吉。

## 【878問】家中新安神位，占卦如何斷？

答：家中新安神位，占卦主要看官鬼爻。官鬼不絕不空，乃香火不絕，承祀不空之象。官鬼如果安靜不動，則安神人安。卦爻若得子孫旺相，上天必賜祥瑞。卦若六沖則安此向就不對了，必須重新安神，卦若六合，其方才是吉方無誤。

## 【879問】與人有糾紛害怕對方提告，如何斷卦？

答：1.凡害怕官訟有無者，以官鬼為用神。只要官鬼空亡，或臨絕地，或根本不上卦者，便無官非。2.縱有官爻上卦，但得子孫發動，或世持子孫，永不成訟。3.官鬼臨青龍者，亦無橫禍。但官鬼臨朱雀且發動者，訟必當興。

## 【880問】家中線路老舊怕電線走火引發火災，如何斷卦？

答：1.占火災，以官鬼為用神，只要官鬼發動便有火災，但官鬼不剋世爻，雖見災但無妨。若官鬼動來傷二爻宅爻，或剋世爻者，難逃回祿之災。2.世値鬼動，本家起火；應臨鬼動，對面火災。3.又看鬼動何官，便可知何方火大。4.卦中縱有官鬼，若不動，則無災。

## 【881問】家中遭小偷，是何種卦象？

答：1.凡占小偷有無，以官鬼與玄武為用神。若玄武與官鬼二爻皆動，又遇動爻助官鬼，或日月生官鬼者，雖家中裝防盜與保全，難免被偷。2.官鬼空亡及不上卦，玄武又不發動者，必無盜賊入侵。3.縱有官鬼爻，不臨玄武又不發動者，同樣無賊至。4.官鬼爻雖動，而玄武不動，子孫動或臨世爻者，終無損失。5.子孫與官鬼皆動者，則看雙方旺衰，子旺官衰者不用擔心；子衰官旺者，賊勢難防。

## 【882問】何謂「占年時」？

答：所謂占年時即預測年運之意。但占此年運非關個人，而是一個地區或國家的整年運勢，通常著重在農牧產或天災等預測。1.凡占年時最嫌官鬼動，靜則無殃，動則有禍。另外，勾陳爲田地，若落空亡，農產有欠收之象。妻財爲糧食，如臨絕地，又加兄動，必主無收成。2.若得子孫妻財旺相，或臨世爻或太歲者，其年五穀豐收。若遇兄弟官鬼皆動，或臨太歲持世，便主凶荒之年。水動曰雨，火動曰晴，此二爻若得安靜，自然風調雨順。

## 【883問】從爻位如何占年時？

答：1.初爻：萬物屬初爻，生旺有氣則五穀豐收，空亡墓絕則六畜多災，五穀亦欠收也。2.二爻：二爻爲人民之位，遇子孫四時安樂，逢官鬼一歲多災。3.三爻：三爻爲地方政府。生合初二爻者，該年有仁民愛物之心。4.四爻：四爻爲中央官員。臨子孫正直無私，生合持世，必能爲民除害。5.五爻：五爻爲天子之位，若臨財福生合世爻，必有君恩。6.上爻：上爻是上天之位。若空其年必多怪異事。蓋天無空脫之理，所以主有變異。

## 【884問】自占外出，世爻動或靜，如何斷卦？

答：1.世爻靜者，逢日沖必動；如世臨子安靜，逢午日動。世爻動者，逢合住而留；如世臨酉動，逢辰日月而留住。2.世爻暗動者，必去；如世臨巳靜旺，逢亥日去。

世爻旺靜者，逢沖之日必去。3.世爻動而化合。如世臨卯動化戌，回頭合，或被日月動爻戌合者，必有事故，阻滯不行。

## 【885問】擔心家中有不乾淨的家具等，如何占問？

答：可利用《斷易鬼靈經》來占問。以占得坎卦初爻動爲例，斷辭內容：「坎卦初爻動，主雞犬作怪，火燒破損床與櫥子。戊寅石磨外抬歸，床腳蹺蹺主損之，拾得櫥庵磚瓦石，令人顛倒走西東。」內容說，家中連雞狗等都不平靜，最好把那些破損的床與櫥子都燒掉。原因是如何產生的？從外面抬進來沒人要的石磨，床腳壞了也不換個新床，又從外頭撿來櫥子、磚瓦、石頭等。搞得全家人都瘋瘋癲癲的。

## 【886問】六爻預測如何看出同性戀者？

答：1.男占世合官，女占世合財。2.男占勾世合玄官，女占勾世合玄財。3.男占世持財，應坐官旺臨玄武；女占世持官，應坐財旺臨玄武。4.男占世爻持兄弟，動化成妻財，表示他不想要娶妻、但他想當妻子。5.男占妻財爻弱絕無氣，女占官鬼爻弱絕無氣。

## 【887問】請出家師父來為往生親人念經，如何占問？

答：請出家師父來爲往生親人念經，不知對方境界，如何占問？1.占卦主要看應爻，便知道對方程度如何。如子孫在應爻者，絕對是受戒之高僧，有修之眞人。若父母在應爻者，必佛理與法力皆精專之人。若官鬼在應爻者，也是鬼神都欽佩之士。2.若兄弟在應爻者，則有假冒之嫌疑。妻財在應爻者，貪財之流，絕不可用。

## 【888問】以種植農作物為業，如何斷卦？

答：種植農作物取用神，以父母爲耕地，妻財爲收成，子孫爲原神，兄弟爲劫煞，官鬼爲災害。其中，妻財代表農糧收成與錢財，故財爻旺相無剋傷，必然是大豐收。財爻宜靜不宜動，財動生官鬼，會耗了財氣。子孫是財之原神，最宜旺相發動生合財爻。若子孫落空亡無氣，則官鬼無制，定多損耗。

## 【889問】公司想召募高階員工，如何斷卦？

答：1.主要以應爻爲用神。應爻若遇日月破或落空亡者，皆主召募不成。2.倘若應爻臨絕又無生助者，此人沒有能力，切莫用之。3.應來剋世，或占得六沖卦者，也絕對不能用。4.應爻旺相不遇日月破、空亡，又不剋世者，用之有力，對公司未來幫助很大。若能生世合世者，更是求之不得的優秀人才。

## 【890問】想乘坐豪華郵輪去旅行，如何斷安危？

答：主要從「父母」、「子孫」、「官鬼」與「世應」等四個面向去觀察。1.父母爲用爻，若旺相又遇日辰動來生合者，一路平安無事。若逢月破、空亡墓絕刑沖剋者，將有危險與阻礙。2.子孫乃出外福神，若臨世用發動及生合者，大吉。雖不動臨世亦爲佳兆。3.官鬼乃凶惡之神，遇之不利，若帶煞發動來剋，大凶。4.世爲求測人，應爲郵輪，都不宜空亡、月破、墓絕，最好是世應生合爲美。

## 【891問】想去國外自由行，如何斷卦？

答：1.凡想去國外自由行，最忌官鬼發動官鬼動，不論是否生剋世用爻，皆不吉。若臨玄武，行李被偸竊。若臨朱雀，途中有糾紛。臨白虎，有血光意外。2.若官鬼靜伏或休囚，或青龍發動、或子孫發動、或子孫持世，皆主此趟自由行往返平安。3.世値官鬼、世入三墓、世落空亡等，俱爲凶象，最好不要前去。假如世爻屬土，不可東行，乃能剋土之故。若世爻屬水，惟利西方，乃金能生水之故。

## 【892問】出國旅行想找一位朋友同行，如何斷卦？

答：找人同行要很小心，否則好友最後變仇人。占同行卦以應爻爲用神，若世應能相生相合，或逢子孫吉神動，或逢三合、六合，此趟旅行一定彼此都很愉快，一路順風。若應爻值旬空月破，兩人相處不愉快。若卦中有玄武來剋世或動沖世，都是不吉之徵兆。若兄弟官鬼動者，更是口舌是非一大堆。

### 【893問】男擔心婚後有婆媳問題，如何占斷？

答：男占怕結婚後有婆媳問題，主要以父母與妻財爲用神。1.最怕卦中財爻發動，因爲財爻一旦發動，一定會剋父母，造成婆媳問題。2.另外，也忌財動，財主女方，財動表示此婚姻生變。3.若父母動化墓絕空破或回頭剋，動而日月破或日月來剋父母等，都是婚後婆媳間有問題之徵兆。

### 【894問】擔心犯鬼怪，如何占斷？

答：鬼怪以官鬼爲用神，如果卦中無官鬼，及官鬼逢空絕者，則無鬼怪作亂。若官鬼生合世用者，仍宜到香火鼎盛的寺廟，去向上天神佛祈願，請求諸神保佑。因爲官鬼生合世用，雖鬼怪不會加害於我，但官鬼發動總是不好之現象。若官鬼持世用者，則先向上天神佛祈願後，要趕快就醫，官持世用身上有病也。

### 【895問】動土修造等擇日，如何占斷？

答：1.動土修造等擇日，皆忌官鬼爻發動，卽使官鬼不動，但五行剋世亦凶。官鬼如不動也不剋世爻，也不值日，便爲吉課。2.一般之擇吉，忌官鬼爲先，結婚則忌六沖卦。3.惟有官員就任，不嫌官鬼發動，只忌子孫發動及官鬼空亡。

## 【896問】擔心年老時沒人奉養，如何占斷？

答：越來越多的人擔心自己的晚景悽涼，孤獨又沒錢，如何預測晚年未來？主要還是看世爻與應爻，世爲自己，應爲老時陪伴之子女與親友。1.世應皆不宜空，空則無人在身邊，自己也不願別人接近，故老時無依無靠。2.不宜兄弟官鬼並忌神發動，動則老年無安寧之日。兄動則破財，官動則生病，忌動則事亂。3.六沖化六沖卦，注定繁華落盡，老來孤獨。4.子孫與財爻都旺相，晚年子孫成群，衣食無缺。5.世爻遭月破，防身體衰弱多病。6.卦中財官俱無，老來無人奉養。7.世應俱動，老時無人與我同心。

## 【897問】官鬼動剋世，如何知因何事遭殃？

答：看官鬼爻臨何六神發動，便知道何事遭殃。1.鬼臨青龍：因酒色、喜慶等而遭殃。2.鬼臨朱雀：因文書、口舌等遭殃。3.鬼臨勾陳：因土地、仲介等而遭殃。4.鬼臨螣蛇：因虛驚、動土等而遭殃。5.鬼臨白虎：因豪爽、好鬥等而遭殃。6.玄武鬼動，因盜賊、水利等而遭殃。

### 【898問】想到外地拜訪朋友，如何占斷？

答：1.若卦爻值六沖，則難以相見。2.應爻若空亡或應爻發動，對方已經出外，難以見面。3.世爻不能空亡。4.應若生世合世，可尋可見，且相見歡。5.若應臨月破，也是見不到面的訊息。

### 【899問】競選社團的會長，吉凶如何占斷？

答：1.主要還是看世應，世是我，絕對不能有剋傷，若日月來沖剋世爻，當選希望不大。2.應爻爲對方，若應剋世者，則我必有虧，同樣無法如願以償。3.倘若應雖剋世，但應爻被日月動所剋傷，則我仍有機會。4.若世旺剋應或世動剋應則不用擔心，必大獲全勝。

### 【900問】有事想請託貴人，如何占斷？

答：以應爻與官鬼爲主要用神。1.想要拜訪貴人，有事請求幫忙，「世應」與「官鬼」皆不能有空亡，三者之一如果有空亡，事情絕對無法成功。卽使不逢空，若逢六沖，同樣不會有好結果。2.若得三合六合之卦，自然賓主盡歡。其它，如應爻也不能發動，否則見不到人。3.內卦爲自己，外卦爲貴人。如遇內外世應相生或比和，或應剋世，外剋內，皆主相見歡。4.若世剋應與內剋外，縱然相見亦話不投機，最後不歡而散。

國家圖書館出版品預行編目資料

六爻預測900問／陳澤眞著. --初版.--臺中市：
白象文化事業有限公司，2022.3
面； 公分
ISBN 978-626-7056-68-4（平裝）
1.占卜 2.問題集
292.022 110019755

# 六爻預測900問

作　　者　陳澤眞
校　　對　陳澤眞
發 行 人　張輝潭
出版發行　白象文化事業有限公司
412台中市大里區科技路1號8樓之2（台中軟體園區）
出版專線：（04）2496-5995　傳眞：（04）2496-9901
401台中市東區和平街228巷44號（經銷部）
購書專線：（04）2220-8589　傳眞：（04）2220-8505
專案主編　李婕
出版編印　林榮威、陳逸儒、黃麗穎、水邊、陳媁婷、李婕
設計創意　張禮南、何佳諠
經紀企劃　張輝潭、徐錦淳、廖書湘
經銷推廣　李莉吟、莊博亞、劉育姍、李佩諭
行銷宣傳　黃姿虹、沈若瑜
營運管理　林金郎、曾千熏
印　　刷　基盛印刷工場
初版一刷　2022年3月
定　　價　520元